反離散

華語語系研究論

史書美——著

聯 經 文 庫

【目次】

導論　華語語系的概念　5
第一章　反離散：華語語系作為文化生產的場域　27
第二章　有關華語語系研究的四個問題　53
第三章　理論・亞洲・華語語系　83
第四章　放回世界的台灣研究　119
第五章　性別與種族座標上的華俠文化：香港　139
第六章　思索華語語系文學：馬來西亞、香港、美國　161

附錄一　跨國知識生產的時差　209
——讀史書美《視覺與認同：跨太平洋華語語系表述・呈現》　蕭立君
附錄二　華語語系研究不只是對中國中心主義的批判　223
——史書美訪談錄　許維賢
附錄三　不斷去中心化的旅程　245
——專訪史書美教授　彭盈真、許仁豪、項頌
附錄四　華語語系研究及其他　257
——史書美訪談錄　單德興
參考引用書目　313
謝誌　327

導論

華語語系的概念

中國迅速崛起成超級強權或許迫使我們當下重省目前關於帝國與後殖民性的論述，但早在十八世紀中葉滿清征服「中國本土」北邊與西邊的大片疆域時，它便符合我們所賦予的「帝國」一詞的現代意涵。[1]這段歷史因兩個不被承認的執迷而常被忽略：對西方帝國的迷戀以致忽略其他帝國擴張的模式與盛行的中國被列強欺凌之論述。若我們的視野沒有長期偏頗海洋（亦即西方）殖民擴張的模式，將西方視為知識勞動中最值得分析的對象，中國的崛起便不會引起這麼大的驚訝。若我們將中國今日的崛起與滿族對內亞的侵略視為一種殖民事業的繼承與強化，我們也不會對中國的崛起感到如此驚訝。當我們考量中國知識分子對西方帝國主義與東方主義的批判時所採取的立場，我們所理解的後殖民理論，特別是對東方主義的批判，可能無用武之地，甚至有共謀之嫌，因為此立場容易淪為缺乏內省的民族主義，一種新帝國主義的另一面。雖然不可否認在滿清帝國以降的中國在歷史上有一段承載受難者經驗的時期，但中國受西方帝國欺凌，幾乎可稱為受害學的受難情結論述有效地掩蓋了自身缺乏內省的民族主義。我們今天所知道的中國是繼承或重新殖民滿清所占領的大片領域，包括西藏、新疆（其字面意思「新的疆域」明顯指涉領土的擴張）、內蒙古與滿洲，將「中國本土」原本的領域擴張兩倍以上。[2]現在，當中國對早期西方帝國侵略以一種彷似後殖民的立場宣稱對「領土完整性」的高度關切與批判時，此立場對被併吞領土的藏族、維吾爾族與蒙古族而言同時也是一種帝國的宣言。

在這樣的歷史時刻，我們更需要復甦一個既有但卻長期被邊緣化的批判傳統，批判「中國性」（Chineseness）的霸權與同質性。[3]以許多不同的邊緣形式存在於中國境內與其外的作家與藝術家早已批評中國中心主義與中國性的霸權，視之為強加在身分上的殖民枷鎖。此批判傳統在中國境內遭受意識形態的箝制，但令人震驚的是，這個傳統在中國境外的命運更是悲慘：這個批判中國性的傳統基本上被視而不見或不予重視。在美國，左派對社會主義中國的浪漫情懷加上高度資本主義化的國家機器因政治與經濟考量需安撫中國，此兩因素重重

---

1 在美國，中國逐漸被視為一個新興的帝國。中國的每一個新的舉動都會在美國報章或其他媒體被詳盡敘述，通常用的是一種憂慮的口吻。二〇一〇年發行的紀錄片《中國：帝國的復活》（*China: The Rebirth of an Empire*）反映了這種對中國興起的觀感。除了責難中國（China-bashing）的傾向外，不可否認的是，若非已是一個帝國，中國至少已經成為超級強權的事實。參閱周蕾（Rey Chow）在《觀念論後的倫理》（*Ethics after Idealism*）中對中國處理香港問題時展現的帝國心態之論述，或可參閱拙作《視覺與認同》（*Visuality and Identity*）中關於中國以同樣的帝國心態面對台灣問題的分析。

2 有關「中國」這一符號及其政體能指的轉變和沿革，參見葛兆光，《宅茲中國：重建有關「中國」的歷史論述》（台北：聯經，二〇一一）。

3 關於當代對中國性的批判，請參閱洪美恩（Ien Ang）的著作、周蕾的〈論中國性作為理論問題〉（"On Chineseness as a Theoretical Problem"）與陳奕麟（Allen Chun）的論文（"Fuck Chineseness: On the Ambiguities of Ethnicity as Culture as Identity"）等。

地打了批判中國中心主義傳統一個巴掌：這個批判傳統因此被忽略，進而淪為一個漠不相關的傳統。

對於某些在中國境內的少數民族（所謂的非漢族，因此不夠正統的「中國人」）而言，所謂的中文——漢族的語言或漢語——是殖民強加上的語言，因此在少數民族之間，「中國人」通常只是護照上國籍一欄的稱號，並不包含對文化、民族或語言的指涉。中國官方認定的五十五個少數民族，他們的文化工作者自其社群被納入中國後便長期將自己定位在中國性的邊緣。這些中國的內部殖民地，美其名被稱為自治區，其疆界實際上被肆意劃定，而自治也常常僅是名義上的自治。在地文化、語言與宗教信仰的消逝歷歷在目，從近來頻繁的西藏與新疆的各種騷亂及抗爭事件便可探知一二。位於中國西南部有些少數民族村落今日被定位成旅遊村，當地居民穿著傳統服飾敞開家門迎接好奇的遊客。日常生活商品化的極致表現，莫過於商品化個人生活中具異域風情的食衣住行等面相。日常生活竟然可以成為維生的工具。

在東南亞、澳洲、台灣、美洲、歐洲與世界其他地方的華語語系作家與藝術家，一直都有拒絕被收編入中國性的框架的傳統。同時，他們所追尋的在地認同也通常與在地的強勢民族主義、殖民主義或種族主義的認同模式格格不入。從中國來的移民被加諸中國佬（Chinaman）、支那人（chino）與異教中國佬（heathen chinee）等歧視性稱謂，使他們與其後代無法完全認同他們歸化的土地。黃禍的種族主義論述在西半球對中國移民與其後代所加諸的歧視，也增加他們在認同上擁抱所謂的祖國的意願。另一方面，中國政府有效且持續地播撒「海外華僑」（overseas Chinese）此一具意識形態的身分認同，利用他們在異地遭受種族歧視與其他形式的歧視，將這些歧視有效轉化成有利中國的遠距民族主義，讓海外華僑們能永遠效忠中國。中國政府對海外華僑使用的名稱與法國政府對海外（outré mer）屬地使用的名稱幾近相似並不令人意外：如同法國政府對其海外屬地宣稱其主權，中國亦視海外華僑為必須效忠母國的屬臣。

「華語語系」（Sinophone）[4]研究關注位處民族國家地緣政治以及霸權生產邊陲的華語語系文化，其焦點放置在中國的內部殖民與從中國移民至各地區後形成的華語語系社群。華語語系研究瓦解自民族國家興起後語言、文化、民族與國籍之間形成的等價鏈，透過思考在地生產的獨特華語語系文化文本，探索中國與中國性、美國與美國性、馬來西亞與馬來西亞性、台灣與台灣性等邊緣如萬花筒般多變且具創造性地重疊交錯。譬如，華語語系藏族文學與華語語系美國文學提供兩個在文學領域以華語語系研究的範例。若華語語系研究對中國中心主義有尖銳的批判，它同時也批判歐洲中心主義或其他任何中心主義，如在馬來西亞的馬

4「華語語系」為Sinophone一詞的華譯，最早應追溯到筆者於二〇〇四年的〈全球的文學，認可的機制〉一文，發表於《清華學報》（三四卷一號）。該文由紀大偉譯成華文，但是「華語語系」這詞，當時是由筆者提供給譯者。

來中心主義。簡單來說，其批判模式是多維批評（multi-directional critique）。

近幾年，學者們使用「Sinophone」一詞時多指其外延意義之中文言說或中文書寫。黃秀玲（Sau-ling Wong）使用該詞來指涉以華文而非英文書寫的華美文學；新清史學家柯嬌燕（Pamela Kyle Crossley）、羅友枝（Evelyn S. Rawski）與李普曼（Jonathan Lipman）將使用中文為溝通語的穆斯林回族稱做說漢語的穆斯林，藉此與說土耳其語的維吾爾穆斯林做區分。雖然這些學者主要以外延意義使用該詞，他們背後的目的是要以命名來釐清對比：黃秀玲強調華文書寫的華美文學，揭露學界以英語語系定義美國文學的偏見並呈現出美國文學多語的面向；柯嬌燕等人則強調中國的穆斯林民族中語言、歷史與經驗的分歧性。研究西藏文學的學者Patricia Schiaffini-Vedani和Laura Maconi則指出藏族作家使用漢語，也就是「殖民者語言」時，書寫的困境與身分認同和語言差異之間的糾葛。

本書以描述中國境內少數民族文化與境外殖民與移民文化的華語語系之外延意義為基礎，[5]藉此剖析華語語系的概念，探討其歷史內容、語言的多樣性與作為理論的潛力。

一、歷史過程

華語語系社群的形成涉及三個相互關聯的歷史過程：大陸殖民（Continental Colonialism）、

定居殖民（Settler Colonialism）與移民／遷徙（[Im]migration）。

1. 大陸殖民：

不同於現代歐洲帝國在海外建立殖民地，中國的殖民地位居內陸，屬於筆者所謂的「大陸殖民」。近十五年來在美國的中國史學家對滿清帝國（一六四四—一九一一）的歷史與特性考察及分析時進行理論性爬梳，將其定義為一個內陸亞洲帝國，此史學觀點被稱為「新清史」。他們詳盡研究清朝對北邊與西邊大片疆域的軍事擴爭與殖民統治，證實清朝約自十八世紀中葉起即成為類似西方帝國的內陸亞洲帝國，此縱深的歷史觀點對我們如何看待今日的中國有重大的啟示。[6] 無法將清朝視為殖民帝國或將今日的中國視為清帝國接班人或執行者

5 王德威（David Der-wei Wang）、張錦忠（Kim Tong Tee）與其他學者也使用這個名稱來強調中國境外的華語語系文化與文學，參閱石靜遠（Jing Tsu）與王德威二〇一〇年合編的《全球華文文學論文集》（*Global Chinese Literature: Critical Essays*）。而二〇一三年出版的《華語語系研究：批判讀本》（*Sinophone Studies: A Critical Reader*）一書中，蔡建鑫首次提出華語語系研究應以「他者化的方式包括中國」，不是全面的排除一說（見頁二〇）。

6 關於新清史的簡潔概述，可參閱衛周安（Joanna Waley-Cohen）的書評論文。若需詳盡的論述，可參閱濮德培（Peter Perdue）的專書 *China Marches West: The Qing Conquest of Central Eurasia*。

的原因是基於兩種對歷史的誤讀。

第一種誤讀源於缺乏批判性地接受中國政府宣導現代中國為受害者的民族主義史觀。根據此觀點，中國的歷史自清朝以來不外是由鴉片戰爭、不平等條約、西方帝國侵略與中國在壓迫下不斷地追尋主權等事件所組成。清朝自十八世紀後的疆域擴張則被貶至陳舊且不重要的歷史篇章。現代歷史因而始於十九世紀中葉的鴉片戰爭，而非十八世紀清朝對內陸亞洲大片疆域的侵略與殖民統治，如軍事鎮壓、經濟統治、宗教同化、性別化的教育政策（gendered pedagogy）及對多元語言性與民族多元化的有效管理等的殖民手段（Waley-Cohen）。

清朝由滿族而非漢族統治的事實，對於漢族民族主義者來說，是一個有用的歷史細節，讓漢族得以在滿清殖民侵略的這灘歷史渾水中不弄髒自己的手。但是當漢族的中國歷史學家以「領土完整」之名認取侵得的疆土時，他們則持漢化（sinicization）的論點來自我授權：滿族人的高度漢化使他們幾乎成為漢人，因此漢族主導的現代中國正是這些疆域的合法繼承者。由於漢族只取對自己有利的歷史詮釋（這些又都充斥著受難者的憤懣），持民族主義觀點的中國的史學家便讓滿清的侵略史淹沒在歷史的塵埃中。

第二種誤讀與清朝擴張的地理有關。在世界上，現代帝國主要以歐洲海洋殖民為模型，而清朝擴張與歐洲海洋模式不同的是，它主要發生在內陸疆域。由於「歐洲」特性意味著優越、理性與啟蒙，這些伴隨歐洲殖民事業散播的觀點被認為不適用於非西方強權；因此滿清擴張主義不能與殖民帝國的現代意義並論。德國哲學家黑格爾（G. W. F. Hegel）將歐洲性與海洋巧妙結合的觀點闡明此論點：「歐洲國家只有當它與海洋有連結時才是真正的歐洲。」歐洲海洋原則是歐洲統治的手段，然而對亞洲這塊受陸地局限的地區而言，「海洋的重要性微不足道」。[7] 海洋原則依循「流動、危機與毀滅」等特質成就了歐洲建立殖民地的趨力，也因而成為歐洲殖民主義的基礎。由黑格爾看來，由於缺乏「超越自然生命之外」的「出口」，亞洲在此定義下無法建立殖民地或成為帝國。[8] 當然，中國在現代之前已經有一段航海史，[9] 但重點在於對殖民擴張的誤解，以為殖民擴張必定朝向海洋發展，不能是大陸趨向的，導致中國帝國被歸類到前現代或王朝式（dynastic）的帝國。滿清帝國毫不遮掩地擴張

7 G. W. H. Hegel, *Lectures on the Philosophy of World History*, trans. H. B. Nisbet (Cambridge: Cambridge University Press, 1980), p. 196.

8 G. W. H. Hegel, *The Philosophy of Right*, trans. T. M. Knox (London: Oxford University Press, 1967), pp. 247-49.

9 參見書目如下：Louis Levathes, *When China Ruled the Seas: The Treasure Fleet of the Dragon Throne, 1405-1433* (London: Oxford University Press, 1994); Billy K. L. So, *Prosperity, Region, and Institutions in Maritime China: The South Fukien Pattern, 946-1368* (Cambridge, Mass.: Harvard University Asia Center, 2000); Gungwu Wang and Chin-keong Ng ed, *Maritime China in Transition, 1750-1850* (Wiesbaden: Harrassowitz, 2004); Kenneth Pomeranz and Steven Topik, *The World That Trade Created: Society, Culture, and the World Economy, 1400 to the Present* (New York: Sharpe, 2005, 2nd ed)。

大陸殖民，將「中國本土」原本的領域加乘兩倍以上，中華人民共和國（建立於一九四九年）更鞏固了除外蒙古外加乘後的疆土。在民國時期（一九一一—一九四九），西藏與新疆僅象徵性地與中國連結，但中華人民共和國重新殖民兩地並完整的納入中國管理。滿清自覺為多語帝國，其官方語言為滿洲語、漢語、蒙古語、藏語，有時甚至包括阿拉伯語和維吾爾語。但中華人民共和國則開啟了對西藏與新疆的語言殖民。西藏與新疆地區雙語教育的壓制引起的抗爭，也凸顯激化後的語言殖民政策的效應。

認清中國帝國對疆域的重新鞏固，可以讓我們注視疆界內族群和語言的多元性。專注帝國內跨族群關係的新清史，因此開啟了中國歷史研究的族裔轉向（ethnic turn）。華語語系少數民族文學在中國處於族裔和語言的交會點。蒙族、滿族、藏族與許多其他中國境內的民族今日常使用超過一種語言。不論是自願學習或外在強加，就他們能以漢語交談和書寫而言，這些少數民族即是華語語系社群的一分子。如在西南邊界地區的固有少數民族（the historical minorities）也是多元語系社群，他們不同程度地抗拒或接受漢化。華語語系研究凸顯大陸帝國從滿清到今日這段一脈相承的歷史。

2. 定居殖民：

從中國來的移民群在當地組成多數人口（如台灣與新加坡）或數量可觀的少數人口（如

馬來西亞）聚集成華語語系社群，這些地方在特定意義上可被視為定居殖民地。這些定居殖民地可約略地和英國人定居殖民北美、澳洲與紐西蘭等殖民地相比擬。在這些地方的英國殖民者，雖然有些可能是被迫離開英國，他們不應被視為是被迫離鄉的離散主體，而應被視為以殖民者之姿統治當地原住民的定居殖民者。以離散理解他們的歷史是對殖民暴力與文化屠殺的錯置與否認。定居殖民是所謂離散的黑暗面。離散作為一段歷史（民族的流散）或一種價值觀（一種觀看與在世存有的方式）是完全不同且相互矛盾的。當我們處理定居殖民問題時，兩者必須被區分開來。[10]

重點是，「中國人的離散」（the Chinese diaspora）這一觀念語框架在兩種情況下同樣也是一種形式的錯置。首先，它掩飾現今的殖民狀態。在台灣的南島語系原住民從未經歷到殖民主義的終結，他們已經在殖民主義下生存了幾個世紀（十七世紀開始移民至台灣的漢族殖民者成了今日的台灣人或客家人，對他們的殖民者當然也包括荷蘭人、日本人與一九四〇年代後期第二波的漢人定居者等）。「中國人離散」的框架同時也掩飾過去中國人到東南亞定居殖民的情況。漢族中國人移民在歐洲殖民者抵達前在原住民的土地，設置接近政經獨立的公司或共和國，後期被法國、荷蘭和英國殖民者雇用從事包稅商或種植園管理者的工作（早

10 Shu-mei Shih, "Theory, Asia, and the Sinophone," *Postcolonial Studies* 13.4 (2010): 465-84.

期的苦力的後代），在歐洲殖民時期，尤其在馬來亞，創造出一個有階層的中間人社會或筆者所謂的中間人定居殖民主義（middleman settler colonialism）。

再者，離散作為一種價值觀隱含對祖國的忠誠與嚮往，在離散者與祖國之間形成一種約束性的必然關係。儘管在台灣和東南亞的華人表達在文化上（若非政治上）和中國的不同，離散的價值觀仍將分離數世紀後的這些離散漢族與所謂的「祖國」緊綁一起。此離散框架同時也延續「海外華僑」的範疇，這些海外華人被認為應該和中國性在狹義定義下相互召喚，中國性因而成為可量化的概念，成為一個人是否夠中國的準則。但事實上有高比例的台灣漢人，雖然身為定居殖民者，卻無視中國對「領土完整」意識形態的鼓吹，不認同自己為中國人，形成中國大聲喧嚷台灣是大陸的一部分，但台灣戰戰兢兢地回絕中國收編的現象。漢族移民於十七世紀開始遷移至馬來亞群島（地理上包含今日的馬來西亞和新加坡），到十九世紀達到高峰，他們也不認同自己為華僑，反而認同自己為在地人。當地的華語語系作家與評論家在二十世紀早期就已經發起數個重要辯論與運動，抗拒中國性的呼喚與中國政府再漢化的壓力。因此筆者主張離散是有時效性的，會過期的；我們不能在三百年後仍聲稱自己為離散者，每個人都應該被賦予成為在地人的機會。[11]

批判離散在定居殖民主義中作為價值觀的第一層意義，在於強調原住民性，去凸顯那些想借離散主體之名魚目混珠的定居殖民者。因為原住民語言多無書寫系統，台灣的原住民華語語系文學在書寫時通常表現聲音而非書寫上的衝突，作家們嘗試透過主流書寫系統表現原住民口語，藉此表達他們反殖民的立場。批判離散在定居殖民主義中作為價值觀的第二層意義，則是為了強調在地化，除了拒絕中國政府對世界各地華人的召喚，也反對後殖民國家有系統地否定少數民族在國家內的權利，華馬人在獨立後的馬來西亞之處境便是一例。中國召喚的壓力結合當地國的排外心態，形成王靈智（Ling-chi Wang）在分析華美人時所稱「雙重宰制結構」（structure of dual domination）的經典案例。華語語系馬來西亞作家在此雙重宰制結構下寫作已超過百年，經歷「定居殖民者」、「華僑」、「中間人」，到「在地人」的轉變。

3. 移民／遷徙：

華語語系少數民族社群大多集中在西半球國家，占當地人口的少數。漢族幾世紀以來的遷徙（以苦力、勞工、學生或商人等的身分）在遷徙地形成一個被族裔化與種族化的少數社群，其多樣性的華語與文化——主要為粵語與閩南語（包括潮洲與福建話等）——的維持與

11 請參考拙著，《視覺與認同：跨太平洋華語語系表述・呈現》（台北：聯經，二〇一三）；"Against Diaspora: Sinophone as Places of Cultural Production," in Jing Tsu and David Der-wei Wang ed, *Global Chinese Literature: Critical Essays* (Leiden: Brill, 2010), pp. 29-48.

混生，替中國境外華語語系文化研究提供一個基礎。在美國、英國、德國、澳大利亞、加拿大等國家，華語語系文化不是逐漸消跡便是蓬勃發展。在這些地方，早期移民在地化過程伴隨著新移民的到來替華語語系文化注入新的生命力。[12]儘管華人在東南亞有一段定居殖民的歷史，他們在該地區脫離歐洲殖民主義後逐漸地被少數化。他們的政治與文化力量與他們（自殖民時期累積）的經濟力量不成正比。如同在西方世界的華人少數社群，他們經常被迫屈服於有國家機器為後盾的民族中心主義，如馬來西亞的馬來人中心主義。

由於華語語系研究涉及移民／遷徙的命題，可歸屬於世界少數民族研究或少數民族語言學研究，開創在一國境內或國家之間做少數民族比較研究的可能性。當我們比較華語語系美國文學與西班牙語語系美國文學、比較華語語系美國文學與華語語系法國或德國文學時，我們會獲得哪些啟發呢？筆者曾為文指出，這樣的少數民族比較研究的觀點聚焦在不同族群與地方的族裔化與少數化過程中的分歧與聚合，強調水平軸上少數與少數之間的關係性，而不只是多數與少數的二元差異性。[13]

華語語系研究與少數民族研究的契合，有助於強調在特定的民族國家內非離散與具有在地性質的華語語系文化，是民族國家內多元文化與多語性不可或缺的一環。這些研究讓我們意識到華語語系美國文化是美國文化一部分，在美國使用的各種華語也是美國語言的一部分。他們也使我們了解華語語系文化，即使以最強烈的鄉愁模式表達對飄渺或真實的中國之依戀，是以地方為本位（place-based）的在地產物。在華語語系美國文化中對中國的鄉愁是因在美國的生存經驗所產生的鄉愁，因此是在地的，一種美國式的鄉愁。

二、華語語系的多語性

華語語系文化的形成包含許多不同標記，其中語言標記通常可作為其他隱含差異的縮影，因此對漢語系語言的基本知識是必要的。二十世紀大部分國家回溯打造所謂的國語時，很不幸地在國籍與語言間建立了一條等值鏈，但事實上幾乎所有世界上的國家都是多語的。在中國不只有眾多藏緬語系語言（幾乎四百種，在南亞與東南亞也被廣泛使用），也有被認為同屬漢藏語系語言群（Sino-Tibetan language family）的漢語系，其中包括至少八個主要語言群與許多子群。國語推行運動使其中一種語言晉升為規範，將其他語言貶至方言，目的在

12 關於華語語系的消逝，請參閱拙作《視覺與認同》的導論與結論（頁一三—六九；二六五—七八）。

13 Françoise Lionnet and Shu-mei Shih, "Thinking through the Minor, Transnationally," in Françoise Lionnet and Shu-mei Shih ed, *Minor Transnationalism* (Durham: Duke University Press, 2005), pp. 1-23.

於統合現代中國異質多音的語域。所謂的方言其實可被視為不同的語言，[14]但觸犯中國政府可能帶來的政治餘波迫使語言學家噤聲，更是避免影射藏緬語系與漢語系被歸在同一個大語系下的不合理性，怕以上的陳述被等同於擁護政治分離主義。但各種漢語之間的不可互通性與拉丁語系和印歐語系語言間的不可互通性相較下常常更高，況且漢語系與藏緬語系之間的相似性尚未被有力的證實過。

當我們聲稱一個人中文講得好，我們的意思通常是他或她的北京官話講得好，但許多不同漢語系語言在中國都被使用，更不用說在中國的少數民族使用有許多非漢語的語言。若我們聲稱所有其他漢語與非漢語語言不是中文，即「中國的語文」，我們就認同了語言與國籍間一對一的對等關係，並將此對等鏈關係擴張至與民族的關係。在中國，人們替換性地使用「普通話」與「漢語」這兩個詞的現象並不令人意外，除了把漢族中心主義自然化之外，也暗含對其他語言與族群存在卻無法實踐語言自主權力的默認，而這種默認更露骨地揭示漢族／漢語中心主義。若「中國」只被當成國籍，而不是語言或族群的指稱，我們便可以聲稱在中國境內所有被使用的語言均為中文（中國的語文），而揭露任何的標準化過程都是霸權形成的過程這一事實。

「中文」這個詞長期被誤用，使語言等同國籍與族裔，官方的單語政策漠視且抑制語言的異質性。相反地，華語語系的概念顯現聲音和書寫上的多語性及多文性。十九世紀到美國的移民主要使用的漢語是粵語，他們不稱自己為中國人，而稱自己為唐人；他們稱自己的區域為唐人街，而非中國城。他們是在種族化分配（racialized assignation）後才成為「中國人」，這個過程也同時把從中國來的其他種族和他們使用的語言或其他漢語同質化了。當美國這種族化的國家認為早期華人移民使用的語言為「中文」（Chinese）時，它沒意識到所指涉的是粵語，非北京話。二十世紀早期在舊金山的華語語系美國文學，如四十六字歌，是以粵語發音朗讀與書寫的。華語語系香港文學藉由古早起傳承的文字和新創造的用語和文字，長期協商於粵語與北京話之間；主流華語語系台灣文學則是河洛語和北京話協商的場域，文字上也每有創新；華語語系馬來西亞作家和文化工作者在文本和電影對白裡運用粵語、福建話、潮州話、北京話等不同元素的聲音和文字。因此，華語語系不只多音（polyphonic），也多文字（polyscriptic）。此外，華語語系的概念不僅表達語言的多樣性，同時也凸顯這些語言在特定地點與當地非華語的各種語言在地化與混雜化過程。回族雖被視為中國境內漢化最深的少數民族，但華語語系回族作家仍常使用或借助阿拉伯語。以華語語系新加坡文學為例，作家們將各種華語和馬來語、英語，有時甚至和坦米爾語交混。同樣地，華語語系美國

14 Victor Mair, "What is a Chinese 'Dialect/Topolect'? Reflection on Some Key Sino-English Linguistic Terms," *Sino-Platonic Papers* 29 (1991): 1-31.

文學是一個已經存在超過百年的文學傳統，早年以粵語寫成，近年則更多運用標準漢語，其長久以來的隱性或顯性對話者為位居主流語言的英語。

國語的單一語言制與歷史學家安德森（Benedict Anderson）分析下的民族主義一樣擁有三個矛盾：它應是現代的，卻追溯地建立古老的系譜以自我正當化，因此是過時的；它應具普世性，但其具體表現卻是特殊的；它具政治效力，但作為哲學卻是貧瘠且缺乏條理。[15]簡單來說，國語的單一語言制在哲學上毫無說服力，它的宿命論觀點拒斥現在與未來的潛能性。然而，語言社群是開放且不斷變化的社群，成員的組成波動不定，語言歷經變化甚至消逝，而且語言和語言使用之間的動力不斷改變每個語言本身。我同意法國哲學家巴里巴（Étienne Balibar）把語言社群作為「存在於當下的社群」（community in the present）具有「奇特的可塑性」（strange plasticity）之論點，此可塑性製造了「既有的情感結構，但沒有強加在後代一個不可改變的命運」。[16]一個不受命運論制約的語言的當下與未來，是華語語系的各種華語的所在。

結論：何謂華語語系文學？

華語語系包含位處民族或民族性（nationalness）邊陲的各種華語社群與其（文化、政治、社會等方面）的表述，他們包括中國境內的內部殖民地，定居殖民地，以及其他世界各地少數民族社群。

最後，我透過「何謂華語語系文學？」這個問題，將華語語系的概念從其字面上的意義轉而探討它的意涵。雖然哲學家沙特（Jean-Paul Sartre）在其一九四八年所寫的〈何謂文學？〉（"What Is Literature?"）中，討論文學時的例子大多來自法國文學，少數來自美國文學，若我們可以暫時不去批判他提出這個大問題時所假設的普遍性（universality），今日當「離散」已經成為主流價值之際，他所提出的文學作為具體的實踐的問題（situated practice），愈顯迫切。沙特提出一個「情境」文學（situated" literature）的概念，在此書寫並非追求永恆的抽象文學，而是發生在特定歷史情境的一個「行動」（act）；因此，書寫的對象僅是為了一個人的時代，一段特定「時期」中「有限的時間」。[17] 沙特諷刺地稱文學中

---

15 Benedict Anderson, *Imagined Communities: Reflections on the Origin and Spread of Nationalism* (London: Verso, 1992, revised edition), p. 5.

16 Étienne Balibar, "The Nation Form: History and Ideology," in Étienne Balibar and Emmanuel Wallerstein, *Race, Nation, Class: Ambiguous Identities* (New York: Verso, 1991), pp. 98-99.

17 Jean-Paul Sartre, "What Is Literature?," in *"What Is Literature?" and Other Essays*, trans. Bernard Frechtman (Cambridge: Harvard University Press, 1988), pp. 133-36.

對永恆的追求為「基督教對永生的信仰的最後遺蹟」（a last remnant of Christian belief in immortality），[18]反而強調文學作為實際的行動，致力於「具體普遍性」（concrete universality）而非「抽象普遍性」（abstract universality）的重要：

> 「具體普遍性」一詞必須以……生存在一個特定社會的總體人的面向來理解。假如作家的公眾（即讀者）能被延伸至包含這個總體，結果不必然是他必須將作品的效應限制在當下，而是代表他排斥了抽象的永恆的榮耀，因為那是不可能且空洞的對絕對性的幻想。取而代之的，是經由作家對主題的選擇而決定的、具體的、有限的時間性，因而不會與歷史脫節，反而會在社會時間內為他的情境下定義。[19]

扎根於歷史與個人的「社會時間」，在特定社會的、有限時間內面對公眾，是達到具體普遍性的關鍵。

嚴肅看待沙特的建言，我將華語語系文學視為存在於特定時間與地域的一種情境文學，但我想強調沙特的普遍性典範中不足的地方：地緣政治的情境（geopolitical situatedness）與一個以地方為本位的實踐（place-based practice）。每個華語語系文學作品將其對特殊的時空想像（chronotope）自我表達成形，此特殊的時空座標便是作品處理的公眾領域。如黃秀玲在討論華裔美國文學時提出的見解，在這個形式下，華語語系文學作家展現「對居住地的承擔」（commitment to the place where one resides），並「在歷史情境內實踐自己」。[20]承擔與情境在華語語系文學中構成薩依德式的「現世性」（worldliness），這現世性不是無根漂流的無限擴張，也不是病態的自我迷戀或全球性（the global）的同義詞。相反地，對在地投入的立場與在當地情境的實踐使沙特式的「有限性倫理與藝術」（ethics and art of the finite）成為可能。[21]華語語系因此可被視為一種觀看世界的方式、一種理論或許甚至是一種認識論。華語語系作為一種方法與理論憑藉的是它在具體時空內的歷史與實踐。當離散被視為一種普遍價值時，華語語系替離散訂立了一個截止日期；華語語系的概念排斥單一語言制，民族中心主義與殖民主義；它呈現語言社群存在的開放性與流透性，並以具體普遍性作為目標。華語語系對「中國性」霸權的抵抗，不僅需要我們在帝國群起的時代重新省視後殖民理論，也迫使我們重新界定學術研究的領域、對象與方法。

18 Ibid, p. 239.
19 Ibid, p. 136.
20 Sau-ling Wong, "Denationalization Reconsidered: Asian American Cultural Criticism at a Theoretical Crossroads," *Amerasia Journal* 21.1&2 (1995): 19-20.
21 Jean-Paul Sartre, "What Is Literature?," p. 245.

第一章

反離散：華語語系作為文化生產的場域

本章就「華語語系研究」（Sinophone studies）的定義提供一個概略性的、綱領式的視角，這一視角將後殖民研究、種族研究、跨國族研究以及區域研究（特別是中國研究）融會起來。華語語系研究是對處於中國和中國性（Chineseness）邊緣的各種華語（Sinitic-language）文化和社群的研究。這裡「中國和中國性邊緣」不僅僅理解為具體的，同時也要理解為概略的。它包括嚴格意義上的中國地緣政治之外的華語社群，他們遍及世界各地，是持續幾個世紀以來移民和海外拓居這一歷史過程的結果；同時，它也包括中國域內的那些非漢族族群，由於漢族文化居於主導地位，面對強勢漢語時，它們或吸收融合，或進行抗拒，形成了諸多不同的回應。由此，華語語系研究整體上就是比較的、跨國族的，但它又處處與時空的具體性緊密相關，即依存於其不同研究對象而變動不居。正是在這個意義上，本章並不專門聚焦於文學，而是借助對「離散中國人」（the Chinese diaspora）這一概念的分析和批評，提出華語語系研究的粗略輪廓。在筆者看來，「離散中國人」這種提法是不恰當的。

一、「離散中國人」

數百年來，那些從中國遷徙出去、在全球範圍內散居各處的人們，對於他們的研究作為中國研究、東南亞研究、美國華裔研究的一個子域而存在，同時，在美國的歐洲研究、非洲研究、拉丁美洲研究中也有零星關注。此一子域，其邊界圈定在那些從中國移居到任何一個他鄉的人們，故被稱為「離散中國人研究」。「離散中國人」被理解為中華民族在世界範圍內的播散，作為一個普遍化範疇，它以一個統一的民族、文化、語言、發源地或祖國為基礎。新疆的維吾爾人、西藏及其周邊地區的藏人、內蒙古的蒙古人，如果他們移民海外，通常並不被認作離散中國人的一分子，而移居海外的滿人則模稜兩可。涵蓋與否的標準似乎取決於這些民族的漢化程度，因為慣常被完全棄置不顧的事實是，離散中國人主要是指漢族人的海外流散。「中國人」，換而言之，本來是一個國家屬性標誌，卻成為一個被傳遞的，民族的、文化的、語言的標誌，很大程度上是一個漢族中心的標籤。而事實上，在中國由官方認定的民族就有五十六個，各民族所操持的語言更是多種多樣。通常被認定和理解的「漢語」不過是國家推行的標準語，即漢族之語，亦被稱為普通話；通常所說的「中國人」很大程度上被限定為漢人；而「中國文化」指的也是漢文化。簡而言之，「中國人」這一術語作為一個民族、語言和文化的範疇，常常被限定於指稱漢族，而將所有其他民族、語言和文化排除在外。將域外的中國性簡化為漢族這一單一民族屬性，其實也只是類似訴求之翻轉（inverse）而已。歷史上，眾多民族對於形成今天的「中國」有著重要的貢獻，例如清代（一六四四—一九一一）滿族的重要遺產——他們擴充的疆域，被之後的中華民國以及今天的中華人民共和國所繼承。因此，這種將中國人視為漢人的民族簡化主義，與把美國人誤認為盎格魯・撒克遜人並沒有什麼不同。在上述兩種情況下，都有一種貌似不同卻類似的民族中心主義在作祟。

中國海內外的各種因素究竟如何共同促成了一統的「中國人」觀念？為了進一步闡明這個問題，我們或許要追溯到十九世紀西方列強的種族主義觀念體系，他們根據膚色來認定中國人，從而忽視了中國內部的豐富性和差異性。這就是中國人成為「黃種人」且被化簡為單一民族的開始，而事實上，在不斷變化的中國地緣政治的邊界內，歷史上一直存在眾多明顯有差異的族群。中國人一統性的外在促成力量，與中國內部一統的訴求悖論地不謀而合，尤其是在一九一一年滿族統治終結之後，中國急切盼望著出現一個統一的中國和中國人群體，以凸顯自身在文化和政治上獨立於西方的自主性。唯有在這種語境中，我們才能夠理解在十九世紀末，由西方傳教士提出的「中國人的國民性」話題，何以同時在海內外的西方人和漢人中流行起來；我們也才能夠理解，這一觀念何以在當日中國對於占據主流的漢人一如既往地散發著魅力，如有關中國人的素質問題的討論。一方面，對於西方列強而言，它為一九四九年之前殖民中國找到理由，也使得十九世紀末到現在這些列強國家內部實施對華人移民和華人少數族群的差別管理變得合情合理；不管出於哪個目的，「黃禍」（the Yellow Peril）這一說法的用處都是顯而易見的。另一方面，對於中國和漢人而言，種族意義上的「中國人」至少出於三個不同的意圖：以統一的民族抵制二十世紀早期的帝國主義和半殖民主義；踐行自省（self-examination），這是一種將西式的自我（self）概念內在化的努力；最後也是最重要的，除了給部分少數民族以一定程度的自主權之外，還要把少數民族的國家訴求和愛國奉獻精神調適到中國這一國族身分上。

以上對「中國人」和「中國性」術語問題簡要而寬泛的探討充分表明：這些術語被激活，乃是由於與中國外部其他人的接觸，以及與內部其他族群的碰撞。這些術語的意義並非只是在最一般層面上使用，同時也在最具排他性的層面上發揮作用，它們兼含普遍和特殊於一體。更確切地說，強勢個體把自己仿冒成普遍性，這與外部因素施加給中國、中國人和中國性的粗糙的普遍化串通一氣。這種外部因素來自西方，也在一定的程度上來自亞洲其他國家，如日本和韓國，它們自十九世紀以來，一直抑制且抵抗著中國文化和政治的影響。日本和韓國明確地開展「去漢化」運動，定義自己國家的語言，以反抗中國文化的霸權，例如在它們各自的語言中，消除日文漢字和朝鮮漢字的重要性。

人們從中國移居世界各地，在暫住國逗留，有時候也進行殖民開拓，例如在東南亞的一些國家（尤其是印度尼西亞、馬來西亞、泰國、菲律賓和新加坡）。雖然離散中國人研究試圖通過對他們在地化傾向的強調，去拓寬中國人和中國性的問題，但「中國性」在這一領域依然占有主導地位。因此，審視「離散中國人」這個一統性的範疇在當下顯得十分重要。這不僅是因為它與中國的民族主義之間存在共謀關係——民族主義者習慣用「海外中國人」，而「海外中國人」這一稱謂假定這些人渴望回到作為祖國的中國，而且他們的最終目的也是服務中國——同時也由於它不知不覺地與西方和非西方（如美國和馬來西亞）國家對「中國性」的種族主義建構聯繫在一起，且起著強化作用——在這些國家，「中國性」永遠被看作是外國的（所謂「離散的」），而不具備真正本土的資格。在東南亞、非洲、南美洲的後殖民民族國家裡，如果從歷史上說操持各種華語的人已經進入本土居民的行列，這並沒有什麼牽強之處。畢竟有些人早在六世紀就來到東南亞，比那裡民族國家的存在還要早得多，理所當然地足以經得起與國籍捆綁在一起的身分標籤。[1]問題在於，誰在阻止他們成為一個泰國人、菲律賓人、馬來西亞人、印度尼西亞人，或是新加坡人，和其他的國民一樣被認為僅僅是多語言和多文化的居民，只不過恰好有一個來自中國的祖先而已。情況相類，誰在阻止那些在美國的中國移民（他們早在十九世紀中葉就來到美國）成為「華裔美國人」（在這個複合詞中強調後者「美國人」）？我們可以細想五花八門的種族排斥的行為，諸如美國的《排華法案》，越南政府對當地中國人的驅逐，印度尼西亞、馬來西亞反中國人的種族暴亂，菲律賓的西班牙人以及爪哇的荷蘭人對中國人的屠殺，菲律賓針對中國小孩的綁架，還有許多諸如此類的案例。從這些例子可以看出，「中國人」這一具體化的範疇，作為一個種族和民族的標籤，是如何成全了諸如排外、代罪羔羊和迫害的各種企圖。當義大利人、猶太人和愛爾蘭人的移民逐漸成為「白人」，融入美國白人社會的主流中，而作為華裔美國人的黃種

「中國人」卻依舊還在為爭取認同而飽嘗艱辛。

悖論的是，離散中國人研究界提供的證據卻充分表明，這些移民在他們移居的國家裡尋求地方化的意願非常強烈。在新加坡，甚至在其成為一個獨立的城市國家之前，從中國移入的知識分子看待他們自己的文化時，便是以他們定居的國家為中心。他們為自己創納了「南洋」這個概念，並且很多人都反對把他們的文化說成「海外中國文化」。[2]印度尼西亞土生華人（Peranakans）和馬來西亞混血的「峇峇」們（Babas），即所謂的「海峽華人」（Straits Chinese），形成了他們自己獨特的混血文化，並且抗拒來自中國的「再中國化」（resinicization）的壓力。[3]長期以來，很多華裔美國人認為他們自己是民權運動之子，並拒斥來自中國和美國的「雙重支配」和操縱。[4]華裔泰國人將其姓氏本土化，幾乎徹底地融入了泰國社會的肌

---

1 中國和東南亞貿易航線的開通最早可以回溯到公元二世紀，至六世紀，這些地區的港口城市已經可以找到來自中國的社群了。參見C. P. Fitzgerald（費子智）, *The Third China* (Melbourne: F. W. Cheshire, 1965)。

2 David L. Kenley, *New Culture in a New World: The May Fourth Movement and the Chinese Diaspora in Singapore, 1919-1932* (New York and London: Routledge, 2003), pp. 163-85.

3 Wang Gungwu, *The Chinese Overseas: From Earthbound China to the Quest for Autonomy* (Cambridge, MA: Harvard University Press, 2000), pp. 79-97.

4「雙重支配」是王靈智描述這種狀況的術語。參見Ling-chi Wang, "The Structure of Dual Domination: Toward

理。成立於一九三〇年的馬來西亞共產黨是最活躍的反殖民組織之一，他們反抗英國人和日本人的侵略，其成員主要就是馬來西亞的漢族華人。那些有中國祖先可以追溯，或種族或民族不同的混血人群，諸如在暹羅的華人後代，柬埔寨和印度支那的混血兒，祕魯的Injerto和Chinacholos，特立尼達拉島和毛里求斯的克里奧爾人（Creoles），菲律賓的麥斯蒂索人，他們向我們提出了以下問題：繼續將其納入「離散中國人」範疇究竟是否還有意義？這樣做到底是誰的企圖？

世界各地華語語系移民的情感自然是千差萬別的，在散居的早期階段，他們有一種強烈的寄居者的感覺，因為許多人都是生意人或幹苦力的勞工。他們是留下還是離開，就提供了不同的度量機制，標示出他們願意融合與否。離散中國人的判斷標準是「中國性」，或者更準確地說，是不同程度上的中國性。但是華語語系族群在如此長的歷史跨度裡，散居在世界各地，導致人們對「離散中國人」這一泛稱術語的可行性提出質疑。例如，在這個框架之中，一個人可以更具有「中國性」一些，另外的人則可能沒有那麼多「中國性」，中國性實際上成為一個可評判的、可度量和量化的東西。又如，研究離散中國人的著名學者王賡武，在這一語境中提出了「中國性的文化譜系」（cultural spectrum of Chineseness）的設想。作為例證，他注意到，香港的華人從歷史的觀點上來說更中國一些，儘管他們「與他們在上海的同胞已經不完全一樣了」；但是舊金山和新加坡的華人則具有更多「多樣的非中國變數」。[5]

另外一個研究離散中國人的著名學者潘翎，指出美國的華人已經失去了他們的文化根基，因此「失去了中國性」。潘翎進而指責華裔美國人之參與民權運動無異於「機會主義」。[6]這裡，我們彷彿聽到了父輩移民的譴告之聲——在二十世紀初舊金山的唐人街，他們譴責他們的美國孩子不再是令人滿意的中國人，稱他們是「空心竹」；或者，他們是來自中國的持民族主義主張的中國人，聲稱他們相對於那些生活在世界各地的華人而言，仍是最正宗的中國人。

離散中國人研究有兩個主要盲點：一是它沒能超越作為組織原則的中國性，二是它缺少與其他學術領域的交流，這些範疇如美國的族裔研究（在此，種族身分和國籍的根源可以被分解），東南亞研究（說各種華語的人不可避免地愈來愈被看作是本地的東南亞人），還有各種立足語言的後殖民研究，如法語語系研究（根據法蘭西共和國的意識形態，說法語的華

---

a Paradigm for the Study of the Chinese Diaspora in the United States," *Amerasia Journal* 21.1&2 (1995): 149-69。

5 Wang Gungwu, "Chineseness: The Dilemmas of Place and Practice," in *Cosmopolitan Capitalism: Hong Kong and the Chinese Diaspora at the End of the Twentieth Century*, ed. Gary Hamilton (Seattle: University of Washington Press, 1999), pp. 118-34.

6 Lynn Pan, *Sons of the Yellow Emperor: A History of the Chinese Diaspora* (Boston; Toronto: Little, Brown, 1990), pp. 289-95.

人是法國人）。[7]由此，離散中國人研究的主流觀點便認為，「華裔美國人」是迷失的人，甚至香港人和台灣人也只能被認為是香港的中國人，或者台灣的中國人。在離散中國人研究中，對於以中國為祖國觀念的過多傾注既不能解釋華語語系族群在全球範圍內的散布，也不能說明在任何給定的國家裡面族群劃分和文化身分上不斷增加的異質性。薩米爾・阿明（Samir Amin）告訴我們，從全球化的長時段（longue durée）視角來看，異質化和混雜化（hybridization）向來都是常態，而非有史以來的例外。[8]

二、所謂的「華語語系」

我以「華語語系」這一概念來指稱中國以外的華語語言文化和族群，以及中國地域之內的那些少數民族族群——在那裡，漢語或者被植入，或者被自願接納。當中國還是一個文化帝國的時候，那種經典的、文學的書面漢語是整個東亞世界，以及越南的標準書寫形式，學者們可以通過所謂的「筆談」來交流溝通。過去二十年中，在關於十八、十九世紀清帝國的研究領域，也表現出帝國中心論的某種後續效應。這有點類似於法國官方立場的「法語語系」概念，其之所以存在，很大程度上是法蘭西帝國擴張、其文化和語言在非洲和加勒比群島殖民的結果；而西班牙帝國之於美洲西語語系區，大英帝國之於印度和非洲英語語系區，以及葡萄牙帝國之於巴西和非洲，諸如此類，正可比勘。當然，這些帝國在具體做法上並非如出一轍，它們的文化影響和語言殖民表現出的威壓或合作程度高低不一，最終的影響程度也參差不齊。不過，它們遺留下來的，卻都是其文化處於支配時期的語言後果。如前文所說，在標準的日語和韓語中，至今留存著明晰可辨的經典漢語書寫的痕跡，只不過表現為某種地方化形式而已。這可作為一個例證。

不過，除了少數幾個例子以外，中國以外的當代「華語語系」族群和中國之間並非嚴格意義上的殖民或後殖民關係。這是「華語語系」與其他基於語言的族群（如法語語系、西語語系等）之間的主要差別；但是，定居殖民（settler colonialism）則是一個反例。新加坡是一個定居殖民地，人口大部分是漢族，這類似於作為英語移民國家的美國，是一個宰制著美國原住民的定居者殖民地。作為二十世紀歷史發展的結果，新加坡的後殖民語言是英語而非各種華語。台灣的大部分漢族人口是從十七世紀開始移居於此的，它和美國類似，也試圖成為形式上獨立於移居前的國家。而且，台灣的情況有點像法語語系的魁北克——在魁北克，

7 見Leo Suryadinada ed, *Ethnic Chinese as Southeast Asians* (Singapore: Institute of Southeast Asian Studies, 1997).

8 Samir Amin, *Capitalism in the Age of Globalization: The Management of Contemporary Society* (London; Atlantic Highlands, N.J.: Zed Books, 1997).

差不多百分之八十二的人都是說法語的。通過所謂的「寂靜革命」（Révolution Tranquille）形式，法屬加拿大人身分已經愈來愈多地讓位給一種在地化的現代魁北克人身分。[9]在台灣，由國民黨統治所植入的大一統中國人身分已經逐漸讓位於今日一種本土化的新台灣人身分。國語現在只是台灣多語言社會的官方語言之一；在台灣，大多數人其實說閩南語，其他人說客家話或各種原住民語言。然而，新加坡和台灣的漢族人作為定居的移民，不管他們說何種「華語」（福建話／台灣話、客家話、廣東話、潮州話等），他們都是原住民的殖民者。從原住民的視角看，台灣的歷史就是一系列永無休止的殖民史（從荷蘭到西班牙，再到中國、日本等等），因此，台灣從未走出殖民。

那些定居於東南亞各地的華人也很少使用由中國政府規定的標準語，而是使用各種他們在遷徙時從移出地帶來的「地方語言」（topolects）加上在地化過程的產物。[10]既然這些「地方語言」會在國內外遷徙過程中演變得形態各異，那麼，遷徙發生時的時間性就顯得非常重要。舉一個例子，住在韓國的華人所說的是山東話和韓語的混合語，這一混合語的「克里奧爾語化」（creolized）[11]程度，甚至表現在兩種語言的語義、結構形式和語法高度混雜，它們相互依賴，彷彿成了一個有機整體。對於在韓國的第二、第三代華人來說，情形尤其如此，儘管在華語教育體系中也包含了當地人所發起的標準漢語的教學（一開始由台灣政府支持，而現在則由中國政府支持，原因是韓國和中國重建了外交關係）。和其他地方一樣，漢語的標準語地位只在於它是一種書面語言；當開口說話時，語音則由山東話表達出。同樣的斷語我們也可以按之於東南亞說潮州話、福建話、客家話、廣東話和海南話的人，在香港說廣東話的人，以及在美國說各式「華語」和中式英語或洋涇濱英語的人。像「峇峇」這樣的土生海峽華人，既說英語又說馬來語。無須贅言的是，華語不同程度的「克里奧爾語化」，以及徹底放棄任何與中國相關聯的祖宗語言的現象也存在著。因此，「華語語系」的存在取決於這些語言多大程度上得以維續。如果這些語言被廢棄了，那麼「華語語系」也就衰退或消失了；但是，其衰退或消失不應作為痛惜或懷舊感傷的緣由。非洲的法語語系國家已經不同程

9 Margaret A. Majumdar, *Francophone Studies* (London: Arnold, 2002), pp. 210, 217.

10 梅維恆（Victor Mair）的重要發現已經告訴我們，我們所說的標準漢語屬於華語語群，而我們誤稱為「方言」的語言並不是標準漢語的變種，它們實際上是不同的語言。因此，閩南話和廣東話是台灣國語、大陸普通話之外的不同語言。參考Victor Mair, "What is a Chinese 'Dialect/Topolect'? Reflection on Some Key Sino-English Linguistic Terms," *Sino-Platonic Papers* 29 (September 1991): 1-31，以及Mair, "Introduction," in *Hawai'i Reader in Traditional Chinese Culture*, ed. Victor Mair, Nancy Shatzman Steinhardt and Paul R. Goldin (Honolulu: University of Hawai'i Press, 2005), pp. 1-7。

11 克里奧爾（Creole）一詞原意是「混合」，泛指世界上那些由葡萄牙語、英語、法語以及非洲語言混合並簡化而生成的語言。克里奧爾語是洋涇濱語基礎上發展起來較完備的語言，它能覆蓋一切生活中需要表達的現象，是洋涇濱語使用者後代的母語。——譯注。

度地尋求保持或廢止殖民者的語言，同時規畫他們自己的語言的未來。所以，和「離散中國人」的概念不同，「華語語系」並不強調人的種族身分，而是強調在那些或蓬勃、或衰亡的華語語言族群中，以他／她使用何種語言為分野。「華語語系」最終並不和國家、民族捆綁在一起，它本來也許就是跨國家和民族的、全球的，包括那些位於中國和中國性邊緣的各種華語形式。在移民族群中，「華語語系」是移民前語言的「殘留」(residual)，由於這一性質，它在很大程度上出現於世界各地的移民一代中，以及華人占多數的定居者殖民地中。就此而言，它只應是處於消逝過程中的一種語言身分——甫一形成，便開始消逝；隨著世代的更迭，定居者及其後代們如果以當地語言表現出來的本土化關切逐漸取代了遷徙前關心的事物，「華語語系」也就最終失去了存在的理由。因此，作為一個分析的和認知的概念，「華語語系」不管在地理學意義還是在時間意義上都是特定的。

在香港的民主派或今日台灣主張台獨的人中，「華語語系」這一表述還具有一種對抗中國霸權的反殖民的意思。「華語語系」是地方本位的、日常實踐和體驗的，因此它是一種不斷經歷轉換以反映在地需求和情況的歷史性構造。它可以是一塊對各種中國性建構既渴求又拒斥的營地；它也可以是一塊迂迴地強調民族特性，反中國政治，甚或中國無關論的發酵之地。使用某種和中國有歷史同源關係的華語，並不必然需要和當代中國產生關聯，這正像說英語的人不必與英國產生關聯。換句話說，「華語語系」的表述，可以在人類言說領域中採取所有的不同立場，其價值決斷並不必然受制於中國，而是受制於當地的、區域的，或全球的各種可能和渴求。這裡沒有拒斥、合併和昇華（sublimation）等二元辯證邏輯，而至少是三元辯證邏輯（trialectics），因為發揮調節作用的遠遠不止一個持續不斷的所謂「他者」，而是有很多介質。因此，「華語語系」與中國之間的關係依然是不穩定的、問題重重的，這種含混而錯綜的關係，類似於法語語系之於法國，西語語系之於西班牙，英語語系之於英國。占據支配地位的「華語」語言可能是標準漢語，但它同時也是各種次語言所對抗的目標，後者使標準漢語不再標準化，讓其克里奧爾語化、碎片化，有時甚至乾脆拒斥標準漢語。例如，解嚴後的台灣往往是象徵性的「告別中國」的場景。[12]而在一九九七年之前的「華語語系」的香港，也興起過一種抵制標準北京漢語的正在逼近的霸權，而推崇廣東話的本土主義思潮。在雨傘運動之後、保衛香港在地語言的運動更是方興未艾。

無須贅言，「華語語系」對於文學來說是一個非常重要的批判性範疇。過去，中國國內和國外以漢語書面語寫就的文學之間區別相當模糊，其結果是，中國以外的各種華語的文學寫作被忽視或邊緣化了，如果不是完全被遺忘的話。英語中慣常的分類——「中國文學」

12《愛在他鄉的季節》（*Farewell China*）是香港出生，英國受教育，現今定居澳洲的導演羅卓瑤（Clara Law）所執導的一部電影的標題。台灣文化時評人楊照的名著《告別中國》生動地捕捉到了這種情緒。

（Chinese literature）是中國的文學，「華文文學」（Literature in Chinese）是中國之外的文學——強化了這種混淆。兩個術語中「Chinese」一詞的單稱性表明「Chinese」是一種霸權標誌，並且極易滑向中國中心主義。「中國文學」或「華文文學」的觀念實質上將中國文學置於霸權原型之地位，各種不同的「中國文學」類型依照它們與中國文學的關係而得到分類和編排。中國有一個研究「世界華文文學」（world literature in Chinese）的建制化的學術組織和計畫，這種研究現在呈現出一片繁榮景象；其政治意圖恐怕和法國對法語語系的官方觀念相差無幾。這和「歐美文學」對「世界文學」的分類十分相似：歐美文學被認為是標準的、普遍性的，因此也是不需標籤的，而歐美之外的文學則是「外面世界」的文學（literature of “the world at large”）；因此「世界文學」本身就成了表徵所有非歐美文學的符碼。「世界華文文學」這一術語的功能與之相近：中國文學是未命名卻居於霸權地位且通用的空洞能指，而世界其餘部分只生產「世界華文文學」。在這種建構之中，「世界」是中國（中國本土領域）之外的那些特定地域——那些因為堅持以各種華語書面語寫作而關聯於中國的地域——的集合。中國「世界華文文學」研究的膨脹跟中國的全球化抱負如影隨形，這促使我們對這種特定知識構造的政治經濟學展開批判性分析。

就此而言，「華語語系」作為反對為中國文學設定一個中心地位的概念，從而有效地指向世界各地不同的華語語系文學。憑藉一個簡單的事實——華語語系由很多不同的語言構成，不同的群體都傾向於使用他們自己特定的華語——華語語系文學在本質上是多語言的。例如，華語語系馬來西亞文學就生動逼真地捕捉到了廣東話、其他華語和標準漢語並存的現實，更不用提及它們被馬來語、英語和淡米爾語克里奧爾語化了。相似地，在台灣的華語語系文學中，那些由南島語系的原住民作家創作的作品常常將各種原住民語言和漢族植入的漢語混雜在一起，呈現為相互對抗與協商的樣態。面對不同的反抗對象，漢族台灣作家實驗性地以一種新發明的河洛語書面語來寫作，就像香港作家嘗試延用和創造廣東話書面語，以標明華語語系香港文學與中國文學的差別所在。

在美國文學的語境中，還不能為以某種華語寫就的華美文學給出一個明確的指稱，因此，黃秀玲（Sau-ling Wong）為「英語語系華美文學」和「華語語系華美文學」所做的區分就顯得十分重要。[13]在華美文學歷史和批評實踐中，以華語寫就的文學被徹底地邊緣化，因為它被假定的「非美國性」導致無法同化的恐懼。華語語系文學被排斥在以國族為分類模

13「華語語系華美文學」可改為「華語語系美國文學」，這是按語言來分類的。相似地，我們可以區分「華裔美國」（Chinese America）和「華語語系的美國」，後者指說各種華語的美國社區。此外，語言指稱還可能克服僅憑種族而做的區分。見黃秀玲，〈黃與黑：美國華文作家筆下的華人與黑人〉，《中外文學》三四卷四期（二〇〇五年九月），頁一五一—五三。

式，以標準漢語和標準英語為評價標準的「中國文學」和「美國文學」之外，它一直籲求為自己正名。早期美國華語語系文學很大一部分是以廣東話或由廣東話變音轉調的華語創作的，一九六五年之後，則多以標準漢語來創作，折射出不同歷史時期來自中國、台灣和其他地區移民所負載的特定地理輪廓。來自其他華語社群的幾代移民創作的華語語系美國文學的蓬勃，衝擊了英語在美國文學中的中心地位。如同其他國家文學一樣，美國文學也是多語的。這是一個簡單而明顯的事實，然而常常被主流話語操持的語言和文學政治所忽視。

如果由台灣原住民創作的華語語系台灣文學和由美國華人少數群體創作的華語語系美國文學正式提出它們在各自強勢文化中的不滿，並表達反殖民或去殖民的意圖，那麼華語語系西藏文學或華語語系蒙古文學也應作如是觀。比如，很多西藏「華語」作家雖然身為主體自我，但卻生活於殖民狀態中，不管是外在的（如果他們想主權獨立）還是內在的（如果他們接受中國國籍卻感覺壓抑）。他們可能用標準的漢語書面語來寫作，但是他們的感受性卻受到政治—文化中國以及將「中國性」視為漢族中心，漢族主導的同質化建構之隱晦的影響和調整。歷史已經告訴我們，清帝國的擴張把西藏、新疆和內蒙古的遼闊疆域納入中國版圖中，中國施加於它們的有效軍事征服和文化管理是典型的殖民方式[14]。因此，必須指出，中國的內在殖民，漢族凌駕於語言、文化和種族「他者」之上的霸權地位應得到徹底審查。藏族和維吾爾族的作家選擇以標準漢語書面語進行的創作，帶有一種獨特的二元文化感受性

（如果我們不說雙語感受性的話），其中「跨認識論的對話」（cross-epistemological conversations）[15]以對抗性、二元辯證或其他種方式存在著。如同「第三世界」的範疇可存在於第一世界一樣，「華語語系」也存在於中國域內的邊緣，儘管這些邊緣是象徵和疆域雙重意義上的。

「華語語系」、中國和中國性構成了一種複雜關係，同樣地，它也向定居地和生活經驗表明了一種複雜關聯。「華語語系」與「中國性」的主導建構不同，它與「美國性」的主導建構也不一樣——它從一開始便帶有在美國生活經驗的特殊性。通過將「中國性」和「美國性」的主導建構異質化，美國的「華語語系」文化堅守住了其主體性地位。有些人可能會將這一點視為後現代主義者的「間性」（in-betweenness），有些人可能會將其視為華語語系實踐本土化的存在狀態。「地域」（place）已然是華語語系獲得意義的基礎。

14 可參考Pamela Kyle Crossley（柯嬌燕）、Helen F. Siu（蕭鳳霞）和Donald S. Sutton（蘇堂棟）ed., *Empire at the Margins: Culture, Ethnicity, and Frontier in Early Modern China* (Berkeley and Los Angeles: University of California Press, 2006)；Joanna Waley-Cohen（衛周安）, *The Culture of War in China: Empire and the Military Under the Qing Dynasty* (London, New York: I. B. Tauris, 2006）。

15「跨認識論的對話」是Walter Mignolo的術語，見*Local Histories/Global Designs: Coloniality, Subaltern Knowledges, and Border Thinking* (Princeton, N.J.: Princeton University Press, 2000), p. 85。

所以，「華語語系」的定義必須指涉的是本土地域的空間，而且它包含了極強的時間性，能夠顧及其形成與消逝的過程。對於那些最近形成的，使用廣東話、閩南話以及其他各種華語的美國群體而言，政治忠誠常常涉及相互爭執的極端立場，但不容置疑的是，它們投注在定居地的社會心理情感常會漸漸增長，直至蓋過原有的眷戀。可是，新移民的不斷湧入使「華語語系」保持生機勃勃的狀態，而早一些的移民可能向著主流再前進一步，通過將主流文化異質化來尋求多元文化的訴求。官方法語語系（Francophonie）的歷史提醒我們，「華語語系」也有被中國政府收編的危險。「法語語系」成為一個制度概念，在這個例子中，法國政府有意忽視「法語語系」（Francophone）的反殖民特徵，轉而強調法國作為多元主義捍衛者的潛能，以對抗美國文化霸權的巨大壓力。[16]「官方法語語系」（Francophonie）在一定程度上可以視為法蘭西帝國留存的幽靈；在法蘭西帝國此一歷史光環的庇蔭下，現今法國正在衰退的文化影響力可以得到暫時的懸置。不幸的是，這只是法國全球影響力的一個幻覺，如果不是這樣，那麼它只是激起了一點帝國懷舊感傷的調子而已。「離散中國人」此一概念導致的後果與之相似：它將中國看做源頭，並且展示其全球影響力。當代「華語語系」的呈現既不致力於成為古典中華帝國（包含諸如越南、日本和朝鮮在內的前現代「華語」世界）的確證，也不致力成為當下正在形成的，尋求獨占「中國性」的中華帝國的確證，它可以決定——該響應或完全駁回這些訴求。如：在過去的兩個世紀裡，日本通過挑起兩次中日戰爭，並且通過本地語運動置換了漢語書寫符號，象徵性地「超克」中國。韓國的抵制則比較迂迴：十七世紀時朝鮮反對「侍大主義」的意識形態，與此同時，通過主動承擔儒教中國文化保護人這一角色來建立真正的儒教文化，以對抗滿清政府[17]；但二十世紀的韓國歷史則顯示，它逐漸疏離了中國的影響，直至二十一世紀初中國在全球版圖上重新崛起。

三、華語語系研究、華語語系文學或其他

概而言之，這裡之所以將「華語語系」作為一個概念，目的在強調兩點：

1. 離散有其終時。當移民安頓下來，開始在地化，許多人在他們第二代或第三代便選擇結束這種離散狀態。對於移民前的所謂「祖國」的留戀通常反映了融入本土的困難，不管是自覺的還是不自覺的。例如種族主義或其他的敵對情況會迫使移民從過往中找尋逃避和安

16 Margaret Majumdar, "The Francophone World Moves Into the Twenty-First Century," in *Francophone Post-Colonial Cultures: Critical Essays*, ed. Kamal Salhi (Lanham, Boulder, New York, Oxford: Lexington Books, 2003), pp. 4-5.

17 朝鮮高麗政府稱自己是「小中華」，認為它比滿清更像真實的中國。

慰，文化上或其他方面的優越感又使得他們與當地人之間有所隔閡和疏遠。強調離散有其終時，是堅信文化和政治實踐總是基於在地，所有人理應被給予一個成為當地人的機會。

2. 語言群體是一個處於變化之中的開放群體。當移民的後代不再使用他們祖先的語言，他們便不再是華語語系群體的組成部分了。華語語系是一個變化的群體，處在一個過渡的階段（無論它持續多久），不可避免地進一步與當地全體融合，進而成為當地的構成部分。此外，它是一個開放的群體，因為它並不是根據說話者的種族或國籍，而是依據其使用的語言來界定的。就像講英語的人並不一定是英國人或美國人，華語語系中的人也無需在國籍上是中國人。因為大多數群體是多語言的，由語言界定的群體必然有邊界的不確定或開放性。

那麼，華語語系研究意欲何為？或者說，華語語系研究能做什麼？對於這些問題，筆者以建議的方式做如下幾點試探性的回答：

1. 從幾個世紀以前直至現在，各種各樣的華人群體離開中國移居他鄉，在對他們展開研究時，「離散中國人」被用作一個組織性概念，而通過揭示這個概念的偏差，有可能提出新的組織性概念，而非諸如「中國性」和「中國人」的本質主義觀念。取而代之的是重新嚴密闡釋過的概念，例如地方化、多樣性、差異、克里奧爾化、混雜性、雙語制、多元文化原則，等等，以及其他可以用來更具體地理解歷史、文化和文學的概念。族裔研究、其他「語系」研究（如法語語系研究和英語語系研究）、後殖民研究、跨國研究以及其他相關的探究模式，在比較的語境中進行華語語系研究，以上模式或許都可借鑑。

2.華語語系研究讓我們重新思考「源」（roots）和「流」（routes）的關係，「根源」的觀念在此看作是在地的，而非祖傳的，「流」則理解為對家園更靈活的闡釋，而非流浪或無家可歸[18]。把「家園」和「根源」分開，是認識到在特定的時間和特定的地緣政治空間，作為一個政治主體必須深切地認同當地的生活模式。把家園與居住地聯繫起來是在地選擇的政治參與，是重倫理的表現。而那些懷鄉癖、中產階級的、第一代移民所聲稱的沒有歸屬感，有時是一種孤芳自賞，很大程度上沒有意識到他們強烈的保守主義，甚至是種族主義[19]。居住地會改變，有些人不止一次移民，但是把居住地視為家園或許是歸屬感的最高形式。「流」，在此意義上可以成為「源」。這不是（適宜於）那些不認同當地民族—國家，脫離當地政治的流動居民的理論，而是指向「流」和「源」原本相反的意義解構之後的新認同的可能性。

18「流浪的（wandering）中國人」這一術語當前很受歡迎。可參考 *Daedalus* 上收入 "The Living Tree: The Changing Meaning of Being Chinese Today" 專欄中的一組經典文章（*Daedalus* 120.2 [Spring 1991]）。

19 黃秀玲注意到，在美國第一代移民學生創作的美國華語文學中，盛行一種對非裔美國人種族主義的歧視。某些作家一方面糾纏於沒有歸屬感的自憐，另一方面卻又在種族、性別和階層上表現出最保守的傾向。見黃秀玲，〈黃與黑〉，頁一五一—五三。

3. 當「流」可以成為「源」，多維批評便不僅成為可能，也勢在必行。華語語系群體超越了國族邊界，在面對他們原初國和定居國時，都可以持一種批判立場。在祖居之地和當地這二者之間，不再是一種非此即彼的選擇；這種非此即彼的選擇對移民及其後代的福祉顯然是有害的。一個華裔美國人可以同時對中國和美國持批判的態度。在台灣，這種多維批評為一種批判性的、明確立場的出現提供了可能，這種立場不再將台灣和美國右派關聯起來。所以，華語語系作為一個概念，為一種不屈服於國家主義和帝國主義壓力的批判性立場提供了可能，也為一種多元協商的、多維的批評提供了可能。這樣的話，華語語系就可以作為一種方法。華語語系一開始是關乎群體、文化和語言的歷史和經驗範疇，而現在，它也可以重新被闡發為一種認識論。

華語語系馬來西亞作家賀淑芳創作了一篇很有意思的短篇小說〈別再提起〉，它從華語語系這一角度提供了清新尖銳而具有批判性的觀看世界的方式。[20]在這個故事中，一位已婚的華裔馬來西亞男性，為了利用稅收減免的優惠，及享有政府在其他方面提供經濟上的好處，偷偷地改信了伊斯蘭教。在馬來西亞，「積極差別待遇」（positive discrimination）政策已經實施了數十年，旨在確保馬來人在經濟和政治上的利益，同時限制華裔馬來西亞人和印裔馬來西亞人獲得成功。這個男人瞞著自己的華人妻子，跟穆斯林女人結了婚。一切都進展得很好，直到這個男人死亡。在他的葬禮上，他的華人妻子和孩子們為他安排了道教儀式，但是政府官員攪亂了這場儀式，並宣布只有穆斯林能夠安葬穆斯林。緊接而來的好戲是爭奪這個男人屍體的肉搏，在激烈的「拔河」式爭奪中，雙方都抓住了這個男人一半的屍體。在爭奪的高潮，屍體排出了大便。他那小而堅硬的糞便碎塊灑落在每個人身上；這場激烈的「拔河」式運動為這些糞便的播散製造了一個大的半徑。最終，穆斯林一方得到了這個男人的屍體，而華人妻子只能把這些糞便收集起來，葬入家族墓地之中。根據馬來西亞的法律，這個華人妻子會被剝奪繼承權，因為她不能繼承穆斯林的財產。這齣荒唐的戲或許可以作為一個最好的寓言：當屍體排出的糞便把每個人都同樣弄髒之時，這齣戲也就對國家種族主義（馬來西亞國家的）和中國文化本質論（中國家族的）進行了雙重批判（這兩種論調相互對立，然而又相互強化）。這幅文化混雜的場景，醜陋且充滿臭味，並不是某些後殖民論者所歡呼的文化混合；準確地說，它醜陋而充滿臭味，是因為**混雜性並不被國家種族主義和中國文化本質論所承認**；這並不是一個讓人輕鬆的場景。而「華語語系」正是試圖面對這種困難和復雜性，來把自身表述為一種存在。

---

20 賀淑芳，〈別再提起〉，收入王德威、黃錦樹編，《原鄉人：族群的故事》（台北：麥田，二〇〇四），頁二二八—二三四。

第二章

有關華語語系研究的四個問題

我們今天說起華語語系研究，在內容和理論層次上，都有很多討論和思考的空間，這也正是它有活力且不會僵化的原因。大家眾聲喧譁／華，正如台灣的中國現代文學學會於二〇一二年十二月舉辦的大型國際會議的主題，可以說有說不完的內容、話題和論點。正如華語語系社群文化在世界各地的駁雜與多樣，沒有理論可以涵蓋一切，而正是在這樣有限的認識論基礎上，我們才可能提出一些理論性的新思維。本章為近幾年筆者被提問的一系列問題的綜合回答。在此就以下的四個問題提出回應。

1.華語語系研究是不是延用後殖民研究的框架？

由於我們廣泛認為英語語系研究與法語語系研究屬於後殖民研究的範疇，所以這樣的分類有它的正當性。但是，若我們更全面的查看英語語系和法語語系的研究對象，正如華語語系研究，事實上是超越後殖民論述的。因此，以下筆者以幾個例子說明，為什麼華語語系不盡然等同於後殖民論述。在二〇一一年發表的拙作〈華語語系的概念〉一文（本書的導論），筆者提到華語語系社群構成的三個時而互相交叉的歷史過程，在此，筆者也就這一篇來回答，稍微補充一下前文中沒說清楚的地方。

在本書的導論中，筆者提到的第一個歷史過程為大陸殖民或陸上殖民，指的是異於西方海洋殖民的模式，滿清以陸上擴張的方式，獲得大於明朝兩倍以上的版圖。從美國新清史研究學者的論點來看，這是一個殖民主義的模式。我們姑且不看西藏、新疆與中國中原在歷史上的複雜關係，也姑且不談土地原來屬於誰的問題，因為不同立場的人持不同的看法，對歷史現象可以解釋得完全相反。如中國官方出版的刊物《有關西藏的一百個問題和答案》（*100 Questions and Answers about Tibet*）的立場和觀點，曾由西方學界和西藏流亡學者們共同寫成的一本書，書名為《鑑定西藏：對中國一百個問題的解答》（*Authenticating Tibet: Answers to China's One Hundred Questions*），其中，將中國官方的觀點用史據一一分析、回應、解構，甚或推翻等。當然，目前在中國當政的漢人可以推說，當時滿清征服西藏，並非漢人所為，所以對絕大多數漢人的中國而言，西藏不能被看做是中國的殖民地。但是不可否認的是，這個滿清帝國的版圖，除了外蒙古之外，基本上由中華人民共和國繼承。有關中華人民共和國繼承滿清版圖一事，美國新清史學者柯嬌燕（Pamela Kyle Crossley）於二〇一四年終於在一篇文章中明指這一點，而中國學者葛兆光也於二〇一四年底台灣刊物《思想》中，不諱言這樣一個非常明顯的事實，和筆者於二〇一一年的觀點不謀而合。[1]這種漢人主導的中國和西藏的關係，恐怕很難說是後殖民的關係。

1 見葛兆光，〈納「四裔」入「中華」？：一九二〇—一九三〇年代中國學界有關「中國」和「中華民族」的論述〉，《思想》二七期（二〇一四年十二月），頁一—五七。

第二個歷史過程為定居殖民，指的是和一般殖民不同的一個形式，雖然它有時和一般殖民同時存在。它由大量的外來者定居不走來定義。傳統形式的殖民主義大多會有結束的可能，殖民者是少數人口，殖民主義結束了，他們便歸回殖民母國，如日本人在台灣、英國人在印度等。有別於這樣的一般殖民，定居殖民者來了之後不走，且慢慢變成人口的多數，如台灣的漢人，不論是所謂的台灣人、客家人、外省人，對原住民來說，都是定居殖民者。比如澳大利亞、紐西蘭和美國等地也都是典型的定居殖民地。定居殖民是殖民主義的進行式，對原住民來說，永遠沒有解除殖民的可能，因此也不是後殖民。在世界各地，定居殖民研究和其密切相關的原住民研究一直就被排除在後殖民研究之外，它們彼此的關係其實非常緊張。譬如，如果我們用後殖民眼光來看澳洲和美國，我們同情的對象是被英國殖民過的澳洲白人和那些從歐洲移民美國，和英國打過獨立戰爭的白人，因為他們是殖民主義結束之後獲得獨立，經驗後殖民境況的一群人。如果我們用定居殖民研究的眼光來看，我們批判的對象恰恰是這些澳洲和美國開墾定居的白人，同情的卻是原住民。這兩種立場迴然不同。因此，澳洲著名研究定居殖民主義的人類學家派崔克・沃爾夫（Patrick Wolfe）指出，定居殖民主義是一個結構（structure），而非事件。一個事件發生了，有結束的一天。作為一個結構，永遠不能結束，除非整個社會的結構徹底改變。然而，因為定居殖民者後來變成多數人口，不管他們怎麼願意尊重原住民，都不可能把所有土地歸還給原住民，也不會離開，所以原住民的解殖是非常困難的，基本上是不可能的。比如，紐西蘭在大多數定居殖民地中算是定居殖民者和原住民的關係處理比較好的地方，毛利（Maori）語是國家指定的國語之一，土地也歸還了一些，但是，定居殖民者還是占有紐西蘭的大多資源，為人口的百分之八十五。回過頭來看台灣：大家知道，毛利語是南島語系之一，但是台灣要和紐西蘭那樣，在所有國教中包括學習南島語，所有公家機關都有南島語標誌，博物館的解說都是主流語言和南島語並列的情況，可能還不太可能實現。所以台灣漢人對原住民的定居殖民，在某種程度上可能甚於紐西蘭的情況。記得大約五、六年前，有一次筆者在高雄美術館看過一個以南島文化為主題的藝術展覽，主要展示紐西蘭和台灣原住民的作品。紐西蘭原住民的藝術作品充分展露了他們在形式和內容上的多樣性和現代性，但是台灣原住民的作品大多是傳統的主題和形式，兩者之間的差異非常顯著，好像他們的差異是時間性的差異。但是這些差異和兩地原住民不同的歷史經驗有關，筆者個人覺得，台灣原住民整體上受到更嚴重的壓迫。

如上所述，定居殖民主義永遠沒有完全解殖的可能，也沒有後殖民的可能，這個歷史過程的描述因此不屬於後殖民的框架。

第三為移民或遷徙，泛指人們從所謂的「中國」的疆域移出到世界各地，形成當地少數族群的一個歷史過程，如在歐美諸國等，這很明顯地也不屬於後殖民的框架。就學術領域來說，應該是屬於少數民族研究、族裔研究、移民研究、多元文化研究等，而這些都不是後殖民研究的對象。後殖民研究目前最重要的理論家史碧瓦克（Gayatri Chakravorty Spivak）就曾說得很清楚，她拒絕做少數民族研究，因為她認為西方國家的少數民族阻礙了對更受迫害的第三世界的底層人民的關注。而美國黑人研究的學者們就曾尖銳的批判後殖民研究，認為後殖民論述把美國境內的不平等族群關係轉移到美國境外的英國殖民主義的分析，進一步把美國的少數族群問題錯置或邊緣化了。筆者記得美國非裔學者裴克（Houston Baker）就曾在公開的場合說，後殖民學者成功的原因，是他們踩在族群研究學者的頭上往上爬之故。我們也可以檢討，為什麼後殖民研究的教職在美國一九九〇年代一下子多起來，但是族群研究卻更進一步被邊緣化？在美國，研究大英帝國遠比研究美國對境內少數民族的壓迫來得無關痛癢，這裡呈現的知識和權利的共謀，亦即哪些知識被提拔或被壓抑，最為顯著。

在移民研究這一個範疇中，我們主要的研究對象是移民之後的國度，如歐美諸國，而不是中國。例如我們熟悉的亞美研究，台灣有多位在這個領域裡拔尖的學者，如中央研究院的李有成、單德興等，他們的學科領域屬於歐美研究。又譬如說，我們研究華語語系美國文學，關注二十世紀早期三藩市唐人街當時出版的，以廣東話甚或廣東字寫成的四十六字歌，很難不談美國的淘金潮，一八八二年的排華法案，晚清知識分子如康有為到唐人街和當地居民辦的詩社成員的會晤等對唐人街文化的影響。當然，我們也不可能不談到中國和台灣相關的歷史，但是這種談法和中國研究的談法是不同的。當我們談六、七〇年代台灣在美國的留學生文學，我們也很難不談美國當時的情形如公民權運動，或台灣在冷戰及白色恐怖格局下的國家觀及文化觀，中國的文化大革命等。在此，所涉及和批評的對象是多維的，這就是本書導論中所提出的多維批評（multi-directional critique）的很好例子。多維批評的面向是同時針對多重對象的一種批評模式。

歸根究柢，可能有一個大的問題，就是我們看不到房間裡有一頭大象。明明房間裡有一頭大象，我們卻假裝看不到。這頭大象就是文學和政治的關係。是不是文學必然可以和政治完全分開談，是不是一牽涉到政治，就背負了被歸類為政治正確的包袱？而且，我們是不是覺得談混雜性、駁雜性和多元性就都可以接受，但是一牽涉權利關係、殖民主義、霸權與抵抗等，就比較敏感，覺得談文學應該還是以文學性為主。筆者一貫的學術立場是對形式與社會結構（form and formation）的同時關注，也就是文學性與現世性（literariness and worldliness）的同時關注，因為文學是社會的一部分，是世界的一部分，有它物質的存在也有對物質世界的參與。在我看來，美學與政治的（aesthetics and politics）嚴格分野，事實上不能成立。有學者就曾說，到頭來，最獨鍾美學的立場，本身就是一種政治立場，如法蘭克福學派的阿多諾（Theodor Adorno）就廣泛地被如此討論。

2. 華語語系之為歷史（Sinophone as history）與華語語系之為理論（Sinophone as theory），有什麼不同？

華語語系為歷史上實存的語言社群、文化及文學，當然不定然是以對抗的姿態存在。筆者在《視覺與認同：跨太平洋華語語系表述・呈現》（*Visuality and Identity: Sinophone Articulations across the Pacific*）一書的導論中，直接提出華語語系的表述，包括所有人們可以想像的立場，絕對沒有必然反抗的內涵或要求。[2]中國崛起之後，這些社群和中國靠攏的可能性還比較多。這是華語語系為歷史存在的一面，它的文化展演和立場，大部分事實上是缺乏批判性的。如《華語語系研究：批判讀本》（*Sinophone Studies: A Critical Reader*）裡由華美學者黃秀玲執筆的一篇論文，提到華語語系美國文學作品中美國的華人作家對黑人所表現的種族歧視，就是一個華語語系社群保守主義的一個例證。另外如東南亞華人對許多當地原住民的偏見和歧視，即使是在他們反被歧視的情況下，也依舊存在。在《視覺與認同》中，因此可以看到筆者對華語語系美國電影和藝術中，特意以彈性身分的展演獲取電影及藝術市場的，缺乏批判意識的作品之分析和批評。該書的第一章批評李安早期的電影，第三章批評劉虹的畫作，都是鮮明的例子。本書有關金庸的小說，在徐克改編成電影之後，還是無法逃脫原先小說中對性別與種族問題的保守態度，也是一個例證。常常是市場機制在作祟，基進的性別與種族意識缺乏表現的空間，被打壓還來不及呢，而學術市場還不也是如此嗎？

筆者被批評以批判中國為己任、或挑起新的冷戰情緒，這是相當大的誤解。以上提到《視覺與認同》的兩章，事實上是批評美國的同化機制中的性別與種族政治，如何讓聰明的文化工作者看出其中的來由，以獲取電影市場和藝術市場上的利益。在這兩章裡，我的批評對象是美國的認可機制。而徐克的電影所面對的市場機制，也和好萊塢市場不無關係。電影學者把世界上的電影分為兩類：好萊塢和非好萊塢。但是這兩者的關係當然是非常密切的。因此，華語語系的批評對象應該理解為帝國之間的（inter-imperial），它面對的是多個歷史上和現存的帝國。

這裡的誤解可能主要來自於對華語語系之為歷史和華語語系之為理論的差異。

華語語系為實存的社群，它是一個歷史現實，這是華語語系之為歷史的意思。這個歷史和這些社群是永遠無法以偏概全的，我們需要認可這裡不斷衍生的差異性，不同地方、不同時代因應不同的歷史情況而有所改變。而即使是在同一個地方、同一個時間也必然有不同的華語語系的立場與表述等，因為現實是永遠不可化約地存在著。

華語語系為歷史，正如離散為歷史，是一個歷史現象，沒有什麼對或不對，有沒有批判意識，只是客觀存在，我們無法完全掌握它的多樣性，也沒有必要企圖全面掌握。不然就又

2 見《視覺與認同》導論，頁一三一—六九。

要落入「海外華人」這樣一統的窠臼裡頭了，用的是最保守的血統論來把這些群體硬綁在一起。我們關注華語語系社群之間的關係，有別於關注它們的異同。因為華語語系社群發生於其他語言社群之中，把它挑出來只和其他華語語系社群作連結，本身也有問題。因為這樣的做法把華語語系社群去畛域化了，好像它不屬於本地，更會給當地的種族中心論者把柄，好像所謂他們之中的華人永遠不屬於本地。連結式的研究，或近年來筆者所提倡的關係比較法（relational comparison），應該是有歷史根據的，而不能只用血統定義。諸華語語系社群之間有聯繫也有隔閡，我們應該以歷史、而不是血緣為依據。

這樣說來，華語語系之為歷史，並不自動就有任何批判性。即使是在被殖民的情況下，很多人是同意或擁護殖民的，如歐洲殖民時期的東南亞華人，有些是在英國人、荷蘭人、法國人統治下得到很多好處的，這種殖民關係的多樣性，在後殖民理論中討論的尤其多且全面。有些東南亞的華人，即使在幾百年之後，也還是對中國有文化鄉愁的，看不起本地人／所謂的土著（即使他們自己也是本地人），這種多樣性，需要批判和分析。而在印尼、越南、馬來西亞排華的情況下，華人嚮往中國，某些程度上是自衛與自尊的心理需要。在中國崛起和全球化極度頻繁的人口流動的境況下，各地的華語語系社群和中國，部分建立了越來越深的關係，也是有目共睹的。除了認同上的需要，也有市場上的需要，如新加坡是一個非常典型的例子。但是，如筆者在本書的導論中強調，即使是鄉愁，也和在地有關，它是一種在地的對中國的鄉愁，而每一個不同的在地，它的鄉愁也都不一樣。至於經濟考慮，也必定和當地的生產關係和經濟結構有關。

筆者覺得要關注的，應該說不僅是華語語系為歷史的客觀存在與其所有可能的文化表述，而更是華語語系為批判理論的可能。關鍵的是，華語語系為理論，是經由對華語語系文學或文化的研究，提升出某些批判觀點，幫助我們質疑以前提出的一些觀點。這就是筆者所謂的Sinophone as History和Sinophone as Theory的不同。由於筆者先前並沒有把這兩個觀念做出明顯區別，因此可能在這一點上容易讓人誤解。因此，筆者受邀在*Journal of Chinese Cinemas*二〇一二年的華語語系電影專輯所寫的短序，就以此為題。[3]實在也是在不斷被大家提問的過程中，讓筆者感覺到這兩個概念有釐清的重要性和迫切性。

關於華語語系的批判觀點，筆者覺得應該特別注意到它是一種多維批評，它的批評對象包羅萬象，如馬來西亞的馬來中心主義、新加坡的華人中心主義、美國的白人中心主義和歐洲的歐洲中心主義等。如此看來，挑撥新冷戰反中的說法是完全不能成立的。但是，筆者也不禁反問：為什麼就是中國不能被批評？為什麼一批評中國就要被冠上挑起冷戰情緒的帽子？

---

3 見Shu-mei Shih, "Foreword: The Sinophone as history and the Sinophone as theory," in "Sinophone Cinemas" special issue, guest-edited by Audrey Yue and Olivia Khoo, *Journal of Chinese Cinemas* 6.1 (2012): 5-8。

李有成在《踰越：非裔美國文學與文化批評》一書中提到他對人文學科的信念，認為人文學科跟科學一樣，希望能啟迪人心，帶來改變，讓社會的各種安排更公平、更合理，藉以改善人類的生活。筆者心有同感。他說「踰越」即是「挑戰現狀，改變不合理的政治，經濟，文化，教育的安排，是為了追求更合理更公義的社會。非裔美國人透過他們的文學與文化生產，批判與顛覆白人的霸權與宰制，踰越強勢白人所訂立的各種政經文化安排，改變現存的不公不義的制度，這是文學與文化的淑世功能。」[4]筆者覺得研究少數民族和原住民的文學，雖然由於每人的立場不同，不一定可以感同身受，我們卻可以盡量的用科學史學家珊卓・哈定（Sandra Harding）所說的那樣追求最大的客觀了解，也就是"strong objectivity"，[5]去理解李有成所說的非裔美國作家的「踰越」行為。這是華語語系（Sinophone）為理論的存在理由之一。華語語系群體在中國的邊緣與世界各地，除了大多數華人的新加坡和台灣（兩者都是華人的定居殖民地）和獨立之前的馬來亞（如蘭芳共和國的例子等）之外，都是被邊緣化的，他們的踰越行為，正可以給予其他所有被邊緣化的人群深刻的啟發。如果我們說美國的非裔研究給予了美國所有族裔研究的基本理論，且近年啟發了法國等地的種族研究，我覺得，華語語系文化豐富的踰越性，還有待更深入的理論化，我們現在只是在起步階段而已。這裡理論與畛域的關係等，理論的普世性和特殊性的問題等，也許可以參照《知識台灣：台灣理論的可能性》一書。[6]筆者在此不無驕傲地坦言，此書也許是目前為止從台灣的立場出發就這個問題最切題的討論。

3.華語語系文學研究的範疇如果不包括正統的中國文學，和包括中國正統文學的華語語系文學有什麼不同？

華語語系文學研究對象是否應該包括中國的正統文學？在這裡，請容許筆者用比較的角度回答這個問題。英語語系文學，泛指各曾被或現今仍被英國殖民的國家以英文寫就的文學（如印度、非洲諸國、東南亞、加勒比海等國家以英文寫的文學是殖民／後殖民的文學）、英國人到有原住民的國家定居後寫就的文學（如加拿大、美國、澳大利亞、紐西蘭等是定居殖民的文學）、原住民被殖民情況用殖民者的語言寫就的文學（如以上的定居殖民地）、還有世界各地移民到英語語系國家用英文寫作的文學等。但是，英語語系文學能不能包括正統的英國文學？我以前就問過一些英國學者，那英國最正統的文學家如莎士比亞算不算英語語系文學。我聽到的答案，即使是從最開放的學者角度他們也覺得不妥，認為莎士比亞應該歸

4 李有成，《踰越：非裔美國文學與文化批評》（台北：允晨文化，二〇〇七），頁一四。

5 Sandra Harding, *Objectivity and Diversity: Another Logic of Scientific Research* (Chicago: The University of Chicago Press, 2015).

6 史書美、梅家玲、廖朝陽、陳東升主編，《知識台灣：台灣理論的可能性》（台北：麥田，二〇一六）。

類為英國文學，不是英語語系文學。這裡有兩個考慮：如果被問的人是比較自我批判性的，他可能認為，英國是殖民母國，它所獲得的優勢和它對其他國家的欺凌史，可能不應該以英語語系的框架撫平，標籤的等級高低自有歷史淵源，不可逕自刪除。如果被問的人是比較保守的，他們可能認為，正統的英國文學，怎麼可以讓那些名不見經傳的，用惡劣的英文寫就的英語語系文學作品玷污了？顯然在這種情況下，所謂正統的英國文學不屬於英語語系文學。我們即使持的是反叛正統性的立場，也很難推倒這樣的結構性被廣泛接受的看法。

不過，在一個特定的情況下，英國文學和大部分的英語語系文學，我們也許可以說都屬於同一個群體。那就是一個由政治文化機構所定義的，即大英國協 The British Commonwealth，或簡稱國協 the Commonwealth 的範圍。大英國協包括五十七個英語語系國家，包括英國，本部設在倫敦。這些國家當中，很有趣的是，美國並不屬於大英國協，我們以此可以看出它隱含的政治立場。回過頭來，我們看華語語系文學在什麼定義下，可以、不可以、願意或不願意包括中國正統的文學呢？如果包括，我們是否應該叫它大中國協文學（the commonwealth of Chinese literature）、華語語系國協文學（the commonwealth of Sinophone literature）、中國文學共和國（Republic of Chinese Literature）或華語語系文學共和國（Republic of Sinophone Literature）？這些名稱和分類法，有哪些明顯的優劣處，大家可能都看得到，不必贅言。

同樣地，法語語系社群只有在某種特定的意義上包括法國。法語語系國協的本部在巴黎，叫作Organisation internationale de la Francophonie，簡稱la francophonie，也包括五十七個會員國。只有在這個組織的認知下，法國才包括在法語語系裡頭。可是，眾所周知，法國中心的學者們絕對不願意把那些寫於法國境外的法語語系文學認可為法國文學。他們通常對所謂的「法語語系」文學頗多貶義，認為它是非正統的法語寫就的文學。譬如，大名鼎鼎的理論家德希達（Jacques Derrida）就曾經被譏笑，只是因為他是阿爾及利亞人。因此，二〇一一年很多身在法國的法語語系作家聯名簽署要正名為法國作家，而不是法語語系作家。但是我們需要提問的是，為什麼法語語系作家要有這樣的訴求？這當然是被歧視或被邊緣化之後的反應。但是在世界上說各種法語的人口中，目前只有百分之二十住在法國，而法語語系文學，如加勒比海和非洲各國，它的成就在二十一世紀，事實上已超過了法國本地所謂正統的法國文學。法語語系文學有良好的反殖、去殖的傳統。也就因為如此，有人覺得這些作家聯署要被認可為法國文學是一種開倒車的行為。需要得到中心的認可，到頭來是一種妥協，甘願屈服於法國的同化政策，或以巴黎標準為至上的認可機制。如果我們基於平等思維的立場來看，他們的想望也是可以理解的，因為認可機制操縱在法國手上，他們的書大多在法國出版，他們希望往中心靠攏，也確實是無可厚非。這就像華語語系馬來西亞或美國作家想要被中國認可，因為中國的文學市場必然是最大的，它的認可絕對有利於作家。如此看來，我們可能要把以中國為認可機制主宰者的華語語系圈也同樣起一個名字為la Sinophonie。

大英國協也好，法語語系國協也好，都是一個以前帝國為主要組織者、一種對帝國結束之後的鄉愁加上餘火未燼的殘留的帝國意識瀰漫的組織。許多英國和法國的前殖民地願意參加這樣的機構有很多原因，包括澳洲和紐西蘭藉之合理化白人的定居殖民者政權，不必還權於原住民。他們和英國沒有打過獨立戰爭，其名義上的元首還是英國女王。又有很多國家事實上還依賴英國和法國的經濟資助，如加勒比海諸國。所以，如果華語語系的想像共同體沿用這樣的國協意識，可能只是增加問題，不能解決任何問題。

我們知道，除了以前提出的「海外華人文學」、「世界華文文學」、「華僑文學」等的概念之外，或除了各僑辦或僑務委員會之外，我們並沒有和大英國協或法語語系國協相對的華語語系的想像共同體的機構或組織。但是在中國崛起的當今，這樣的機構很可能會在不久的將來出現。而在這樣的時代，如何抵抗收編可能也是必需考慮的問題。我覺得必須面對這裡的歷史時機的差異性。英國和法國的帝國時代已經過去了。但是，中國的時代可能才剛剛開始。如果華語語系文學包括中國的正統文學，即某些人們自認為的，所謂的正統的文學（因為「正統」本身也是建構的），那我們也許是幫助建構了la Sinophonie，或the commonwealth of Sinophone literature或the Sinophone Republic。不管中國的文學家或批評家願不願意，此舉可能真的會有效地彰顯了中國文化無遠弗屆的軟勢力，由中國的經濟和政治實力支撐，而中國會一舉成為認可的最終施予者，享受操縱認可機制的權利。譬如，有中國學者不諱言地提出，「海外華人」（誰是海內，誰是海外？其中心論有跡可循）是幫助中國發展軟勢力的最佳媒介，加上近年來世界各地建立孔子學院，可以共同傳播中國文化征服世界的魅力。又或者，如果華語語系文學的範疇包括中國的「正統」文學，我們何不沿用中國文學，或世界華文文學、海外華文文學、中文文學、華僑文學等已經存在的辭彙呢？又何必多此一舉去建構華語語系研究意義下的華語語系文學？因此美國學者蘇源熙（Haun Saussy）談到此時曾指出，華語語系因當今歷史的演變，如孔子學院的廣泛建立，在性質上可能會愈來愈趨向法語語系的情形，往中國中心靠攏。[7]

但是，我們翻看華語語系馬來西亞的文學的例子，它訴求的不一定是中國認可，而更是馬來西亞的認可，使馬來西亞以馬來語為國家文學界定的狹隘態度獲得改善，變成名符其實的多語言、多文字的文學。如果被中國認可了，進入中國文學的殿堂，或以殿堂邊陲的方式被納入，對於馬來西亞的華語語系社群追求他們在地的公民性，可能不太有利。整個二十世紀東南亞華人的遭遇，和這些東南亞國家對中國的觀感息息相關，他們被歧視、屠殺、驅逐等的藉口即是他們是中國／外國人、不是東南亞人，對東南亞沒有忠誠心等，這是種族主義在作祟，也是中國一向在東南亞的行為導致的反感。如二〇一四年越南排中事件，雖然沒有

7 Haun Saussy, "On the Phone,"（2012），http://printculture.com/on-the-phone/。二〇一四年一月。

直接波及當地已經入籍的、多世代定居的華人，我們可以從中看出越南對中國的敏感，衝突幾乎一觸即發。當我們談到文學與政治的關係，雖然有人堅持文學的獨立性，最終是很難嚴格分離的。當華語語系馬來西亞文學被接受為馬來西亞的國家文學時，我們也許可以期待馬來西亞華人比較會被接受為馬來西亞人，而不是外來的人。雖然文化與文學上的認可，並不代表在所有領域上的被接納，但通常這是走向公民化過程的一部分。如美國的亞美文學，以英文寫就的幾乎完全認可為美國文學，但是用華語或其他語言寫就的，還是會有被邊緣化的危險。不過在美國學界，對美國文學為多語文學的接受，還是比較廣泛的。

筆者在本書第一章很明確地指出，當中國中心論者放下身分，以開放與公正的態度面對差異，也許華語語系圈就僅是歷史境況的描述詞，指涉所有運用華語（多樣的漢語）的地區，當然也就包括所謂的中國中原。但是，這樣的理想國度在我們的時代可能僅是烏托邦的幻想。因此，我們可能還是需要堅持華語語系研究和中國研究的不同，以及其若即若離的關係。如果有人刻意將華語語系研究去政治化，很多時候可能是往中國中心靠攏的一種做法。更何況，華語語系研究的對話對象，不僅是中國研究，更是馬來西亞研究、美國研究、非洲研究、歐洲研究等世界各地的區域研究以及少數民族、原住民、定居殖民、現殖民、後殖民、去殖民等研究。這才是華語語系研究的無限豐富的場景。為什麼一定要和中國研究綁在一起呢？

4. 華語語系研究對台灣文學研究有哪些可能意義？

(1)「華語語系台灣文學」這樣的一個概念，意指台灣文學是一個多語的文學。這裡的多語，有三個層面。

第一，華語語系在台灣涵蓋各種華語，如國語、河洛語、客家語等，也包括各種和這三種主流華語有不同關係的其他華語，如定居殖民者的語言與原住民語言的碰撞下產生的「漢語」（以彰顯此語為定居殖民者漢人的語言），以及日據時期所謂的殖民地漢文、帝國漢文等（表徵日本人和漢人的不同，其悠久的同文關係和後來的殖民關係）。所有在台灣境內混成的各式各樣華語，都應該包括在裡面。這是一個「眾聲喧華」的場景，正如台灣的中國現代文學期刊所出版的二〇一四年專刊的標題。它標誌諸多華語本身在台灣歷史脈絡裡的多樣性。因此為「語系」。

第二，華語語系台灣文學為台灣文學的一支。台灣文學是一個超越華語語系的多語文學，包括殖民時期的日語，些許的英語書寫，拼音的羅馬字（包括南島語及台語拼音等），以及新移民的各東南亞語等。眾聲喧「華」的各華語，事實上是在超越各種華語的其他語言的眾聲喧「嘩」中發生的。所以華語語系絕非是以華語為最終訴求，也絕非是專崇華語的，而是以語言之間的關係及互動為關注的對象。沒有這些語言的多樣性，必定限制了各華語的活生生的應用和創新的主要動力。畢竟，如筆者在《視覺與認同》中強調的，語言是一個開放的群體，這個開放的群體是活生生的、不斷改變的群體，沒有任何決定性的、先驗的命運，但看語言的使用者們如何想像他／她們的未來。而這種想像的語境，即是不可承受的、活生生的多樣、喧譁、混雜。

第三，華語語系的多語性，同時指涉其多音性及多字性，如台語和南島語中新創的華語字以及羅馬拼音等。在世界各地的華語語系群體，都有和正統中文不同的舊的或新的拼字法。如十九世紀三藩市唐人街用廣東話寫成的詩歌用的一些廣東字，到目前還廣泛應用在香港等。

(2)華語語系研究對殖民歷史的關注，彰顯台灣文學經驗中的「連續」與「重疊」的殖民性。我們談華語語系的台灣文學，因此必須關注這種連續與重疊殖民性的意義。第一，台灣的殖民史循著一種「連續殖民」（serial colonialism）的形式發生，包括歐洲（荷蘭、西班牙）及亞洲帝國（中國、日本）的殖民，是一波接一波的，以及結構上和美國可以稱為被保護國（protectorate）或依賴國（dependency）的曖昧關係。所以各種語言所背負的歷史，以及其沉澱與表述有著非常深刻的新舊殖民主義的烙印。而華語語系的台灣文學，也深深烙印著這樣的台灣殖民史的軌跡。這是台灣殖民性的時間性層面。這裡非常重要的是：從原住民的立場來看，殖民主義一波接一波，永無止境，殖民主義是現在進行式，因為定居殖民是最難以推翻的殖民模式。來到台灣的漢人移民本來把中國看成母國或宗主國，對台灣擁有宗主權（suzerainty），後來如世界各地的定居殖民者一樣，台灣漢人欲從中國獲得獨立，以轉換成獨立國，享有主權（sovereignty），台灣因而形成典型的定居者殖民地。

因此，在任何一個歷史階段，台灣的殖民境況都是多重或重疊的。在漢人定居殖民的基礎上，又有其他外來殖民者同時存在，包括新來的或晚到的定居殖民者。殖民主義以重疊的方式同時存在，所以加之於原住民的壓迫更是密不透風。如此看來，原住民的殖民經驗在時間軸上是現在進行式，在空間軸上是重疊式，基本上沒有推翻殖民的可能，因此原住民只能從去殖民的角度和立場，力圖改善原住民的處境。我覺得台灣的原住民的發聲比起其他國家的原住民較少理直氣壯，應該是殖民主義在時間軸和空間軸上的多重宰制更為透徹的緣故。

華語語系的台灣文學，從荷蘭人的海洋殖民，漢人的定居殖民，日本人的正式殖民，以及又一波新的漢人殖民，不能不折射了殖民主義的連續性與重疊性。在文字、語法、風格、文體等每一個有關文學性的層面，因而都呈現一個駁雜的殖民關係，需要學者們一一拆開來研究與分析。晚近，中國崛起之後的台灣，在參考香港經驗之後（尤其是雨傘革命），台灣人如何往前走，台灣作家如何書寫等都是另一個巨大的問題。我們看到，中國原有的帝國意識與架構，不需多少召喚，就通通回魂了。經過了一百年的恥辱所造成的受害者心理加上自古流傳的帝國意識，多了火爆的民族主義，少了大國的寬宏大量。這樣的中國籠罩下的台灣，下一步如何走？用華語書寫的文學，又被中國如何召喚？近年來，大型的「世界華文文學會議」頻頻在中國召開。世界各國的華語語系作家，不乏有人以被邀請參加這些會議或在中國得獎為被認可的最重要的指標之一。但是，歷史經驗告訴我們，這樣的懷中意識和東南亞各地華人所受的壓迫不無關係。如印尼華人，即使是世代在印尼定居，許多人在上個世紀竟然選擇中國籍，而被歸類為外國人，飽受欺凌等。菲律賓華人新造一個詞來稱呼自己——Tsinoy——正是在「在地」的訴求之下產生的在地認同代名詞。這和台灣所有人認同台灣，以台灣為訴求是同一個道理。因此，在中國崛起的當今，當南中國海各國的海域正被中國所威脅的現今，離中國僅一百海哩的台灣，是不是籠罩在新一波另類形式的殖民危機？果真是「今日香港，明日台灣」嗎？這曾是雨傘運動時到處看到的標語。

(3)華語語系觀點強調的在地性（place-basedness），指涉台灣複雜但獨特的歷史為華語語系台灣文學的場景。葉石濤、陳芳明主張的台灣文學的獨特性與在地性，和邱貴芬所說的「台灣性」，和華語語系的在地性，基本上是共通的。青年學者莊怡文所提出的華語語系的「本地的文化實踐」，放在台灣文學發展的脈絡下，未嘗不是邱貴芬所謂的「台灣性」？而這個所謂的「台灣性」，如邱貴芬所說，是不斷改變的，無法限定的一個過程。[8]這正遙遙呼應了我最心儀的法農（Frantz Fanon）對「民族文化」或「國家文化」（national culture）的看法。法農認為，國家文化是一個國家裡所有人共同創造的、不斷演變的文化，它的邊界即是這個國家內所有多元文化的極限。它的創造權不局限於知識分子或政治代表手上，而是在所有人的手上。[9]「台灣性」的邊界，因此是所有台灣多元文化的極限，而這些多元文化的展演，我們一方面需要循著歷史去了解它的過去，一方面需要接受且期待它所有可能的、開放的未來。

以在地性與台灣性為訴求與目的，因此絕對不是故步自封的、只回頭看自己的。歷史的常理告訴我們，台灣的自我演繹，即台灣性，在其一切可能的關係網中產生、發展、演變。我們對台灣文學的態度，因此應該建立在充分理解台灣為世界的一部分，台灣文學為世界文學一部分的起點出發。在這裡，筆者覺得應該稍微提一下以下的問題：這個所謂的「世界」是什麼呢？華語語系台灣文學和所謂的「世界」的關係是什麼呢？華語語系台灣文學和世界其他地方的華語語系文學的關係又如何呢？

這裡我想提另外由青年學者詹閔旭和徐國明合著的〈當多種華語語系文學相遇〉一文中最有創見的觀點，即台灣已然是不同華語語系文學相遇的場景。他們引張錦忠、邱貴芬和李

---

8 有關台灣性和在地性的討論，請參見莊怡文，〈以「殖民地漢文」與「華語語系文學」概念重論日治時期臺灣古典文學相關問題，一八九五—一九四五〉，《中外文學》四四卷一期（二〇一五年三月），頁一〇五—一三〇。

9 Frantz Fanon, "On National Culture," *The Wretched of the Earth* (1961), trans. Richard Philcox (New York: Grove Press, 2004), pp. 145-80.

育霖的說法，認為「華語語系平台為台灣學界通往世界的窗口，面向國際，航向跨文化」，使「台灣本土論述的深耕成果得以放在跨國脈絡」，帶給「台灣無窮無限的跨文化思考的潛力」等，筆者非常同意。但是這篇論文的獨特貢獻，在於對以台灣為華語語系文學相遇的場景，以台灣為認可機制的運作者的分析與批評，展現出另外一個獨特的在地卻跨國的模式，值得我們思考。[10]它彰顯的是台灣內部的種族、知識、權利等關係及其運作。原住民作家和華語語系馬來西亞作家如何在以台灣漢人為主導的認可機制中獲得認可，對台灣漢人的定居殖民者意識是一個很好的自我批判，非常難得。誰是台灣漢人的他者？誰比台灣漢人更擁有或更能駕馭中國式的古典？我們知道，華語語系馬來西亞作家對想像的「中國古典」或「純粹中文」的追求，不亞於台灣在解嚴之前以中國正統自居的熱烈。這裡，似乎有一些誰最正統的比賽意思。我曾經叫這種現象為「競爭正統性」（competitive authenticity）。

這種華語語系文學上的認可機制的掌握，如電影領域的金馬獎，原先是非台灣莫屬。但是在中國崛起的當今，可能會愈來愈式微，也可能會變成一個中國之外容許另類華語語系文化生存及發展的堡壘，但看有心人如何往前走。台灣為華語語系文學與文化橫向連結的重要連接點或避風港與否，全在人為。

有關華語語系論述開拓台灣研究走向跨國面向的問題，我也想就台灣研究和東亞研究的關係這一點，提供一些思考。我非常同意台灣文學應該放在東亞的格局來看，這裡牽涉與兩個殖民母國——中國和日本——的關係，更包括傳統的漢語圈的這一層關係，以及所有台灣和東亞各國的政經關係等。這是台灣研究在世界的學術界建立能見度最重要的一環之一，因為台灣通常被排除在以中、韓、日為對象的東亞研究的範圍外。把台灣放回東亞，成為東亞研究的一部分，其迫切性理所當然。以前因為統一意識，一直自願把台灣擺到中國那一邊，台灣曾經缺乏自我認同，所以現在急切需要做的就是對世界招手，告訴大家台灣存在在東亞，為東亞的一部分。這是把台灣還原在東亞的意思。這和日本二十世紀早年的「脫亞」論，剛好相反。

話說回來，由於筆者除了有兩年在香港教書，早年在台灣教過書，以及近幾年在台灣訪問及客座之外，一直都在美國任教，所以關於美國學界對東亞研究的政治經濟（political economy）的反省有一些認識和同感，也想在這裡稍微提供己見。筆者在這一方面的專文，也即將發表在美國一個學術刊物的專輯，其專輯主題為「區域研究的終結」（The End of Area Studies）。這個專輯的主編人之一就是對區域研究極力批判的酒井直樹（Naoki Sakai），在台灣大家對他的研究也不陌生。簡單說來，在西方學界的格局當中，東亞研究的部分前身

10 見詹閔旭、徐國明，〈當多種華語語系文學相遇：台灣與華語語系世界的糾葛〉，《中外文學》四四卷一期（二〇一五年三月），頁二五—六二。

可以追溯到所謂的東方研究（oriental studies），後來二戰時期從饒有東方主義味道的東方研究中解放出來，大致隸屬於區域研究（area studies），有一定的方法學及一定的著重點。因此，它也有一定的優點和缺點。二〇〇二年的《學習地區：區域研究的來世》（*Learning Places: The Afterlives of Area Studies*）由日本思想史權威哈利・哈若圖寧（Harry Harootunian）和已過世的比較文學大師三好將夫（Masao Miyoshi）兩位學者主編，對區域研究在美國情形的批判可謂淋漓盡致。其中最主要的批判關乎區域研究為美國情報局創建，為美國政府獲得軍事及政經資訊之窗口的揭發。所以筆者認為我們做東亞研究，有一些陷阱也是需要留意。

台灣研究的情況當然不盡相同，而新的東亞研究也和以前的冷戰思維模式下的東亞研究不一樣。台灣研究為東亞研究的後來者，完全可以獨創東亞研究的另一局面，這是所謂後來者的優勢。但是，後來者的優勢，有時候很難抵禦既存論述結構的各種制約，這是我們需要警惕的地方。

筆者個人認為，把台灣放在東亞格局和把台灣放在世界格局並沒有衝突，只有優先順序的問題，因為在學科建立上，台灣研究確實需要在東亞研究當中先站穩住腳。但是，筆者也希望台灣研究可以放在世界格局中進行，因為「台灣」以及「台灣文學」在錯綜複雜的關係網中產生，而這些關係網是超乎東亞的，因此本書的第四章就是這樣一個思維的呈現。我們是否可以多管齊下，也就是說，多語境齊下或多格局齊下？如同東南亞和台灣的關係是大航海時代既有的密切關係，我們不應該不研究這一面。我們再進一步看亞洲的語境（日本殖民時期的台灣和東南亞，台灣在大航海時代為世界貿易網絡重要的一環等）、跨太平洋（比較島嶼研究、比較定居殖民研究等）、美洲（尤其是和美國的關係）、歐洲（荷蘭人、法國人、西班牙人在台灣等）、和非洲（南島語系一直傳到東非，台灣人移民到非洲等）等，很多學者已經在做這一方面的研究。這裡筆者只是簡單列舉，但是我們可以想像幾乎無窮盡可能的關係網。廖炳惠和筆者於二〇一五年合編出版的《比較台灣》（*Comparatizing Taiwan*）一書的主要企圖，就是把台灣研究放入所有可能的比較語境中，把台灣研究放在美國研究也好，加勒比海研究也好，東南亞研究也好，愛爾蘭研究也好，希望開拓多對象、多線的對話。筆者近年主張的比較文學方法，就是用世界史眼光，著重於相互比較對象之間的關係。這種為關係式的比較學，因此不是比較異同就完了，而是需要真正地、踏實地做研究、查史據，在世界史進行的龐大關係網中了解文學作品的文學性（literariness）以及世界性／現世性（worldliness）。[11]

11 請參見Shu-mei Shih and Ping-hui Liao ed, *Comparatizing Taiwan* (Milton Park, Abingdon, Oxon; New York, N.Y.: Routledge, 2015)，拙作“Comparison as Relation,” in *Comparison: Theories, Approaches, Uses*, ed. Rita Felski and Susan Stanford Friedman (Baltimore, Md.: Johns Hopkins University Press, 2013), pp. 79-98，以及“World Studies and Relational Comparison,” *PMLA* 130.2 (2015): 430-38。

如果只談華語語系這一塊，華語語系南洋文學對「南洋」的重新定義（re-inscription），對本地性的認定，幾乎有一百年的歷史，和華語語系台灣文學的訴求穿過時空遙遙呼應。東南亞各地的華人學子，從冷戰時期到現在持續有些到台灣求學，對台灣文學的貢獻，則又是有目共睹。他／她們一方面豐富了華語語系東南亞文學，也豐富了台灣文學。又如，華語語系台灣文學和華語語系美國文學的關係更是密切，我們常常分不清楚白先勇等人的作品應該屬於台灣文學還是美國文學等。如此，我們可以窺看華語語系文學與其他華語語系文學間或疏遠或親密的關係，但看我們怎樣去發掘。即使我們只談華語語系的糾葛，筆者覺得可以談的也實在很多，豐富了為台灣為主體的比較文學研究，而這種比較文學，即是以關係或關聯為比較的方法，以更深入對各文學作品的了解為對象。這也是前文中提到華語語系橫向連結的諸多可能的探討。

至於「為何需要在台灣談華語語系研究？」這一問題，在本文結尾處，筆者想提供一個比較直接的回答。筆者的學術歷程，深受上個世紀中葉美國的公民權與少數民族運動，以及第三世界反殖民、去殖民運動的影響，也包括了台灣戒嚴末期所浮現的台灣意識帶來的巨大震撼。華語語系研究的思維確實是主要以英文論述，無可厚非地沾到了世界英語（global english）的優勢。但是，也許我們可以說，這個英語不是以大寫寫成的英語（English）而是以小寫寫成的英語（english）。如美國的華語語系文學的批判對象，事實上是主流英語和以英語掛帥的美國國家文學，以指涉及彰顯美國文學的多語性。[12]華語語系為多維批評（multi-directional critique），在不同地方有不同的在地及跨界的批判可能，就是這個意思了。

12 請參見拙作"Sinophone American Literature," in *The Routledge Companion to Asian American and Pacific Islander literature*, ed. Rachel C. Lee (London and New York: Routledge, 2014), pp. 329-38。

第三章

理論・亞洲・華語語系

表面看來，本章題目列舉的三個語彙——理論，亞洲，華語語系——既不相應亦無關聯。但筆者要指出，這三者之間非但沒有巨大的差異，它們相互的關係要比我們通常認為的來得更為密切。如傅柯（Michel Foucault）所提示（尤其是他對尼采的解讀所指出的），多重與矛盾——細節、偶然、逆轉、斷層、裂隙、中斷、失誤、小惡行、偽裝等等——的過往，因有意誤讀或遺忘，導致我們當今的知識形成可以全然為權力所架構。追尋譜系（genealogy）的目的便在於揭櫫這些過往。果真如此，筆者認為追尋譜系一事在本質上便屬於一種比較的工作，在不同的規模與程度上運作，並牽涉到許多非傳統的動因。其目標在於凸顯那些遭到權力／知識共謀的物質與象徵利益所壓抑掩蓋的各種關聯性。差距（disparate）——來自傅柯「差距」（disparity）的概念——是或然的成果。或然與否，差異作為事件畢竟構成了傅柯在尼采（Friedrich Wilhelm Nietzsche）之後所稱的「真實歷史」（wirkliche Historie），而不同於那種追溯起源、建構具備確定與絕對意義的線性敘述，那種目的論因此本質屬於形上超驗的「古舊的歷史」（antiquarian history）。本章並置三個顯然不連貫的觀念，藉此嘗試思考非超驗的差距史。

循傅柯先例，筆者在本章中將從事一個「有效歷史學家」（effective historian）的工作，以反諷分離的（parodic and dissociate）歷史觀，力圖擺脫「普世外衣」，專注協助「他者面貌」浮現的細節與偶然因素。[1]準此，構建所謂西方（the West）時不可須臾或缺的永恆他者——亦即，他方（the Rest），其中始終包括亞洲——將是本章考量的重要對象。

本章討論的前兩項觀念是理論與亞洲。要釐清二者之間的關係，必須首先提出，之所以亞洲不被看成是理論的源泉，是因為對歷史上亞洲與世界交錯的關係被刻意的遺忘。這樣子的一個遺忘，促成如今所說的理論，或是更確切地說，促成所謂的後結構主義理論。討論一九六〇年代全球動蕩的後續時，我們需要從如下史實的關聯出發：法國的六八年五月、中國的毛澤東主義與文化大革命、東歐的馬克思主義人道主義、第三世界人民引領的全球反殖民主義運動、以及美國少數族裔領導的公民權運動。[2]而這個動蕩的六〇年代正是後結構理論的起源。

但這種西方理論與亞洲之間的對立或二元，由筆者看來，實乃兩個主流型構之間的主流對抗，儘管二者處於非均等關係中。當我們僅止關注並批判這一主流多數之間的對抗關係時，其結果是有系統地排斥少數或被少數化的人民的聲音。這些人民既非西方亦非亞洲可確

1 Michel Foucault, "Nietzsche, Genealogy, History," in *The Foucault Reader*, ed. Paul Rabinow (New York: Pantheon Books, 1984), pp. 76-100. 引用的段落分別來自頁九一、八〇。

2 筆者曾在兩篇文章中有展開討論，參見Shu-mei Shih, "Is the Post in Postsocialism the Post in Posthumanism?" *Social Text* 30.1 (2012): 27-50，以及Shu-mei Shih and Françoise Lionnet, "The Creolization of Theory," in *The Creolization of Theory*, ed. Françoise Lionnet and Shu-mei Shih (Durham: Duke University Press, 2011), pp. 1-33。

證的對象，但卻同樣進行理論思維且構築自我為主體。西方批判理論和文化理論很少考慮西方自身內部的他者立場，例如，忽略全球一九六〇年代風潮中，美國的少數族裔曾起到關鍵作用。與此類似，亞洲主流的批判傳統充耳不聞其內部種族化、族群化之下的少數群體以及其他邊緣者所發出的聲音，多年來只沉迷於其自身遭受的由西方所帶來的創傷。這一西方殖民主義貽害——是政治上的也是認識論意義上的——以及亞洲一般而言以民族主義方式所作的回應，使亞洲得以持續壓制其內部的多元他者。這種動力機制的重要例證即為二十世紀上半葉的日本帝國主義，自稱是讓亞洲擺脫西方侵略的救星，事實上卻以武力統領廣大亞洲境域。日本推廣文明之役與西方推廣文明之役在其殖民地形成既競爭又摹仿的關係，而日本的內部少數（沖繩人，在日韓人，阿伊努人等等）及其殖民對象（朝鮮半島，台灣，東南亞，太平洋地區）則承受著殖民暴力與管控。

另一例證是二十世紀中國民族主義，既汲汲於對抗西方的創傷論述——並美其名曰「感時憂國」（obsession with China）——又同時壓制少數族群和各種邊緣群體。從清代多種官方語言並存，向現代國族中國（無論中華民國還是中華人民共和國）單一官方語言的轉化，民族主義視角將其解釋為抵抗日本和西方侵略而取得的勝利。然而，在王朝邊疆地區侵占土地征服人民的歷史無法被此種民族主義言說抹殺，同樣無法抹殺的還有對中國少數族裔在宗教、文化、語言諸方面的持續壓迫。正如楊美惠在一篇論文中所提到，中國反殖民的民族主義，在堅持要求內部宗教人口世俗化時，其自身就是殖民主義的。她恰如其分地將其稱為主權的除魅（disenchantments of sovereignty）。[3]筆者在此補充，中國境內穆斯林和藏傳佛教的際遇再清楚不過地表明，這種世俗主義特別針對少數族裔及其宗教。

與此類似，我們可以批評西方的所謂理論，如何策略性地忽略其內部殖民機制。在歷史上，後結構主義理論在美國學院裡的興盛，與歐密和維南特（Michael Omi and Howard Winant）所謂的新保守主義的「種族反擊」（racial reaction）同步，反擊美國中被種族化的非裔族群和其他少數族群領導的民權運動。[4]反向政治、「反向歧視」的指控、新右翼的上升，以及廢除優惠待遇法案（affirmative action）等一九七〇至一九八〇年代的趨勢，為此後新自由主義上台做了鋪墊。然而，與此同時許多美國人文學科學者都盡力想要理解詞語和文本中意義的模稜兩可（aporia）、主體的死亡、擬象取代現實、乃至其他一些形上疑惑。此後不久，很多這樣的學院派學者，也包括一些社會科學家，便開始關注遙遠的前英屬、前

3 Mayfair Mei-hui Yang（楊美惠）, "Postcoloniality and Religiosity in Modern China: The Disenchantments of Sovereignty," *Theory, Culture and Society* 28.2 (March 2011): 3-44.

4 Michael Omi and Howard Winant, *Racial Formation in the United States: From the 1960s to the 1990s* (New York and London: Routledge, 1994, 2nd ed).

法屬殖民地中被殖民者的命運，而罔顧美國自身社會內部的被殖民者——被種族化的人民——的苦痛。因此，且不說那些理論日漸重要於傳統社會科學領域，我們至少有必要檢驗美國學院裡區域研究和後殖民研究中，少數族裔面對的錯置的倫理內涵。

本章試圖拆散西方（理論）與他方（亞洲）這種主流的二元對立，以解釋不同規模層次之中權力／知識形成的多樣性。這些規模層次並可以更進一步地借助語言、文化、族裔、地理等交錯來理解。在這個有關差異的非正統歷史中，我將華語語系呈現為一個少數化的聲音之間的鬆散網絡。作為最關鍵的缺席他者之一，華語語系遭到西方和亞洲的慣常忽略，也被二者隨意且簡單化地歸類為「離散中國人」（Chinese diaspora）而不予細究。換句話說，在我們稱之為「西方」和「亞洲」這物質象徵兼具的兩大名物之間的那些出色的、強大的、互補的對峙之外，華語語系向被遺棄者發聲，大膽地從這些對峙的內部揭露其醜態。我將在本章的第二部分解析揭露醜態的潛能，而本章的第一部分將先解釋所謂的「西方理論與亞洲現實」這個更為確切具體的二元對立，究竟給誰帶來什麼好處。

一、理論與亞洲

這兩個詞——理論與亞洲——的並置，也許會被視為自相矛盾。我們所知的理論，即使不是法國的，也必然是歐美的；而亞洲尚未被看作是理論之所在，亦非理論出現之所在。無論是否明說，在亞洲研究中已成慣例的是，學者們應用西方理論來研究亞洲現實或亞洲文本。在美國，亞洲研究領域的文學學者一般都要了解從新批評到解構主義，從女性主義到後殖民主義等各種文學理論潮流；社會科學家也或明確或含蓄地應用著從現代化理論（甚至那些聲稱僅止於實證的研究）和馬克思主義到理性抉擇理論和後解構主義等各種理論——這裡僅略舉數例。目前這種廣泛而內化地使用西方理論的狀況，並不是毫無爭議地達成，而是牽涉到所謂學科化（disciplines）壓倒區域研究的勝利；或者不妨說，牽涉到區域研究領域至今尚未得到評估的，走出冷戰資訊收集模式（社會科學領域）和老派東方學文化主義模式（人文學科）的更新。社會科學學科已經聲稱不再需要也無意再延聘區域研究專家，而人文學科，特別是亞洲的前現代研究領域，則繼續在東方學遺產中掙扎。因此，毫無懸念地，正是現代研究部分率先投入理論，令文化主義捍衛者們甚為不快，極不贊同。

可想而知，理論衝擊首先發生在美國亞洲區域研究當中歷史最久、規模最大的領域：中國研究。衝擊表現為一場一九九〇年代初期，研究前現代和現代中國的學者之間的衝突，並綿延發展成理論學者與文化主義者（前現代人文學科），以及他們與實證學者（社會科學學科）之間的進一步爭辯。多重激盪隨之發生，包括齊皎瀚（Jonathan Chaves）批評宇文所安（Stephen Owen）應用後結構主義是為「德希達狂熱大腦造就的昏聵弟子進入中國詩歌研究」大開方便之門，[5]以及張隆溪聲稱周蕾關於中國的理論研究與「中國現實」缺乏足夠關聯等。儘管張隆溪本人曾主張運用理論是致力於「走出文化貧民窟」（get out of the cultural ghetto）的第一步，但他批評周蕾時，卻像是在提倡有關「中國現實」的正統知識（authentic knowledge）。[6]他文章的題目不言自明：「西方理論與中國現實」。此後——無論是否公開——的所有種種爭論，包括現代與前現代學者之間，青年學者與資深學者之間，理論學者與文化學者之間，或是理論學者與實證學者之間，都是這一母題的變異，也可以概括描述為「西方理論與中國文本」之間的衝突問題。類似論爭也發生在中國歷史研究領域，《現代中國》（*Modern China*）雜誌主編黃宗智在一篇同名論文中，將其定義為「中國研究的模式危機」。[7]黃宗智有一次在美國加州大學洛杉磯校區就此組織的研討會，在各種意義上都是理論學者與自許為實證學者雙方的一次正面衝突，若干會議論文並發表於《現代中國》一九九三年的一期特刊。等到周蕾編輯的《理論時代的中國現代文學文化研究：一個領域的再想像》（*Modern Chinese Literature and Cultural Studies in the Age of Theory: Reimagining a Field*）於二〇〇〇年出版時，已經很難說究竟是誰爭取到鬥爭上的勝利，還是衝突已被時間掩埋。

通過描繪此前論爭的大致輪廓而不涉及諸多論點的複雜性，筆者只是希望能夠標示出持續認知中存在的西方理論（作為方法）和亞洲現實（作為研究對象）之間的斷裂。一般認為，理論是普世的，因為理論可以應用於不同地理位置上的不同對象。亞洲則是特殊的，因為亞洲是一個地理上的地點（location），而不是一組觀念與思想。由此得出的是，觀念與思想可以跨界，而地點因受限於地理，只能被動等待觀念與思想，儘管地點會構成空間，供那些思想觀念進行修正或重組。因此，即使在亞洲，西方理論也是令人垂涎的知識類別；這裡的大學狂熱追求全球化，愈益要求教師在英美學術期刊上發表英文論文，這種趨勢，不消說，提倡精通各領域內的理論語種和各種期刊的具體定位。在最近一篇關於數十年來華人比較文學學者運用西方理論方式的分析論文中，賽蕾娜・福斯寇（Serena Fusco）注意到，運用西方理論的程度幾乎到了似乎在提供「一個新的中華文化／民族的自強時機」（a new moment of Chinese cultural/national self-strengthening），諷喻指涉十九世紀清朝進口西學（尤

5 Jonathan Chaves, "Forum: From the 1990 AAS Roundtable," *Chinese Literature: Essays, Articles, Reviews* 13（Dec. 1991）: 77-82, p. 80.

6 參見Longxi Zhang（張隆溪）, "Out of the Culture Ghetto: Theory, Politics and the Study of Chinese Literature," *Modern China* 19.1 (Jan. 1993): 71-101.

7 見Philip Huang, "The Paradigmatic Crisis in Chinese Studies," *Modern China* 17.3 (Jul. 1991): 299-341；以及Philip Huang ed, *"Public Sphere"/"Civil Society" in China? Paradigmatic Issues in Chinese Studies, III,* special issue of *Modern China* 19.2 (April 1993).

其是軍事知識）的民族自強運動。[8]

目前這種西方理論與亞洲現實之間的關聯至少自十九世紀中葉即已存在，與現代西方帝國的興起，或借用霍布斯邦（Eric Hobsbawm）指認的「帝國時代」（Age of Empire），恰為同時。下面的表述應該並非誇張：過去一百五十年裡，亞洲批判思想的型構在一系列根本方式上借助於西方知識的啟迪與激盪的結果。所謂中國意識在十九世紀中葉的危機是鴉片戰爭失敗的直接後果，因其暴露出清帝國在英國對照下的虛弱。從那一刻開始直至今日的知識型構，以各種方式焦慮地挪用西方知識或理論，試圖處理並克服這一危機。從晚清改良思維到五四啟蒙，從中國馬克思主義到一九八〇年代的所謂第二次啟蒙，直到晚近（新）自由派和後殖民主義思潮的發展，我們總能在其中指認出某些西方理論作為關鍵的正當性話語，或者是其有力的幽靈對話者。日本同樣如此，十九世紀中期的明治維新在很大程度上是一次西化戰役，其後的知識型構同樣可以視為是對西方知識和理論的多重回應。

很多人都注意到並感嘆於理論的這一不平等旅程，及其在亞洲各地造成對西方認識論的大規模傳播，但是沒有相對應的從亞洲傳播到西方的理論，也承認朝往相反方向的輸運並不多見。半個世紀之前，中國歷史學家列文森（Joseph Levenson）生動地比喻了這一不對稱。他認為，中國的文化因素有助於增多西方的語彙，但並沒有嚴重改變西方文化或西方世界觀；而西方對中國文化的語言及文法已造成如此重大的變異，以至於其世界觀已被根本地轉變。[9]這裡的關鍵問題在於，兩個方向上的文化傳播不僅在數量和強度上，而且更重要的是在質量及實質上的不一樣，帶來截然不同的後果：西方改變了中國的世界觀；中國為西方增加細節和若干語彙。由此我們可以看到，「西方認識論」與「中國內容」之間的二元對立不再僅僅是一個觀念形態或西化的技術問題，而是歷史實踐中的一種物質後果。

我們試圖反駁這種二元對立時，可以考慮在討論西方理論和亞洲之間這種不平衡、不平等、不對稱輸運時常常出現的一種論點，亦即西方理論內部其實包涵了充裕的亞洲因素。例如，以下說法也許並非過度誇張：重要的關聯存在於馬克思（Karl Marx）的亞細亞生產方式理論和馬克思主義對西方帝國主義的認可之間，存在於韋伯（Max Weber）對新教倫理的嘆賞和他對東方宗教顯然缺乏這種倫理的批評之間，存在於黑格爾（G. W. F. Hegel）西方引領世界歷史的動態觀念和他關於亞洲停滯的觀點之間，也存在於我們在早期康德人類學著作中可以發現的，歐洲種族優越的論點和與之相應的亞洲人黑人低劣觀之間。以晚近例證而

---

8 Serena Fusco, "The Ironies of Comparison: Comparative Literature and the Re-Production of Cultural Difference between East and West," *Trans: Revue de literature generale et comparee* 2 (2006), http://trans.univ-paris3.fr/spip.php?article 238（2010年9月2日上網）.引文來自此篇電子版論文的頁一一。

9 Joseph Levenson, *Confucian China and its Modern Fate* (Berkeley: University of California Press, 1958).

言，雖然多少有些牽強，但也完全有可能設想，假若漢字書寫沒有得到著名如費諾羅莎（Ernst Fenollosa）和龐德（Ezra Pound）的讚譽，德希達的文字學（grammatology）不會出現；沒有中國的百科校勘，不會有傅柯的知識考古學；而且，假使沒有對毛澤東主義的幻滅，可能根本就不會有法蘭西思想在二十世紀後半期的語言學轉向（linguistic turn）。也許，若不是一次旅行和一本關於日本的書，羅蘭・巴特（Roland Barthes）的著作並沒有發生從結構主義向後結構主義的轉折；若不是與京都哲學學派奠基人之一的九鬼周造（Kuki Shuzo）暢談，海德格（Martin Heidegger）永遠不會了解道家思想——據稱這是他「存有」（*Dasein*）概念的基礎。然而，在所有這些例證中，亞洲成份對西方理論特性的改變並沒有超出展示作用或以細節支持理論；而這些細節又常常是在那些東方主義餘緒尚未受到觸動的西方想像中召喚出來的。

這種「亞洲在西方之內」論點的一個更好例子恐怕還是後殖民理論，由美國學院裡的南亞移民學者首創，迄今主要致力於理論化英國殖民主義在南亞地區的影響。但是，此一亞洲，乃是最為確切且無遺漏地被西方下手的一部分，而殖民中介（幾乎永遠被看作是西方，儘管事實上亞洲見證過其他殖民者）正是美國學院裡後殖民理論作為一種思潮流派獲得相關性和成功的正當性機制。不妨說，此一亞洲之所以可以被理論化（theorizable），正是因其曾遭西方深度觸動。而且，如果南亞並非後殖民理論的集中關注點，史碧瓦克（Gayatri

Chakravorty Spivak）就沒有必要在她最近新著《其他亞洲》（*Other Asias*）中倡導亞洲的多元。進一步而言，後殖民理論迄今的發展有其鮮明的美國史及其——可論證的——相應的美國特色。後殖民學派在美國學院享受到體制支持，而居住在英國的後殖民學者們卻不曾得到相應的支持。基於南亞的後殖民論述批判的是英國，不是美國，因而對美國的體制不形成任何挑戰，更何況英國也曾是美國的殖民母國。理論史的層面上，其起源可部分歸因於史碧瓦克翻譯的德希達《論文字學》（*De la Grammatologie*）一書，該書引領了美國學院的理論時代——更恰當地說是理論翻譯的時代，甚至可說是法國思想的美國化。而即使是《其他亞洲》，也將其中兩章的副標題命名為在亞洲不同地點的「理論實驗」（testing theory），默認後殖民理論的美國性或西方性。「西方理論，亞洲現實」的模式仍含蓄地在此運作。從所有實踐角度來看，後殖民理論輸運到亞洲的旅程與其他任何西方理論都一樣；這是以英文寫作，借助美帝國支持下的全球英語強勢流動，而且在亞洲極受豔羨的理論。

亞洲能夠成為理論之地嗎？日本的中國學者和文化批評家竹內好（Takeuchi Yoshimi），半個世紀前試圖對此提供某種答案。他寫於一九四八年的著名文章〈何謂近代〉，透過默認西方與亞洲間存在辯證二元關係展開討論。[10]對竹內好而言，亞洲只有在歐洲入侵之下才有

---

10 酒井直樹將竹內好的二元關係解讀為一種週而復始的邏輯，其中西方國家透過他者（不管是亞洲、非洲、

可能實現現代性並進入歷史。這一入侵，由於資本主義勢不可擋的擴張趨勢而無從避免；正是通過抵抗歐洲侵犯，亞洲獲得自我意識。[11]自我意識讓亞洲得以拒絕自身執拗不從的傳統，在抵抗西方的同時，最全面地融合西方現代性。基於這種亞洲現代性觀念，竹內好為西方理論與亞洲現實關係提出其協商模式：

> 在歐洲，當概念與現實不調和（矛盾）的時候（這種矛盾是必然要發生的），便會發生一種傾向，在試圖超越這一矛盾的方向上，也就是通過張力場的發展求得調和。於是概念本身得以發展。可是在日本，當概念與現實不調和時（這種不調和不具有矛盾性格，因為這些概念不產生於運動），便捨棄從前的原理去尋找新的原理以做調整。概念被放在一邊，原理遭到拋棄。文學家將捨棄現有的語言去尋找別的語言。他們越忠實於所謂學問所謂文學，便越熱中於捨舊求新。[12]

竹內好的看法是，從歐洲借來的概念，應以本地現實進行檢驗，並解決出現的矛盾，概念由此而適當發展。此處，概念思維的起源仍是歐洲，而其接收的方式和態度成為竹內好的關注點：發展的基礎在於與在地現實相應的批判協商（critical negotiation）。

竹內好感慨日本同胞在這一點上的不足；很多人常常是介紹在先拋棄於後，另一些人乾脆亦步亦趨摹仿西方，沒有做出任何抵抗的姿態。但是，在魯迅的著作中，竹內好看到既從西方拿來又保持抵抗姿態的完美結合。他在魯迅那裡看到的抵抗標誌，是奴隸因充分了解自己的困境，且意識到無從拯救，從而產生的絕望。與那些身為西方奴隸卻不自知的日本人不同，魯迅承認奴隸是其自身所處的條件，並因此表現出其批判精神，雖看似荒謬，卻指向走出臣服地位的未來。這裡，絕望成為抵抗的形式。[13]

如果說竹內好於一九四〇年代的文章，最後只是在闡述某種絕望詩學及絕望政治，其本人仍陷入「西方理論，亞洲現實」的二元困境，那麼他在一篇寫於一九六一年，題為〈亞洲作為方法〉的著名文章裡，有力地重訪這一難題。文章的標題明確指涉亞洲完全可以作為方法從中而生的根據地，對立於那種認為西方必然是概念與方法之根源的概念。令人困惑的

或拉丁美洲）來建構自己的這種需求變成了西方的文化想像賴以不墜的模式。參見Naoki Sakai（酒井直樹），" 'You Asian': On the Historical Role of the West and Asia Binary," *South Atlantic Quarterly* 99.4 (Oct. 2000): 789-817。

11 見Takeuchi Yoshimi（竹內好），"What is Modernity?" (1948), in *What is Modernity? Writings of Takeuchi Yoshimi*, ed. and trans. Richard F. Calichman (New York: Columbia University Press, 2005), pp. 53-81。

12 同前注，頁六五。

13 見Takeuchi Yoshimi, "Ways of Introducing Culture," (1948), in *What is Modernity?*, pp. 43-52。

是，在其看似抵抗的表述中，竹內好認為，這只有在亞洲與西方已有充分嚙合之後，才可能發生。更確切地說，亞洲必須「重新擁抱西方」——尤其是日本在二次大戰戰敗之後——並嘗試改變西方，以求能夠創造出真正的普世性：

……東方必須重新擁抱西方，必須改變西方本身，方能在更廣大範圍內實現後者傑出的文化價值。這種文化或價值上的回落，將創造普世性。東方必須改造西方，才能進一步提升那些西方自身產生的普世價值。……在回落時，我們必須有自己的文化價值。而這樣的價值也許尚未以實質形式存在。我懷疑這很可能就是方法，換言之，是主體自我形成的過程。這就是我所說的「亞洲作為方法」，但我又幾乎無法確切表述這是什麼意思。[14]

亞洲文化價值「很可能就是方法」，而且這些與其說是物質或實體的，不如說是「主體自我形成」的過程。儘管說明如此含混，核心卻直達驅動力（agency）和亞洲自我主體化的能力。換言之，若亞洲能成為方法之地，則驅動力和亞洲主體化正是其關鍵。因此，竹內好最終是在政治經濟學意義上運作：在亞洲與西方二元對立中，亞洲必須既學習西方又批判西方；恰恰是在這批判性的進程中，亞洲成為主體和驅動力，從而得以發展理論。「亞洲作為方法」是投向未來的潛在可能性，只有當亞洲形成這種批判主體時，才會實現。

以政治經濟學透徹觀察理論是竹內好這篇文章的一個關鍵貢獻。與那些亞洲中心者不同，他們聲稱亞洲人應當在亞洲價值和亞洲理論中尋找安慰；而竹內好考量這個問題的角度是在西方對亞洲無可避免的入侵已經發生**之後**。某種意義上可以說，竹內好是後殖民理論的早期先驅：確實，儘管起初曾在戰爭時期支持大東亞共榮圈路線，但他隨後成為日本帝國主義的強烈批評者，恰恰因為後者對西方帝國主義亦步亦趨，一方面表現出奴隸心態，另一方面也在戰略上轉移內部矛盾。就此，竹內好的摹擬理論（theory of mimicry）格外有力，他並不關注那些先摹仿再抵制殖民者的被殖民者，而是批判那些自我殖民者，他們摹仿西方是為了殖民並支配他人。這是層疊且多邊的摹擬理論，包括多種驅動仲介（agents）。

通過批判日本帝國主義，竹內好將單一亞洲拆解為多重複數，有其自身內部的、多樣的殖民與抵抗的動力（dynamics），這個視角少見於當代美國後殖民理論——這些理論通常忽略現代和歷史上的東亞帝國。在分析魯迅抵抗的特定形式中，竹內好進一步拆解了所謂西方這一象徵性構造，將其邊緣或他者指涉為這個假設的統一體。他更注意到，魯迅選擇翻譯的作品，不是日本人通常看重的主流西方文學，而是來自「弱小、受壓迫的民族，例如波蘭、

14 Takeuchi Yoshimi, "Asia as Method," (1961), in *What is Modernity?*, p. 165.

捷克、匈牙利、巴爾幹國家，以及斯拉夫反抗詩歌」。[15]魯迅同情在文學中的「弱小者」這一方，其同情顯示出他的反抗精神，因為他不盲目地追隨進口西方文學中被視為「最優等」的作品。這個「最優等」的概念引導著日本現代化的脈動，永遠樂觀，充滿希望，愉悅地不知道自己的奴僕心態。日本「急於追上最新潮流，以超克自己的落後。」[16]

亞洲作為方法，對竹內好來說，需要魯迅選擇弱小文學那樣的自主抉擇（雖然他的總體聲調是絕望），需要克服摹仿和追隨心態，對歐亞的觀念價值持有非本原式的理解，鍛造真正的普世主義。在這些方面，我們可以說，竹內好超越了「西方理論，亞洲現實」的二元對立。但是這二元對立是歷史產物，只要仍能服務於特定利益，便會持續存在。正是與此同樣的利益，驅使日本帝國主義啟用亞洲與西方二元對立為策略，將其霸權統治合法化，並轉移內部的弱勢族群和被殖民者的身份認同要求。簡言之，借助被西方傷害的話語，作為傷害他人時的偽善辯護。曾經抵抗過日本和西方帝國主義的中國民族主義，亦曾借助傷害話語，實施類似的霸權戰略。當藏區和新疆在二十一世紀的第一個十年裡先後發生大規模騷亂，中國政府和若干重要的知識分子指責西方，在藏民和維吾爾民眾間散布「錯誤」觀念，嚴詞譴責西方對這些區域歷來抱有殖民主義野心的當代表達，這也是一種持續妖魔化中國的西式「東方主義」的又一個例證。中國在這一闡述框架中成為受害者，而不是藏人和維吾爾人的騷亂所指向的霸權動力。薩依德（Edward W. Said）不會預想到，通過傷害表述對東方主義展開的批判，竟然可以如此輕易地翻轉成權力的話語。

為了保證壓制內部異質性和維護霸權的意識形態能夠順利運作，亞洲／中國相對於西方的二元對立必須要持續不斷地生產與再生產。不過，另一種更為通常的行為隨時都在發生——為了論述某些具體觀點，學者們不自覺地重複生產著這個二元對立。不妨說，這個二元對立成為其自身的產物，而對這一生產過程所意味的後果，我們必須有所警覺。正是基於這種自我反省，筆者從一個逆轉的角度來檢驗，所謂「中國現代文學」的霸權解釋對華語語系異質特性的壓制。作為文學集合與歷史事件的同一體，「中國現代文學」如今不但在中國已是全然體制化的研究領域，而且在美國和其他地方也正日益被重視。以下的簡要系譜追索將再次循傅柯之例，以「反向作用力」以及「針對那些運用辭彙者而挪用其辭彙」，[17] 通過案例來解讀這一歷史事件。

15 Takeuchi Yoshimi, "Ways of Introducing Culture," p. 46.

16 Ibid., p. 49.

17 Michel Foucault, "Nietzsche, Genealogy, History," in The Foucault Reader, ed. Paul Rabinow (New York: Pantheon Books, 1984), p. 88.

二、華語語系的介入

首先，有關華語語系的流言蜚語來自華語語系解構了所謂的「中國」、「中國人」，或是「中國性」等理論構成的連貫性。這些理論構成不僅僅在象徵意義上，也在物質意義上運作。打散這些理論構成的中國境內少數化的聲音——西藏、維吾爾、蒙古或其他——特別需要文學上更縝密的研究與分析。最近已經有些學者肩負起這個重責大任。在人類學和民族學的領域裡，我們有一張出色的研究者名單，其中有些學者對中國少數民族研究有重大貢獻，有些則是清史專家，有力地分析了滿清帝國的族群問題。儘管如此，從文學觀點出發探究帝國和敘事之間的關係，以及二者關係在現當代的狀況與表述，都沒有得到太多關注。唯一的例外是羅蘭・哈特利（Lauren R. Hartley）和龐思亞（Patricia Schiaffini-Vedani）編著的《現代西藏文學和社會變革》（*Modern Tibetan Literature and Social Change*），檢視了一九八〇年代以來，西藏地區的華語語系以及西藏語媒介的文學。薩依德在他重要的著作《文化和帝國主義》（*Culture and Imperialism*）中，提示我們應該如何探索小說和帝國之間的關係。他認為小說與英國、法國與美國等帝國的關係，是帝國擴張中的一個「明確露骨的環節」，對「帝國心態、帝國指涉與帝國經驗的形成」都至關緊要。[18]

「中國現代文學」長久以來被尊崇為中國革命歷史中的一個關鍵事件。在這一節裡，我要探討我所謂的中國現代文學的帝國意識（imperial conscious）。在尊崇中國現代文學的過程裡，毛澤東就曾盛讚魯迅為「最正確、最勇敢、最堅決、最忠實、最熱忱的空前的民族英雄」，為後來的歌功頌德樹立起典範。[19]自魯迅以來，中國主要的知識分子很多都是中國現代文學學者，甚至是魯迅專家。中國現代文學和魯迅在象徵意義上算是同義詞。由左翼、右翼的年輕知識分子領軍，影響深遠的文化啟蒙運動，也就是一九一九年開始的五四運動，其反西方、反日本、反帝國，跟「中國現代文學」相濡以沫。然而，為了抗拒西方和日本，「中國現代文學」採用西方和日本的想法、形式、與技巧，也因此重度西化。這正是竹內好後來在一九四〇年代的文章裡動人心弦的討論對象。

「中國現代文學」這一事件，明顯地是世界主義和國族主義的綜合，其創作橫跨現代主義和寫實主義，包括都市小說和無產階級小說。文學史上關於中國現代文學的討論，特別是在一九四九至一九七六年社會主義高峰的年代裡，推崇國族主義而貶抑世界主義。儘管帶有

---

18 Edward W. Said, *Culture and Imperialism* (New York: Alfred A Knopf, 1993), pp. xiv, xii.

19 見毛澤東，〈新民主主義論〉（一九四〇），收入中共中央毛澤東選集出版委員會編，《毛澤東選集》（北京：北京人民，一九六八），頁六五八。不誇張地說，「中國現代文學」的領域在中國大陸被尊稱為人文研究，頂尖的學者通常被視為主要的知識分子以及國際文化事務的發言人。舉例來說，汪暉起初是中國現代文學專家，曾發表魯迅研究專書，後來他轉向書寫思想史與哲學，也更為關注當代文化與社會議題。

國際共產主義的觀點，中國馬克思主義主要的關切是主權的問題。中國自第一次鴉片戰爭以來的羞辱，終於由共產黨革命得到消解，國家之主權也得以確立。從政治歷史的方面來看，如果孫逸仙領導的國民黨辛亥革命開始將中國從帝國轉變成民國——從面臨全盤崩潰的帝國轉變成半殖民國家，然後再轉變成社會主義主權國家——那麼「中國現代文學」便可以說是讓這個轉變成為可能的文化事件。儘管一九四九年以後社會主義的本質或有改變，但是中國作為民族國家的主權卻比從前任何時候都來得鞏固。毋需贅言，上述的歷史是主流版本，儘管表述形式稍有變更。

「差距史」的觀點牽涉到還原「中國現代文學」這個事件中，從帝國到國家的轉變及其後果，也牽涉到揭露「帝國心態、帝國指涉與帝國經驗」的盤桓不去。薩依德注意到英國小說傳統中（從《魯濱遜漂流記》〔*Robinson Crusoe*〕、薩克萊〔William Thackeray〕、狄更斯〔Charles Dickens〕、奧斯汀〔Jane Austen〕、康拉德〔Joseph Conrad〕，乃至強大帝國時期的其他作家）源遠流長的帝國心態。在這些作家的作品中，出現了和殖民地息息相關的「心態和指涉的結構」。這個結構需要有所「密度」（density）因為事情終將水落石出：

> 沒有帝國……就沒有我們知道的歐洲小說。而且如果我們確實研究歐洲小說出現背後的緣由，我們一方面會看到，構成小說的敘事權威的不同模式之間，絕非偶然的重疊，

另一方面我們會看到，潛藏在帝國主義傾向之下的一個複雜的意識形態布置。[20]

在製造中國現代文學的時期（通常是指一九一七和一九四九年之間），中國當然不算是一個帝國。自鴉片戰爭以來的羞辱歷史，以及二十世紀初期的半殖民主義狀況，都讓中國如臨深淵，不管是作為衰落的帝國也好，或是當今的民族國家也好。因此中國現代文學充斥著傷痛與失敗的敘事。舉例來說，郁達夫著名的〈沉淪〉刻畫的就是一個住在日本的中國人的柔弱無力；他為中國軟弱和日本強盛的雙重陰影所籠罩，他的感受體現於他身為中國男人對日本女人的無能為力。故事的主角瀕臨自殺邊緣，說了一句著名的話，將個人的失敗轉嫁到中國身上：「祖國啊祖國，我的死是你害我的！」[21]

比〈沉淪〉更為著名的魯迅的〈阿Q正傳〉則是有關沒有受過教育的群眾以及他們無力超越自身的愚昧。石靜遠在最近的研究裡，正確地指出現代中國的認同是建立在一個深刻的挫敗感之上，而這個挫敗感反過來催生「超越阻礙和重生」的論述，並導向文化現代性和救

20 Edward W. Said, *Culture and Imperialism*, pp. 69-70.
21 郁達夫，〈沉淪〉，《郁達夫小說全編》（杭州：浙江文藝，一九九一），頁二七。

贖性的國族主義的欲望。[22]在郁達夫的故事中，超越個人的挫敗必須經由民族國家自身的強健才能獲得超脫，這是一個走到極端的國族寓言。相較之下，魯迅敘事裡的超越投射（或至少被寄望）在對挫敗問題的鋒利分析上。不管在哪一個例子裡，我們都可以追問，究竟是誰要對敘事結構裡談到的失敗負起責任？郁達夫的中國主人翁沒有辦法成為日本女子愛戀的對象，這是誰的責任？阿Q及其所代表的中國群眾如此愚昧，這是誰的責任？郁達夫的主角苛責中國，而魯迅的敘事者似乎將矛頭指向中國文化。二者都沒有指責文本結構中敘事或書寫的自我。

簡單地說，這裡的論點是在挫敗和國族主義的弔詭中潛藏著帝國的傾向，並因此導致這種弔詭成為可能。郁達夫的主角如果不是因為中國長久以來視日本為「倭寇」的優越感作祟，他便不需經歷痛徹心肺的挫敗。因為這種優越感不曾遭到質疑，挫敗感才愈加嚴重。從當代的視角來看，在超越這個所謂的挫敗的時刻（當代中國在世界上的崛起），在渴求的國族主義實現之後（藉由維護中國的主權和「領土完整」），我們對中國現代文學之於上述的超越和實現的貢獻，應該有所回顧及不同考量。不把中國現代文學當成世界主義和國族主義的對峙——這兩種主義都包含了西方（世界主義）和中國（國族主義）價值，深化了二元對立——而是從中國現代文學的「指涉結構」（structure of references）及其各種關聯來理解，這可以幫助我們一探帝國無意識的究竟。有關挫敗、傷痛和受害的各種論述成功地否認了帝國無意識，進而支撐了中國對抗西方這麼一個鞏固霸權的二元對立。其結果是中國繼承（也就是中國現代文學繼承）的兩個重要的歷史遺產沒能在中國現代文學研究的領域裡得到密切的評論關注。這個遺產分別是現代中國繼承了清帝國的領土版圖，以及鄭和途經東南亞下西洋對後世的影響。

就第一個歷史遺產而言，許多分析中國現代文學的帝國無意識與中國境內少數民族與其文學創作的工作尚待展開。本章的有限的篇幅不允許進一步探究這個問題，僅提供幾個觀察，等待將來的擴充，並希望可以刺激其他學者研究。筆者認為這個問題至少有三個方向值得注意：漢族與非漢族作家的中國現代文學如何協議族群問題和文化差異；典律生成的過程如何透過排除或是開創特殊的條目形式給少數民族作家；如果這些被典律排除在外的作家得到重新的評價，那中國現代文學史將是何種風貌？舉例來說，中國的文學史料，大體來說，將少數民族的創作與漢文學區隔開來，如此一來什麼是正統的、什麼不是正統的「中國文學」便有所劃分。美國境內的中國文學史也從來沒有包括少數民族作家的文學創作，只要這些創作是用少數民族語言書寫的，亦或就漢中心標準來看是無關緊要的創作。中國現代文學

22 Jing Tsu（石靜遠）, *Failure, Nationalism, and Literature: The Making of Modern Chinese Identity, 1895-1937* (Stanford: Stanford University Press, 2005). 引文出自頁八。

有太長的一段時間都沒有被視為是多族群和多語言的文學。同時，少數民族的文學書寫中有關清帝國征服他們的領域與人民的後果也尚未得到仔細的審視。

我們也許要謹記中國現代文學的主要成就之一是推動白話文。白話文運動意欲取代古典文言文，追求言文一致，然而風行草偃的白話文是漢人的語言。如同上述，中國現代文學跟清代文學有不少差異，後者之中存有多種不同的官方語言，也創作出為數眾多的雙語文學。克服古典文言文與白話文的制度化都是漢語作家（他們也大多是漢族）之間的活動。[23]在歷史上，文學中的白話文運動也和國家推動「國語」相關。國語運動制訂政府所謂的標準語，並且禁止學校教授地方語與方言。[24]由此看來，非標準語的文學（更別說少數民族語言寫作的文學）成了必須除之而後快的主要異端。這正是為什麼非漢人作家，如沈從文和老舍的族群，不是被忽略不提，就是一筆帶過。學者們早已就沈從文的美學與其獨特的世界觀提出精闢的理論見解，但他們沒有全盤地考量沈從文苗族背景與創作的關聯，儘管沈從文的故事以苗族鄉鎮為背景，也有眾多的苗族角色來去。雖然老舍於一九六六年才自殺，但為何老舍於一九六二年之後就把他的滿族小說《正紅旗下》置之不顧，也同樣值得我們研究。

東南亞，或中國想像中的「南洋」，長久以來是漢族中國人前往謀生（甚至致富）之所。孔飛力（Philip A. Kuhn）的《他人中的中國人》（*Chinese Among Others: Emigration in Modern Times*）便闡明，從十五世紀早期鄭和成功的探險以來，中國南方沿岸中國人便連綿不斷地移居東南亞。孔飛力認為南洋在全球海洋貿易中扮演關鍵的角色，將亞洲、美洲和歐洲聯繫起來。康熙皇帝於一六八四年的詔告解釋了為什麼需要解除幾個世紀以來斷斷續續執行的海禁。他提倡海路交易以及隨之而來的遷徙，不止是為了「人民福利」與「福建和廣東省分的經濟發展」，更是為了「藉由商業利益提升國家資產。」[25]不論有沒有帝國朝廷的詔令，中國移民前往東南亞，成為港務管理、海關稽查員、城市發展者、稅吏、貿易商，並在歐洲殖民主義到來之後成為帝國官員「最不可或缺的助力」。[26]這群人極度成功，他們的財

23 漢族跟所有其他族群一樣長久以來不斷融合轉變。然而漢族長久以來卻又同時是一個文化與社會範疇，帶有象徵層面與物質層面上的因緣。漢族的戀物化便存在於驅除滿清韃虜的辛亥革命之中。魯迅剪掉辮子並前往日本留學，去除他作為清人的身分，孫中山也是如此。民國政府強力執行剪髮運動，因為辮子是滿人以死亡威脅推動的，也代表了滿人奴役漢人，以及面對西方時的軟弱無力。有人語帶玩笑地說民國政府在強制剪辮之後才正式開始。

24 黃錦樹對此有綜合性的討論，見〈幽靈的文字——新中文方案，白話文，方言土語與國族想像〉，《文與魂與體：論現代中國性》（台北：麥田，二〇〇六），頁四四—五二。

25 Philip A. Kuhn, *Chinese Among Others: Emigration in Modern Times* (Lanham, MD.: Rowman and Littlefield, 2008), p. 21.

26 同前注，頁一二。

經實力有時候還超越了歐洲殖民者與本地菁英。[27]

面對歐洲殖民主義無可避免的壓迫，有些中國移民甚至在馬來亞和西婆羅洲（Borneo）設立了自我統轄的領地，並擁有武裝部隊。[28]從廣東來的客家人在今日的西加里曼丹（Kalimantan）創立的蘭芳共和國據說存續有百年之久，直到荷蘭人消滅它。在歐洲人抵達之前，這些移居的商人、勞工、以及其他法外分子齊心協力所創造的，可以算是一種定居者的殖民主義，甚至在歐洲殖民統治期間也算，因為此時正是中國移民遷徙的巔峰。移居如此地廣博、狀況如此出名，連晚清知名的改革家與中國現代思想巨擘的梁啟超都於一九〇六年宣布：「海以南百數十國，其民口之大部分皆黃帝子孫，以地勢論，以歷史論，實天然我族之殖民地也。」[29]畢竟南洋是「番」居住的「番島」[30]，不管移居當地的人是誰都應該是天然之殖民地。梁啟超發言的背後指涉的是他盛讚的東南亞文章〈中國殖民八大偉人傳〉，文中他盛讚八位位於東南亞的華人蘇丹與統治者的一生。總的來說，中國人移居東南亞的經驗和移居西方的經驗截然不同，儘管兩者都牽涉到勞工和苦力。[31]孔飛力總結說，我們可以將這段移民史看成「中國本身的海外擴張。」[32]考慮到歐洲殖民主義下許多中國移民的中間人身分，我們也可以將其視為一種「中間人的定居殖民主義」（middlemen settler colonialism），掌控在地人民的同時，卻又為歐洲帝國主義者所箝制。

中國現代文學創建之時，從中國移居東南亞的整個高峰期（從一八五〇至一九二〇年代）已經過了大半。然而中國現代文學和這段歷史緊密的聯繫長久以來都為人忽視。[33]文學研究會的會員們基本上詮釋了中國現代文學的主要方向和趨勢。該會創辦元老之一的許地山的作品裡，我們經常可以看見渡海前往南洋尋求商機的人們，他們與薩依德分析英國小說中的那些前往印度的英國人沒有兩樣。一如薩克萊和奧斯汀作品中因違法而前往印度，或是在殖民母國大都會中缺乏成功管道的配角，許地山故事中的次要人物也因為類似的緣由前往南洋。一篇故事中，一個因嫉妒而刺傷妻子的丈夫逃亡至檳城，[34]另一篇名為〈商人婦〉的故

---

27 例如，孔飛力指出，到了十八世紀，荷蘭東印度公司裡華人的財富讓荷蘭人和印尼人相形失色，最終導致荷蘭人查辦。見Philip A. Kuhn, *Chinese Among Others*, p. 154。

28 同前注，頁五六。

29 引文來自Philip A. Kuhn, *Chinese Among Others*, p. 246。

30 見藍鼎元於一七二四年上書予清廷的文章，引文來自Philip A. Kuhn, *Chinese Among Others*, p. 88。

31 許多臨時勞工和苦力其實是被中國商人以及經理人帶到東南亞的。有關美國的中國移民史，請見Ronald Takaki, *Strangers from a Different Shore: A History of Asian American* (Boston: Little, Brown, and Company, 1998, rev edn)；以及Iris Chang（張純如）, *The Chinese in America: A Narrative History* (New York: Penguin Books, 2003)。

32 Philip A. Kuhn, *Chinese Among Others*, p. 12.

33 唯一的例外是Brian Bernards（貝納德）的博士論文。

34 許地山，〈綴網勞蛛〉，收入楊牧編，《許地山小說選》（台北：洪範，一九八四），頁七五—九五。

事裡，丈夫因賭博而傾家蕩產，不得已前往南洋，他的旅程依照閩人的慣例被稱為「過番」。他扭轉乾坤經商成功並娶了一位新的馬來妻子。他的中國妻子前來探訪時遇見了這位馬來妻子。在正室眼裡，這位馬來女子過分裝飾著寶石的「黑臉孔」，她頭上佩戴的金剛鑽和珠子，還有身上綴的金銀都讓她「醜陋不堪」。[35]在這篇著名的故事中，敘事同情的是那位中國妻子（後來她的丈夫將她賣給一位印度男子），因此我們可以說許地山的中國讀者並不認為她面對那位馬來女子所展現出的某種種族主義有任何冒犯之處。

故事中沒有引起關注的種族主義，其弔詭之處在於，許地山恰恰是當時最具世界觀的中國作家之一。他出生於台灣，在中國與英美求學，也曾在印度、緬甸生活過一段時間，最後在殖民地香港辭世。他的故事中常見印度人、歐洲人、混血人種、緬甸人、馬來人和其他東南亞人，他們迥異的生活方式和宗教大多得到作家公允的描繪。此外，許地山的故事常見的女性主義內容並不是當時許多男性作家筆下膚淺的男性陳述女性的觀點，而是對男性主宰世界中女性命運的認真反思與批判。鑑於許地山的世界主義和女性主義，我們可以說他經常提到移居南洋一事，將中國人對南方的探險與擴張敘事化，恰恰造成了薩依德在英國小說中觀察到的一種指涉的無意識結構。有了南洋的現身解圍（deus ex machina），許地山的角色和敘事便可以得到合理的解釋或敘事結局。許地山抵達香港之後寫成的〈玉官〉或許是他最廣為人知的小說，故事中，上述的南洋模式再明顯不過而且更重複了三次。一個誘拐兒童的男罪犯在無法賣掉孩子的情況下決定遠走南洋避人耳目。另一個有暴力傾向的男子原本待在一個小小的鄉下村莊，後來「過番」到南洋。最後在故事的尾聲，主角玉官為了懺悔，前往南洋找尋上述第二個男子。雖然玉官負擔得起頭等艙，但她選擇搭乘三等艙渡海，也多少透露出她懺悔的願望。[36]

如果說南洋是所有問題可以迎刃而解的所在，那麼它也是一個回送富人返鄉以及製造麻煩的所在。說起來，南洋的華語語系世界不僅僅是一個終點，更是一個讓人們（特別是那些與所謂的「華僑」理應相當不同的移民後代）回歸「原鄉」的起點。華僑這個分類的意識形態與功用需要在當前學界裡進行更為完善的分析，在此筆者也無法深入探索。儘管如此，以下筆者要審視華僑作為一種分類在兩部中國現代文學經典作品中如何運作。筆者以為一旦沒有了南洋華人或是沒有了南洋的華語語系聲音的絕妙呈現，中國現代文學裡便可能無法激盪出五四除了文學革命之外，另一個重要的革命，也就是情愛革命。

丁玲的〈莎菲女士的日記〉（一九二八）是一個奠基文本，將情感與性意識的釋放當成自我解放的主要原則，其地位毋庸置疑。故事由一個美麗的、多愁善感的女結核病患的日記

35　許地山，〈商人婦〉，《許地山小說選》，頁五九—七四。
36　許地山，〈玉官〉，《許地山小說選》，頁三一五—六七。

所構成。她經歷了一連串情感波折，同時為兩個人追求：一位是老實但無趣的中國男子，另一位則來自新加坡，俊美絕倫但有所可疑。她的日記以女性凝視男性的愛慾目光，在文學中掀起了一場革命，中國現代文學史上或許前無古人。莎菲女士愛慾目光所凝視的對象是充滿異國情調的凌吉士，她稱他為「那南洋人」或是「南洋華僑」。他點燃莎菲心中熊熊慾火，讓她像肉體融化似的感到快樂無比，並想要吻遍他全身。作為一個華裔新加坡人（來自英國殖民地，說華語的華人），他是歐洲英勇騎士精神與東方細膩的結合化身。性愛是她想要卻又不敢突破的禁忌，是「男女間的怪事」或是「兩性間的大膽」。

她樹立起性慾（新加坡人）和情感（中國人）之間的二元對立來表達她的恐懼，藉此她方能控制住她的慾望。因此，當她發現她愛上那個新加坡人的時候，她便必須慧劍斬情絲，遠離是非。她不能接受愛和性之間的和諧，因為兩者的和諧是建立在必須打破一個相應的、道德和不道德之間的二元對立的基礎上。在這些二元對立裡的新加坡人必定是不道德的，也因此一定要被拋棄，儘管恰恰是他讓莎菲了解自身的情慾。有了這樣的理解，她便必須拒絕那個南洋人。[37]故事主角乃至敘事本身都利用了這位南洋人來維持偽裝的道貌岸然。

張愛玲〈紅玫瑰與白玫瑰〉（一九四四）中另一個被拋棄的新加坡人讓愛情的革命得以持續進行。故事的主角是一個「最合理想的中國現代人物」：他在歐洲取得高等教育的學位、勤勞誠實、品行良好、樂於助人。他的生活在遇見朋友的太太之前一直都非常循規蹈矩。這個華裔新加坡女子充滿誘惑力，正好是他的房東。她的丈夫總是碰巧地到新加坡出差──另一個前往異邦的過番客──因此火辣辣的「肉的誘惑」與「肉的喜悅」的動人場景已然布置完成。當主角後來發覺他愛上了他的新加坡情人之時，先前他努力維持的性與愛的二元對立便受到了嚴重威脅。一如莎菲女士，他離開了這個希望跟他靈肉合一的新加坡女子。後來他娶了一位高瘦扁平又有便祕的女子，她對「最好的戶內運動」完全冷感。故事到此，在他娶了純真的白玫瑰之後，他深信他確實循規蹈矩，成功地拒絕了性感的紅玫瑰，直到他發現妻子跟裁縫之間的外遇。他開始心存報復在外面公開地玩女人直到一天他起床之後決定改過自新又變了個好人，故事也就到此結束。

「最合理想的中國現代人物」的最低標準是壓抑他對南洋女性的情感愛欲，還有對立起「他們華僑」以及「我們中國人」。畢竟在主角的文化和種族認知裡，華僑女性比起中國女性更為「活潑」，混血兒則比華僑更「大方」（「大方」的性含義端看讀者如何詮釋）。[38]沒有了嬌蕊（紅玫瑰）這個新加坡女子，我們的主角便會失去幫助他符合「最合理想的中國現

37 丁玲，〈莎菲女士的日記〉，收入張炯主編，《丁玲全集・三》（石家莊：河北人民，二〇〇一），頁四一─七八。

38 張愛玲，〈紅玫瑰與白玫瑰〉，收入《傳奇》（北京：人民文學，一九八六），頁三九七─四四七。

代人物」身分的折磨考驗。同理，沒有了淩吉士這個新加坡男子，我們便無緣見到〈莎菲女士的日記〉——一篇帶來中國現代文學中女性愛欲的革命性呈現——的核心內在衝突。這些從南洋來的角色帶有隱喻的作用，意味著「現代性」和「中國」如何合而為一：主角們先吸收然後拒絕這些不十分中國的新加坡人的現代性，因而發展了他們獨特的現代性。新加坡人值得中國人慾戀，因為他們更為現代化與大方，但正因如此，他們卻又更為背德，也更不像「中國人」，必須被排斥。

將「過番」再現為一種有效並常見的經濟與犯罪問題的解決方案，還有經由排斥「華僑」體現出來的南洋文化，共同顯示出與南洋面對面的中國現代文學的指涉結構。南洋是累積財富、物質充沛無虞、開創第二春的所在。然而，南洋也送來了背德、不夠中國的人們，他們不值得信任也不可嫁娶，即便（或說正是因為）他們以最具誘惑的姿態勾起了慾望和愛情。至今還沒有學者指出這樣一種指涉結構所展現出的近似薩依德所討論的帝國心態。

另外，東南亞的華語語系作家開始有計畫地生產現代文學之時，也正是中國現代文學開始萌生之時；但一如紅玫瑰，這些華語語系作家遭到輕蔑地教訓，指稱他們使用的中文太過有限或太過幼稚。[39]在中國人的想像裡，這些像紅玫瑰的華語語系作家的普通話勉強可以溝通，但他們寫的漢字近乎不堪入目——他們實在不夠「中國」。因此，東南亞華語語系文學呈現出對標準語言與文字書寫的一種帶有病態暗示的戀物癖，也就不足為奇了。如黃錦樹曾經指出，標準中文（或曰國語）及其文字（或曰國字）在晚清時是寄託漢族國族心態的所在，因為這些語言文字是漢人所使用的。族群的語言和族群的文字跟民族國家（ethno-nation）變得難分難捨，而這語言文字更是成了中國性不可或缺的條件。儘管中國現代文學非常激烈地跟過去一刀兩斷，但就族群中心主義來說，其實還是一種延續而非斷裂。黃錦樹稱此為「過去的集體記憶被結構化的」，其中所謂的各種現代都在結構中納入了晚清漢人知識分子對一六四四年滿人入關之前的漢族中心世界的回想懷念，自以為名正言順，不需多費唇舌解釋。[40]

華語文字的去戀物癖在黃錦樹自己的作品中非常顯著，為我們理解族群、語言、身分與國籍（不僅僅以中國，更以東南亞為例）之間天衣無縫的糾葛，提供了一種理論關懷。[41]在中國的例子中，中國現代文學一如英國和法國文學都必須面對，在帝國的邊緣中，「一群令

39 王安憶所謂的「失語的南方」是一個更為近期的例子，顯示出中國漢人作家長久以來視南洋作家為華語的劣等使用者的偏見。在台灣的重要馬華作家黃錦樹曾有激烈的文章回應。見〈華文／中文：失語的南方與語言再造〉，收入《馬華文學與中國性》（台北：元尊文化，一九九八），頁五三—九二。

40 黃錦樹，〈魂在——論中國性的近代起源，其單位、結構及（非）存在論特徵〉，《文與魂與體》，頁一五—三六，引文來自頁三一。

41 例子可見《由島至島》（台北：麥田，二〇〇一）。

人亮眼的作家，正以新興有力的聲音讓人不得不傾聽。」[42]其中有些極為有力的聲音來自東南亞地區，也就是中國想像中的南洋。中華帝國反擊了，即便反擊是來自那些占據著歐洲帝國邊緣的中間人的後裔。在這個多語多族的馬來西亞國家，頒布唯有馬來語文學才是「國家文學」的語境裡，馬華作家將華語文字戀物化，展現出一個要將語言從族群和國家切割出來的願望。華語語系馬來西亞作家，居住在台灣已否，都展現使用華語和其文字與眾不同的某些特性。

中國現代文學中尚未獲得研究以及非常有問題的南洋的再現作為例子，再加上對華語語系異質性的壓制，在在為我們顯示出操控「中國和西方」這個二元對立的風險。竹內好、黃錦樹等人的理論洞見進一步地瓦解「西方理論和亞洲現實」的二分法，推動我們去詢問這些二元對立是為了什麼人的利益而存在，這些利益又阻礙或延遲了什麼樣的事功，也就是說究竟還有什麼等待我們去完成。為了加速這方面必要的研究，華語語系可以被認識為一種方法，鬆動了主流的二元對立的同時，也以自身為例提供了一個更為豐富的、多面向的批評潛力。這便是華語語系的介入方式。

42 Edward W. Said, *Culture and Imperialism*, pp. xx.

第四章

放回世界的台灣研究

一、不可能的任務

對一個沒有國家地位，經過連續殖民歷史，且又處在一逐漸或已然崛起的強權陰影威脅下的彈丸小島而言，全球化究竟意謂著什麼？

全球化理論家們，已經向我們描繪了全球化時代下烏托邦與反烏托邦的雙面景觀。在烏托邦的景觀裡，全球化意味著我們不再受國家規範的政體所囿，而得到更自由更彈性的空間：更自由地成為晚期資本主義者，藉由多國、跨國合作來獲取最大利潤；更自由地成為旅客，四處旅居甚至擁有多國護照；更自由地成為文化世界主義者，廣泛地涉獵各國的文化內涵；更自由地成為跨界工作者，為勞動尋求最高的價值。就這層意義而言，在這個標幟著流動的世界裡，主體性喻意著彈性、混雜、多元、游牧，不論對象是金錢、人民、影像、資訊或商品。文化越來越異質化，而所謂中心—邊緣的二分法也被瓦解、解構。

在反烏托邦的景觀裡，全球化讓那些手握資本、掌握權力者迅速地為邊緣帶來了新殖民主義（neo-colonialism），從而加劇了貧富差距，強化了國際間不均等的勞力分配，對邊陲的資源進行最大程度的剝削，並抑制了世界文化的多樣性。這些全球化的反對者警告我們，全球化將導致世界文化的同質化，更會以最低俗的文化為共同標準，如美國流行文化，尤其是其速食文化和綜藝娛樂。全球化某種程度上來說，其實是美國化，它正從各方向蠶食鯨吞在地文化。就此而言，全球與在地是二元對立的：全球是普世的，（即西方，並且在美國的主導之下），而在地是差異和他性（otherness）的獨特肉身，等著接受全球化與同質化的洗禮。[1]

對於像台灣這樣一個缺乏國際間文化、經濟和政治資本重要性，且又處於世界邊緣的非西方政體來說，理論家們究竟提供了什麼樣的論述？相對來說，台灣究竟提供了何種內容，讓論述者得以重新思考全球化此一命題？當全球化理論以國家作為先決條件來分析目前國家概念的消解時，台灣的困境便在於它甚至不被認可為一個國家。然而，就其經濟和文化活動、消費模式、政治結構、人民流動性而言，台灣乃是一高度全球化的所在地。可預期地，由於台灣的情形較全球化的提倡者或反對者所談論的還要更繁瑣更複雜，在這樣的情況下，

1 請參見如下書目：Anthony D. King ed., *Culture, Culture, Globalization and the World-System: Contemporary Conditions for the Representation of Identity* (Minneapolis: University of Minnesota Press, 1997)；Samir Amin, *Capitalism in the Age of Globalization: The Management of Contemporary Society* (London and New York: Zed Books, 1997); Roland Robertson, *Globalization: Social Theory and Global Culture* (London: Sage, 1992); Frederick Buell, *National Culture and the New Global System* (Baltimore and London: Johns Hopkins University Press, 1994); Fredric Jameson and Masao Miyoshi ed., *The Cultures of Globalization* (Durham and London: Duke University Press, 1998)。

不論是烏托邦或反烏托邦的景觀，皆無法完全適用於描述台灣的狀況。筆者並不希望在此強調全球化論述的（非）適用性，這是一個我們當下仍懸而未決的問題。相反的，筆者關注的是理論家們是否有意願從邊緣看全球，因為他們幾乎總是從中心的位置來看待這個問題，即使當他們站在全球化的對立面之際亦是如此。不論全球化被構想成向心的（centripetal）或是離心的（centrifugal），分析架構和批判視角仍舊同他們處於中心的發聲和論述位置緊密且不可避免地綁在一起。除了那些支持在地性或本土性的抗拒理念，或是那些主張全球化從很早以前便開始，因而早已是混雜化的論述者之外，對於邊陲的關注可說是明顯缺乏。在西方，說「台灣」並非真正存在的論述對象，這種說辭其實一點也不為過。

在西方，研究台灣是一個「不可能」的任務。我之所以說「不可能」，是因為台灣已經在西方主流論述之外，似乎無關緊要。就算台灣或多或少受到關注，它也經常被化約成一種經驗上的政治分析的客體，此外，在文化研究或其他人文研究領域裡，台灣也不被當作是一具備理論批判分析價值的客體。台灣看起來太小、太邊緣、太曖昧，也因此無關緊要。台灣作為沒有經歷上一個或這一個世紀被西方勢力所殖民的歷史意外，它被其他的亞洲勢力所殖民：分別是日本（一八九五—一九四五），以及遷台的國民黨政府（一九四五—一九八〇年代末）。如果台灣曾經被英國殖民，那麼台灣還有可能被涵蓋在後殖民論述這波熱潮之中。如果台灣曾被法國殖民，那它還有可能成為法語語系研究的一部分。曾經被日本和中國政權殖民的這個事實有效地將台灣劃分為亞洲研究的一環，而在此一架構底下，它又因為漢學研究或中國研究的主導地位，而相對地更加邊緣化。撇開善意的忽略不談，研究台灣被認為是不利的。以美國學術界的邏輯來看，如果有人將學術關懷奉獻給台灣，那表示他一定是不夠了解中國，也因此不夠格在中國研究領域裡被聘任。如果台灣曾經是或仍然是共產主義或社會主義政體，那它至少還有可能被當作一個可以提供比較分析的個體，因而獲得西方左派學者投以同情的眼光。只不過，對西方左派學者來說，台灣政府和美國右派有著「反動」的聯繫，因此，台灣的社會、文化、人民，理當被忽略，甚至排斥。

「台灣」，對西方主流的學術界來說，是「看不懂」的。因為，不論是象徵意義上或實質意義上，了解台灣毫無所謂的「價值」可言，它的重要性不是不被認可就是缺席。就某方面來說，台灣此一個案與香港類似，只有當歷史的鎂光燈偶然地照在香港身上時，它才有可能成為有意義的研究對象。當英國殖民終結，九七香港要回歸中國，這才使香港文化研究顯得必要而且可行。香港電影開拍了，各種敘事擬訂了，文化研究揭開序幕，諸如此類。然而一旦完成「回歸」，香港境外的批評社群彷彿也回歸寂靜。在世界的語境中，台灣要麼就必須透過其創意和敏銳創造自身的亮點，要不就只能繼續無關緊要下去。

在如此的批評與理論風氣之下，在西方從事台灣研究故而越發艱難。部分原因在於以下事實，除了被歸類為經驗上的政治分析（冷戰後的產物）的對象之外，我們缺乏一種能夠讓西方讀者明白理解的，分析台灣社會及文化的術語和框架。漢學研究和中國研究所發展出來的術語大部分以中國為本位，而西方主流方法學又限於西方中心主義。如果非要從上述兩者之間選擇其一用於研究台灣，大多數的學者恐怕會選擇後者。

也就是說，若要將台灣擺在論述的地圖上，可能需要的是西方本位的批評術語之調度運用，如全球化，後現代，後殖民等，一向被學者們沿用。對其他非西方強權來說，如以中國為例，其對西方批評術語的論述抗拒，以及發展自己認識和組織世界的一套架構，是能夠受到相對重視的。但對於台灣這樣的一個邊陲來說，對西方論述的抗拒很輕易地就遭到忽視。問題在於，來自台灣的論述抗拒，能否被聽見、被認可。由印度和阿爾及利亞歷史經驗所發展出來的抵抗論述現在十分受到重視——這多虧了如南地（Ashis Nandy）和法農這樣的思想家。關於非洲「黑人性」（negritude）的訴求，中國社會主義，拉丁美洲的原住民運動等等，我們可以輕易地想起一連串相應的思想家名單，但至於台灣在國際知識界上的聲音，就算有的話，依舊是一片沉默中的、幾乎聽不到的、細微的聲音。我們恐怕還找不到以台灣出發而在世界思想界受到重視或認可的理論家。

這並不是說，台灣從來沒有文化評論者投身於全球化論述或與其他西方論述進行對話或辯證的工作。事實恰好相反：台灣幾乎百分之九十的人文學者擁有外國教育背景，曾在美國攻讀學位，而台灣的文化和文學研究圖景有很大一部分正是經由這批受美式學術訓練的學者，透過他們運用西方理論術語所描繪出來的：從新批評、結構與後結構到乃至後現代主義、精神分析、後殖民理論，以及近年引領學術風潮的全球化理論。但這些辯證和對話，卻是個典型的單向交流，體現了世界主義是如何不對等地運作，揭露出知識的生產和流通依舊是以西方為中心的事實。

運用全球化理論術語在許多層面來說是一必要的評論架構。全球化的文化內容能夠讓台灣發展新的跨文化形式，以取代中國本位的文化對台灣的影響。就台灣內部的族群和政治張力而言，全球化對台灣同樣有益。為擺脫中國本位的文化視域，台灣當初首要的任務是重建對台灣文化的認知，即所謂「台灣人」的文化本質。當這樣的以「台灣人」為本的文化本質主義，導致台灣多族群、多文化的人民產生分歧的時候，前總統李登輝提出了「新台灣人」的概念，主張台灣人之所以是台灣人，乃是因為對台灣的認同，而非由特定族群或移民歷史所定義。這種多元文化、多元族群的「新」台灣修辭，恰好在台灣一心企圖邁向全球化的時刻同時產生。也許，一個更全球化的台灣文化不會被特定族群或單一社群所壟斷，而藉著所有文化共享的「普遍」價值，進而真正讓文化多元及族群多元的台灣民主政治開花結果。因此，台灣其實是正在「普遍化」的過程中。

但是，運用全球化批評術語這個選擇，事實上是一個充滿矛盾意味的姿勢。此一選擇是一場使得明晰性成為可能的交易，但卻同時限定了此一明晰性自身的範疇，以減損台灣歷史的複雜性作為代價。當西方都會中心以辯證與抗議的姿態進入了這個全新的全球化時代時（即美國社會學家沃勒斯坦〔Immanuel Wallerstein〕所說的，資本主義世界體系發展中的第四階段），[2]邊緣完全沒有餘裕來思量全球化對自身的利弊，更是無暇研擬應對之策。它在很短的時間內發生，伴隨著可預期的不安、震驚、激動，及其盪漾的餘波。人們來不及批判反思，來不及採取抗拒，來不及依照當地慣習，使全球化的架構融入在地脈絡，不論那可能是什麼。邊緣如台灣，其占據的空間無關緊要，其時間上一方面是遲到的，又一方面是緊緊被壓縮的，無體積的優勢，也沒有充裕的時間。全球化下的台灣研究因此該如何發展呢？

二、把台灣放回世界

如上所述，對於有興趣在全球化脈絡下研究台灣的研究者而言，眼下有許多局限。以美國的台灣研究為例，冷戰的格局使台灣研究在政治學領域中得到局部發展，而台灣鄉村偶爾能成為人類學探索的客體，但是人文學科和其它社會學科方面對台灣所做的研究，都是對台灣有熱情的少數學者們的辛勞產物，長期籠罩在中國研究的陰影當中。隨著後殖民研究的興起，台灣被歐洲與非歐洲國家殖民的豐富歷史足以成為重要的研究模式與理論化現場，但是這個現象尚未發生。台灣似乎是錯失良機或是被忽略了。又如上所述，台灣的「不幸」是沒被英國或法國殖民，不然現在就能屬於活躍的英語語系研究或法語語系研究的一部分。而荷蘭的殖民時期太短且距今太久，中國和日本又非西方帝國，在後殖民研究當中無法得到和英法兩帝國同樣的注意。如果妳／你研究西方帝國，就屬於後殖民研究，但如果妳／你研究非西方帝國，就屬於區域研究。這是美國可嘆的學術生態，也是知識上的階級分工下的劃分法。

如果我們將評論當成一種勞動，而所有勞動皆會產生價值，那麼對西方帝國的批判會弔詭地生產更高的價值，不是對殖民地，而是對帝國而言。表面看來負面的批判——因為是批判這些帝國——卻矛盾地讓某種形式的肯定悄悄從後門進入。筆者認為這並非誇大其詞，因為比起對殖民地，英語語系研究或法語語系研究為殖民母國生產的新知識若非超過，至少也是和為殖民地生產的新知識旗鼓相當。更甚者，有關被殖民者的知識竟然讓殖民母國重新回到關注的中心。例如，由印度到英美受教育的後殖民理論家，藉著比英國人還要優異的學術英語在美國學術界批判英國殖民，因為批判的對象不是美國，而是英國，猶如隔靴搔癢。又比如，薩依德有許多關於歐洲文學的著作被視為後殖民研究的經典，即是這點最好的例證。

---

2 Immanuel Wallerstein, "The Rise and Future Demise of the World Capitalist System: Concepts for Comparative Analysis," *The Essential Wallerstein* (New York: The New Press, 2000), pp. 71-105.

因為這些書所解讀且最終關注的還是西方文學的經典之作。那麼，考慮到在全球脈絡下的台灣研究，我們可能必須問：首先，我們如何研究非西方帝國但同時不為帝國服務？其次，如何研究非西方帝國但不被局限在區域研究？或者更挑明地說：為什麼區域研究，也就是為了台灣的台灣研究，還不夠？這不正是台灣在西方經歷至少半世紀被中國研究邊緣化的台灣研究所需要的嗎？區域研究當然有著不可否認的極大的價值，對台灣各種語言、文化、歷史與社會獨特性深切的關注十分重要。將台灣視為區域的方法對台灣研究基礎具體化、挖掘文件、建立檔案，書寫與重寫歷史等等的層次上會有幫助，筆者認為這在台灣文學進入全球脈絡過程中有根本的重要性，但這僅是第一步，或如第二章第四節的討論，僅是許多方法中的一個方法。

簡單來說，區域研究有只對同道或圈內者講話的傾向，而且很少能超越自己的小圈子。在全球化脈絡下，作為區域研究的台灣研究也面臨和許多區域研究一樣的窄化問題，最後淪為資訊提供中心。當其價值被肯定時，臺灣研究可能在方法論上做出一些貢獻，否則，它只是訊息或資料的堆疊，等待著被看見或理解，而且受制於認可與忽略的機制。[3]區域研究的局限過去在美國已有相當充分的討論，在此不多贅述。[4]筆者的重點是作為一個新興領域，台灣研究尚未被區域研究包圍也有其有利之處，可以以嶄新的姿態出現。這麼一來，我們需提出不同的問題。在世界的大環境中，台灣或許太小，而且太「微不足道」，尤其在面對當代的超級大帝國而言。[5]因此，我們需要思索，這麼小的島國研究如何可能克服「微不足道」的條件？

已故的加勒比海思想家愛德瓦・葛里桑（Edouard Glissant）提議，事實上複雜性（complexity）首先發生在小國與群島，然後在大陸及大國產生共鳴。[6]他所指涉的複雜性，如混語化（creolization）一般是一種文化不斷演變的過程，它會影響整個大世界，但起源於小國與群島。以另一位加勒比海作家卡莫・布萊斯維特（Kamau Brathwaite）的說法形容，即可引申為台灣的島嶼性是獨特的「海潮辯證學」（tidalectics），其跳脫出黑格爾式的主人—奴隸關係間的辯證，而是一種海洋與陸地的辯證。透過海洋為視野的文化經驗，創造出一種全新的觀看世界、體驗世界、感覺世界的方式，也就是一種新的認識論。換句話說，對於世

3 有關「認可機制」（politics of recognition），請看拙文〈全球的文學，認可的機制〉（Global Literature and the Technologies of Recognition），紀大偉譯，《清華學報》三四卷一期（二〇〇四年六月），頁一—三〇。

4 參見三好將夫（Masao Miyoshi）和哈利・哈若圖寧（Harry Harootunian）主編的《學習地區》（*Learning Places: The Afterlives of Area Studie* [Durham: Duke University Press, 2002]）。

5 關於超大帝國的問題，參見“Cosmopolitanism among Empires,” *Visuality and Identity: Sinophone Articulations Across the Pacific* (Berkeley: University of California Press, 2007)，第六章。

6 參見“Edouard Glissant: One world in Relation,” Manthia Diawara執導（2009, color, 1 hour, USA）。

界其他地方，台灣可以作為一個複雜性的模式，可能對了解混語化的過程大有助益，更何況其他世界性的歷史過程中，台灣一直是重要的一環。

這意味著我們必須把台灣放在世界中來看台灣，它的「世界性」（worldliness）不只是薩依德式的文化文本的社會背景或語境，而是台灣做為世界的能動者，它在歷史中的形成是世界上不同歷史動力互動的結果。例如，海洋台灣的概念即是如此以世界性視野入手，把台灣作為海洋時代貿易路線的一環。[7]這對台灣文學研究的意義在於，台灣必須被放在世界之中來看。放在世界之中來看的台灣不再是單獨存在的實體，而是因其與其他實體的歷史、地理、文化、政治與經濟等有相互關係而產生。世界性的台灣文學研究的訴求，事實上案例比比皆是。例如，思考日治時期的台灣文學，若不闡釋它與中國文學和日本文學的關係，不釐清十九世紀末及後來的世界殖民現代性的脈絡（日本帝國在世界中的成形也奠基於與西方帝國的緊密關聯），若沒有清帝國的遺產及晚明時期的政治抵抗，漢文化主義與其他相關文學或背景，就無法掌握日據時期台灣文學的全貌。涉及世界的框架可以不斷擴大或緊縮，有賴研究者的意願而定。這點同樣適用於台灣任何時期的任何文本：但是所有的台灣文學文本不論在文學、文化、政治或經濟方面，都因與世界歷史過程相關而產生。這種關聯可能是它與德國文學、法國哲學，日本大眾文化或五四文學、加勒比海革命思想或美國現代主義的關係。

這裡需要強調的是，這種將台灣文學「放回世界」的重要研究方法即是比較，這種方法借鑑於西方比較文學方法論但也跳脫其框架。傳統的西方比較文學是一種對於學科定義與範疇產生焦慮或危機的學科。這種焦慮或危機讓這門學科不斷自我重新想像與創造，因此「比較」的定義一直因時而異。伯恩海默（Charles Bernheimer）和蘇源熙（Haun Saussy）曾各自以美國比較文學學會的名義，為學科的系譜提出過主要事件、人物與概念的各自的報告。[8]追蹤這個西方譜系，台灣的比較文學研究，先前大多研究中國文學而非台灣文學，如所謂的「中西」比較文學，台灣文學是沾不上邊的。無論是理解成中西比較文學或台西比較文學，台灣的情況也充滿焦慮——對西方理論的焦慮——用多少理論、如何將理論本土化、

---

7 參見蔡石山著，黃中憲譯，《海洋臺灣：歷史上與東西洋的交接》（*Maritime Taiwan: Historical Encounters with the East and the West*）（台北：聯經，二〇一一）。

8 我此處所指的不是伯恩海默於一九九三年的報告，而是他主編的《多元文化時代的比較文學》（*Comparative Literature in the Age of Multiculturalism*）中由他執筆的導言〈比較的焦慮〉（Introduction: The Anxieties of Comparison [Baltimore and London: Johns Hopkins University Press, 1995], pp. 1-17）。Haun Saussy, "Exquisite Cadavers Stitched from Fresh Nightmares: Of Memes, Hives, and Selfish Genes," *Comparative Literature in the Age of Globalization*, ed. Haun Saussy (Baltimore and London: Johns Hopkins University Press, 2006), pp. 3-42。

如何發展本土的理論等等。此處「西方理論」與「比較文學」似乎可以互換。這種對西方理論的執迷，多是因為上個世紀一九七〇與八〇年代美國比較文學界對解構主義的戀物崇拜的延續。在此，我們看到的不僅是對理論的焦慮和執迷，也是普遍的對西方的深切關注，「西方」幾乎是永恆的指涉框架。

在此，特有的中西或台西二元對立，事實上衍生於借來的歐洲中心主義，和歐洲中心主義的後殖民研究獨厚西方帝國的情況類似。就歷史來看，的確，台灣作家可能以西方文學為參照，但是西方不應是唯一的參照點，也不應該因為參照西方而排除其他。正是這種獨厚西方並近乎崇拜或是想仰望西方的欲望，讓比較文學在台灣普遍陷入一種比較的暴力（a violence of comparison）：高舉西方理論作為強勢的模範與標準來評斷本地文學，進而總是感到後者的不足。如此進行的比較文學，強化了西方知識的宰制，讓比較的行為變成一種新殖民主義式的屈從。在此需要說明，並不是我們不能或不該使用西方理論，但如何使用才是關鍵。

西方部分學者提到比較文學此學科的起源概念，即是歌德（J. W. von Goethe）的世界文學（weltliteratur; world literature, 1827）。歌德的世界文學想像的是一個普遍的文學，超越國境的文學。雖然，歌德所想像之世界文學中的「世界」，確實比黑格爾於一八二二年所提出的世界史（weltgeshichte; world history, 1822）理論中的「世界」更具備包容性，但仍然遭受到後來學界對其歐洲中心主義的批判。歌德在他七十七歲晚年，闡釋世界文學這個概念時，他所不斷推崇的是法國文學和德國文學，因此，雖然有學者稱讚歌德較謙遜而且懷抱世界視野，他仍然擺脫不了歐洲中心主義的局限。而黑格爾的世界史觀所內涵的歐洲中心主義就更昭然若揭，其認為亞洲在獨裁主義的籠罩之下，被世界歷史的精神遠遠地拋棄在後。後來，馬克思和恩格斯（Friedrich Engels）受到歌德的啟發，再度提出世界文學的概念，他們是基於經濟結構層面上的變化來立論的：由於生產模式的跨國形態而形成所謂的世界市場，導致文化生產新的跨國特質，因此，文學和文化的生產也必然跨越國界。這看來是相當普遍的經濟和文化必然關係的論述，但是，由於馬克斯和恩格斯深深的偏見，其所帶來的普遍價值也因而被貶低了。最近引人注目的法國社會學家帕斯卡爾・卡薩諾瓦（Pascale Casanova）在其所著的《世界文學共和國》（*The World Republic of Letters*），企圖從另一個角度超越歌德的歐洲中心主義。書中談到原本世界上優秀的文學作品都是在歐洲生產出來的，但後來因為殖民主義的歷史情境，使得被殖民者能夠運用殖民母國的語言進行書寫，而讓殖民地文學日漸受到矚目。表面上，這樣的論述看似十分包容而開放，但若細細思量其內在邏輯，不難發現，其論述內部的關鍵：被殖民者的文學之所以能被認可，乃是因為他們通過殖民者的語言書寫，並能夠在歐洲出版、流通甚至獲獎。換言之，當作品經過歐洲認可之後，方能進入「世界文學共和國」的殿堂。對卡薩諾瓦來說，歐洲的中心便是巴黎，一旦經過巴黎「神聖化」（consecrated）後的作品，便會是「世界文學共和國」殿堂中的一分子。

從十九世紀歌德對世界文學理念的開創與闡發到當今歐美對此問題的討論，台灣文學總是缺席的。近幾年，世界文學的概念成為嶄新且有力的關注點，能視為比較文學界對主流全球化論述與世界系統理論所做的回應。如果世界已經或仍持續的在經歷全球化，那麼，世界的概念已從原本各個國家的排列，變成了一個互動的、息息相關的、不斷轉動的「全球」，故也有人提出「全球文學」（global literature），甚至是「行星文學」（planetary literature）的概念，花樣百出。將文學研究擴展到全球的規模，這是當代視比較文學即是世界文學的重新想像，基本上認為所有的文學都居於同一個普遍的世界文學系統。至於這個系統如何運作、有何盲點、其上下階層為何、組織的邏輯為何等則多有爭辯，在這些爭辯上台灣文學學者能有許多貢獻。若是我們真的能夠如世界系統理論家沃勒斯坦所言，將十五世紀末開始的全球資本主義化與殖民化的世界視為一個系統，那麼世界文學系統對於台灣文學研究有極大的啟示。

就此觀點，台灣文學理當是世界文學的一小部分，卻也是不可或缺的一部分，而且，如果我們暫時不管以大小為標準與歐洲中心式的粗魯的邊緣／中心框架的論述，我們就能公正地看待台灣文學如何放回世界，以及它對世界文學已有的貢獻，並將持續貢獻下去。如果我們從華語語系的角度來切入，那麼，世界文學的概念可以開創出不同的理論性思考的空間。

華語語系文學散布世界各地，其世界性本身不言而喻。華語語系文學強調的不是一個中心論述，不是中國文學正統的中原意識，相反的，它強調多樣、多元的在地性。華語語系文學包含殖民、後殖民、定居殖民以及弱勢族群的文學，是殖民者與被殖民者文化衝撞之下的文化產物，混融了彼此相衝突的、距離遙遠的但不得不親密接觸的異質文化，因此，相較於殖民母國或主流文學形態而言，它具備更多元更具世界性的多樣性。在這層意義上，我們可以大膽地提出並持續深入思考台灣文學為世界文學典範此一命題：世界透過殖民主義來到台灣，台灣則透過其海洋思維體驗世界，在多語言、多文化、多種族的碰撞之下，創造出深具獨特性之世界文學。

台灣主要的華語，包含所謂的國語、閩南語、客家語，而這三種語言又和西方的英語，或本地的原住民語，產生不同程度的混合，日本殖民時期則結合了日語，殖民地漢文、帝國漢文等使台灣的華語語系文學表現為多語言、多文化的狀態。華語語系台灣文學所彰顯的便是這種特定的、在地的、多重語言文化混融與碰撞之下的產物，也因此對中國文學文化的正統性產生某種質疑的力道。華語語系研究因此與中國研究之間形成某股張力，一方面批判中國中心主義，另一方面透過其在地性和獨特性建構自身。在此一架構底下觀看台灣文學，一則使得台灣文學與其他華語語系文學聯繫成一個文學體系，這讓台灣文學不再僅僅是一個孤立的客體，讓所謂超越區域的、比較的研究成為可能，進而凸顯出台灣文學的世界性。二則把華語語系研究形構為後殖民研究領域中獨特的一脈：透過其多樣的創造力，為當前以英語和法語掛帥的後殖民研究提供對話與辯證的空間，進而在理論層次上有所突破，對於台灣文學的普遍性和世界性，再次產生推波助瀾之力。

在華語語系研究的架構下，可以從事並進行的研究課題不勝枚舉。例如，在「海潮辯證學」的思維運作下，我們能夠將台灣文學納入太平洋研究之體系中。太平洋研究以太平洋諸島嶼的文化生產為對象，但台灣卻一直被排除在外。或者，我們可以進一步比較台灣的海洋文學與加勒比海的海洋文學，這其實也是華語語系和法語語系以及英語語系之間對等的比較研究，加勒比海的卡莫・布萊斯維特，或諾貝爾文學獎得主德瑞克・沃克特（Derek Walcott），皆能成為與台灣文學比較的對象之一。這樣的海洋文學研究，也就是「海潮辯證學」下的台灣文學研究，同是也是華語語系研究下的台灣文學研究。又比如，日據時期台灣文學中再現的漢族台灣人、原住民和日本人之間複雜、多層面與多角度的性別、種族或族裔動能，對現有的後殖民理論肯定能有豐富的貢獻。遺憾的是，現有的後殖民研究對殖民相關性研究大多二元對立，對定居者殖民主義（settler colonialism）的研究非常不足，尤其當它與外來的殖民主義多有重疊時。不論是有關台灣或紐西蘭的南島語系的原住民，原住民問題確實是後殖民研究中最刺眼之處。從日據時期的三角族裔關係，早期華人到台的定居者殖民主義，原住民的問題等台灣議題出發看後殖民研究，對現有的理論可以提供更多且更真實的複雜性。吳濁流的「台灣三部曲」毫不遜色於任何殖民地文學，就殖民主義欲望此一子題之上，華美作家雷祖威（David Wong Louie）的短篇小說集《愛的痛苦》（*Pangs of Love*），即可與吳濁流《亞細亞的孤兒》形成極有意思又有意義的對照。

以最廣的角度來看，「比較」所牽涉的不僅是影響研究（influence studies）、西方理論的精細運用、類比的並置或相似相異研究，最重要的是理解台灣文學是世界的一部分，並且就所有可能的層面與歷史脈絡進入各種可能關係的系統中。比較紐西蘭毛利族和台灣原住民不是比較蘋果跟橘子；他們跟全球南島語系的起源和移民歷史相關。夏曼・藍波安的民族傳奇故事或海洋文學中對海洋的思考與其他太平洋諸島的海洋思維的比較，可以是台灣原住民文學一個新的、比較性的切入點。毛利思想家琳達・杜喜娃・史密斯（Linda Tuhiwai-Smith）和排灣族女性主義者利格拉樂・阿𡠄的比較研究或許像是並置研究，但也是關係研究，不只是因為兩者歷史上的密切關聯，而且也因為他們是世界性的原住民知識運動體系與世界性的新興跨國原住民團結運動的一環。這種關係的挖掘即是我所稱的比較倫理實踐。[9]比較倫理學要求不分等級且互惠的比較實踐，我們不再複製宰制與屈從的框架，或大文學和小文學的高低，我們將過去傳統上有明顯的歷史與其他緊密關聯卻被明顯區隔的兩方拉近。要將台灣

9 請參見拙文“Comparative Racialization: An Introduction,” *PMLA* 123.5 (October 2008): 1347-362.

文學的世界性讓世界看到、認可，其牽涉到的不僅僅是文學自身，或者文學作品翻譯的問題，也是學科建構、分類、方法論的問題。於是，在比較文學視域之下，以華語語系為研究框架的台灣文學，便是使台灣文學的世界性浮現於世界地圖上的一個方法。

第五章

性別與種族座標上的華俠文化：香港

武俠小說界的大師金庸和電影界的鬼才徐克兩者在不同程度上都擁有移民者的身分：金庸自中國大陸到香港；徐克自越南到香港。我們如果將英殖民時期的香港視為中華文化的邊陲之地、視為一個華文化的流放空間（即本書導論中所提出的「離散為歷史」的情境），則金庸的放逐無疑是以中心到邊緣，隱含流放者對文化中心的複雜情結。這裡筆者用「放逐」和「離散」來描述金庸的角度，當然有其特定的意義。這可以由金庸作品對中原文化或虛構、或真實卻極度誠懇的想像與建構看出端倪，更可由作品中對華俠傳統的深深憧憬，看出文化中國情懷的軌跡。而這種文化中國情懷本身也是某種華語語系的角度，有緬懷，有反思，也有它本身機制的弔詭。放諸性別／種族座標上，此文化中國情懷又呈現一個複雜的慾望與意義圖形。上世紀一九九〇年代，金庸作品風靡中國，則更顯全球化情境中的中國讀者對自我與傳統文化關係的重新定位。原本生自中國境外的文化中國角度往中心移動，使得中心重新發現並且認可華俠文化。經由主流歐化漢語文學洗禮的中國讀者，因而把對華俠文化的疏離心緒，轉換成可以消費的異域想像，事實上是自己的傳統被異域化之後重新接受的過程。在九〇年代的中國及其之後，這種喝過外面的水的「中國傳統文化」就像中國知識分子經由西方漢學重新認識中國的過程，有著相似的機制。

徐克另有故事可說。他由越南至香港，轉至美國求學，返港定居工作，不時游離於香港與好萊塢之間，烙印了不同中心的邊緣和邊緣的重疊、交錯和互動：越南和香港同為華語語系的場景，卻有完全不同的文化歷史脈絡。身具「越南華人」這個身分的曖昧性（徐克什麼時候變成了香港人，甚至成為代表香港的文化工作者？）和其多重離散的不定性，以及身為種族「他者」在美國的角色，這些立場或重疊、或支離，而他又該以何種方式省思華俠文化？放諸性別／種族座標上的華俠文化，在徐克改寫金庸的思維中，又浮現了哪些意義的聚合？何種慾望的圖形？

本章試圖檢視金庸的《笑傲江湖》以及徐克據此改編的系列電影《笑傲江湖》、《笑傲江湖之東方不敗》和《東方不敗之風雲再起》所呈現的華俠文化，從性別／種族政治的分析角度加以反省，與此觀看中華文化邊緣中對此兩種認同（性別與種族）的複雜建構如何呈現多面的華語語系文化想像。

一、金庸的「海外華人」角度

任教於台灣的馬華學者黃錦樹在其〈否想金庸——文化代現的雅俗、時間與地理〉一文中曾經間接反駁唐君毅先生慨嘆海外中華兒女的文化失落為精神危機之論，以為金庸的海外角度是典型的海外華人面對中華文化的方式，非常符合多數海外讀者群的文化需求：

金庸小說中所呈現的歷史文化掌故及醫卜星相，琴棋書畫，武術毒藥等等，不管是確有所據，還是「想當然爾」的偽知識（pseudo-knowledge），由於他們〔即海外華人〕大多數無法擁有充分的學術參照，因而被有機的溶入該世界裡的「中國細節」，也即以（偽）百科全書的方式存在、被接受。[1]

這種文化訴求同時介於雅俗之間，正如香港既雅又俗的文化現象。從黃錦樹頗為尖銳的說法，我們也可以引申金庸的角度可以是香港式的華語語系文化呈現，在沒有國族為網的文化空間，某種程度上的「偽」中國為緬憶中原的不可避免的終極表現。

《笑傲江湖》的流傳，也頗以跨國形式在各個華語語系社區展開：從最先在香港的《明報》到西貢的華文報、越文報和法文報二十一家同時連載，再到一九八〇年代登陸台灣和世界其他華群聚集之處，再到九〇年代風靡中國大陸。此過程一直是從邊緣到邊緣的移動，直至九〇年代才進入經由現代化和西化洗禮過的中國。此一歷程引發了當代中國文化重新了解及定位文化遺產的動機，思索嶄新生成的華文化消費模式，並分析其內涵與緣由。王賡武曾謂南洋華人對中華文化的感性聯繫為「東之高閣的民族主義」；[2]筆者也曾為文陳述台灣想像對中華文化百科全書式的消費所依循的政治、經濟和文化邏輯，並分析此想像如何由多次在不同歷史情境的折衝和調整而完成；[3]而香港則經由英國殖民主義衝擊，對中原文化一直持有若即若離的態度；在同／異之間，華人群體對中原文化的矛盾情緒是相當明確的。九〇年代中國讀者對金庸小說的歡迎，以及其引發的雅俗文化之辯，追根究柢是西化的「雅文化」和傳統式的「俗文化」之辯。是次的中西文化論辯，抵制的對象似乎並不是頑冥不化的古老傳統，而是中國境外華人對華文化的消費模式和觀看角度。這種消費模式和觀看角度得力於境外華資的支撐，因而在當時顯得更加難以阻擋。消費和緬懷華文化的「過往」竟然變成了一種趕得上時代潮流的「摩登」生活方式。在二十世紀末和二十一世紀初，我們得以看到這種中原想像與海外想像的奇特相通之處，事實上得力於中國內部對中華文化的欣然回顧與嚮往，為二十一世紀「中國夢」中對傳統文化的再認同鋪路。

《笑傲江湖》的海外角度，尤以其對文革的含蓄寄寓看出。《笑傲江湖》影射非理性的權力角逐所帶來的極度破壞，此點金庸在一九八〇年所寫的〈後記〉中陳述得非常清楚。金庸直接指出一九六〇年代文化大革命中，「當權派和造反派為了爭權奪利，無所不用其極，

1　黃錦樹，〈否想金庸——文化代現的雅俗、時間與地理〉，收入王秋桂主編，《金庸小說國際學術研討會論文集》（台北：遠流，一九九九），頁六〇四—六〇五。

2　同前注，頁六〇六，注59。

3　楊華慶譯，《視覺與認同：跨太平洋華語語系表述・呈現》（*Visuality and Identity: Sinophone Articulations across the Pacific*）（台北：聯經，二〇一三），〈第四章　曖昧之不可承受之重〉，頁一七七—二〇五。

人性的卑污集中地顯現，」並且明言：「我每天為《明報》寫社評，對政治中齷齪行逕的強烈反感，自然而然反映在每天撰寫一段的武俠小說之中」。[4]《笑傲江湖》的世界中，充斥利慾薰心的人物，甚者如東方不敗、任我行「千秋萬載，一統江湖」的典型獨裁者，次者如偽君子岳不群和處心積慮奪霸的左冷禪，無不血腥江湖。東方不敗在金庸筆下，更被塑造成一個典型人物：當岳不群的野心終於暴露之際，他就被比喻為走上「東方不敗的路子」；他為了練就葵花寶典而不惜自宮，就是權力欲的極致表現。[5]對金庸來說，東方不敗不陰不陽的性別模糊地帶是非人性、非理性的冷酷表徵。所有選擇此路之徒，如復仇意志支配下的林平之、以君子之名大搞陰謀的岳不群，以及爭奪葵花寶典的江湖群雄，都可以是東方不敗的翻版或複製品，一代暴君的不同版本。[6]

讀者所見的東方不敗是由小說中各個不同角色的觀點呈現出來的。其中，尤以主角令狐沖的角度最具代表性。雖然東方不敗此一人物在《笑傲江湖》中起初只聞其聲、不見其人，直至第三十章才現出本尊，但他不鳴則已，一鳴驚人。東方不敗一出現，就立即對男性表率（身懷絕技之多情俠隱之人，如令狐沖）和女性典範（有適當的才華和適當嬌羞的女性，如任盈盈）的性別秩序造成騷動。他不男不女，他醜陋頹廢，他無法被歸類，他不可思議——令狐沖只能以兩性秩序井然的觀點，排除東方不敗於秩序之外的「他者」之境。由令狐沖看來，東方不敗既是變態的同性戀者，也是陰險毒辣的大魔頭，不僅已喪失了人性，更是充滿

「妖氣鬼氛」，有著「妖異模樣」，令人「噁心」，更加「越看越是心中發毛」，直稱他為「老妖怪」、「男扮女裝的老旦」等。[7] 此時，性別境界模糊的東方不敗，已然被納入「妖魔」之境，「人情」的邏輯已無法適用於他的身上，從而變成絕對「他者」的代名詞了。效尤的岳不群，復位後愛權愛勢，本性畢露的任我行，以及江湖所有爭權奪利之人，已然變成東方不敗之徒。「東方不敗」這一符號的建構，是經由性別錯亂的媒介展現為極致，暗指《笑傲江湖》中對政治人物的諷刺，隱含了對性別越界不甚苟同的立場。

然而，比起冷酷且老謀深算的岳不群、毫無忌憚剷除異己的左冷禪，東方不敗似乎反而具有些微人性。他在面對任我行、任盈盈等討殺他的人以及風雷堂堂主童百熊等人時所說的一番話，顯示其良心未泯，甚且懂得感恩。東方不敗雖篡位於任我行，卻沒有趕盡殺絕，且對任之女盈盈一向禮遇有加。東方不敗對男寵的至愛，看似詭異，卻也顯現至性至情的一面。任我行諸人不克東方不敗，去折磨其男寵，讓東方不敗分心而失敗，反而才是更加可恥

---

4 金庸，〈後記〉，《笑傲江湖》（台北：遠流，一九九六），第四冊，頁一六八二。
5 金庸，《笑傲江湖》，頁一四二〇。
6 同前注，頁一六八二。
7 同前注，頁一二七六、一二七八、一二七九。

的小人行徑。不過，在《笑傲江湖》以令狐沖為中心的文理中，東方不敗重義重情之舉，卻因他詭異的性別錯亂而變成不可理喻的一部分，全然被「他者化」、被抵消了。

《笑傲江湖》的性別座標大致是壁壘分明的男性／女性兩域，男的既可無情也可多情，既可野心勃勃也可淡泊名利，女的卻大抵多情溫柔，不斷包容和付出，如任盈盈（心儀令狐沖），如岳靈珊（之於林平之），不僅是愛意連綿，更是仁盡義至，她們本身卻私毫沒有野心。在此華俠的兩性地圖中，性別越界者即為極端分子，因而自宮的「去男性化」就是追求極端的自毀之路，只有滅亡一途。如果說古典文人世界中白面書生的原型在傳奇小說中的呈現是多情優雅、溫柔細緻的化身，在華俠文化中，其對等的俠男卻不會因為多情而被看成是「去男性化」角色，因為總有女性填補著所有陰柔的角色和空間，留予男性極大的伸展空間：男人可以陽剛昂然，也可以充滿書生氣，卻根本不受任何性別威脅。令狐沖的武功等同於書生的學問，是武俠世界中的書生男主角角色，一方面武藝高超，另一方面多愁善感，卻永遠不失男子身分，因為性別秩序已因眾女子對他的愛慕，得以建立得固若金湯。這些女子雖然俠氣不輸於眾男子，且常是多智多勇者，如岳夫人和任盈盈，卻從不與男人爭分天下，個個賢淑溫柔，且道德良善。

除了東方不敗之外，《笑傲江湖》中唯一挑戰以上這種性別秩序的角色，只有苗女藍鳳凰。在第十六章〈注血〉中，藍鳳凰出場時，有如男女歡合之音的狂放樂聲為她暖場，身穿

「絕非漢家女子」的裝束，說著「嘰哩咕嚕」的苗語，使的是「非常理所能測度」的毒蠱，說話直接了當且不解漢語修辭，行為則大膽放蕩。難怪岳夫人立即以「淫邪女子」和「妖魔鬼怪」等語叫罵數落藍女。和她同來醫治受傷的令狐沖的四位苗女，個個不怕露臂露腿，在華山派眾男弟子的注目下，以水蛭引出自己身上的血，注入令狐沖失血過多的身體中，引得眾男弟子「無不看得目瞪口呆，怦怦心跳」且發出「粗重的呼吸之聲」。[8]她們的異族情調，神祕可怕的用毒法，大膽的身體語言，很容易地勾起漢弟子們的遐思和情慾。這可以說是近乎典型的異族情調化過程，將「她者」與「自我」之間的差異轉換成情慾泉源。在這「她者化」的過程中，她們變成情慾客體，任由漢家弟子的主體將她們客體化、她者化。漢男子慾望主體渴望刺激和探險的內心意圖，也就得以折射。但是，除非這慾望的展現對主體不致造成任何威脅，且全然以主體所制定的模式進行，那麼慾望客體最終必然被排斥，如此一來「自我」才得以保護完整。因此，當五苗女離開之後，諸漢弟子及岳不群等人皆以象徵的方式驅逐慾望客體，而此象徵的媒介即是嘔吐。令狐沖之外的所有人捧腹嘔吐，嘔到連腹中的酸水都嘔乾，仍不能停止。這種翻腸倒肚的嘔吐，正是將情不自禁、受惑於苗女的越軌慾望加以排斥甚或排泄出來，以身體的排泄去除性慾，從而理直氣壯地將這形而下的情慾蠱

8　同前注，頁六四七—五六。

惑歸類為中毒，將所表達出來的慾望託稱為苗女的操縱，藉以饒恕自己暫時的越軌。此種既被她者吸引，又必須排除她者的機制，處處顯示出漢族中心的華俠想像如何將苗族加以異族情調化、土著化、情慾化。而在此過程當中，苗族就成為獵奇化了的慾望客體，任主體投射或收回感情和慾望。當藍鳳凰說，「你們漢人鬼心眼兒多」，卻也可以看成是小說對漢民族中心的華俠江湖的後設性小小批評。另外，令狐沖不排異己地接受藍鳳凰的毒酒，也顯示他對「她者」的開放容納，因而免於嘔吐之苦。這也許正是金庸巧妙運用象徵之處。

如以上所述，《笑傲江湖》的華俠世界充滿極端權力慾，以及與之對照的極度隱退慾。小說在此批判的對象不是傅柯式的對權力本身性質及其體制的建立與衍生的分析，而是對權力泯滅人性的思考有另一層道德考慮。在這一層面上，小說成功勾勒出政治的黑暗面，儼然成為政治寓言，其影射的對象可以是文革時的爭權者，也可以是任何政治人物喪失人性後的寫照，其寄寓點是沒有特定歷史背景的古老中國，因而可喻古喻今，享有「普遍性」。但這也許正是「海外華人」的角度，以時間上遙遠的國度影射心理上遙遠的中原，在懷舊和懷疑的交錯中，在感同身受卻又似隔膜的矛盾情感中，流露一個複雜的流放觀點。九七屆近時，金庸在《明報》的一系列社評中，正可看出此種矛盾情緒，提供我們如上分析《笑傲江湖》的參照。從一九八一到一九八四有關香港前途的社評中，我們可以窺見他對中國為政治實體的複雜情緒，一方面總要顧及「中國作為一個大國、社會主義革命政權的體面，不能稍有損害中國的榮譽和民族尊嚴」，也不斷提醒港人不必為九七的來臨驚慌，另一方面卻對英國政府「重視法治、自由、人權的原則有深深的認同，認為中國、英國、香港居民三方面必須都充分滿意」。[9]直至中英談判越來越不被看好，而香港人又被拒於談判之外，金庸的筆氣一轉，多了一些《笑傲江湖》式的瀟洒態度，直言「一笑置之，走著瞧吧」：

香港人向來靠態度現實而生存，大家既不毫無根據的悲觀，也不盲目的樂觀……但如不能解決，那也沒什麼大不了，談到最後，多數人都是瀟洒的一笑，沒有人有任何緊張或擔心的表情。[10]

這裡對香港人的看法，把「香港人」設定為獨特的一個群體，有別於其他群體，似乎擁有獨特的民族性或群體性格。這種獨特群體的建構，即是國族思維的基本要素，以有別於其他國族。但由於香港並非一個國家／國族，這種思維所建構的「香港人」，有別於「中國人」或「英國人」等認同，以促進香港人的主體建構與生產。因而，金庸筆下的香港，「是

9 查良鏞，《香港的前途：明報社評選之一》（香港：明報有限公司，一九八四），頁一三一一四。

10 同前注，頁三四。

一隻生金蛋的怪鵝，這隻鵝並不美麗，旁人看她都覺得不順眼，但如拔去了她的醜毛，插上一些鳳凰毛、孔雀毛、錦雞毛，這隻怪鵝就不生金蛋了」。[11]生金蛋的怪鵝因而疾呼：「你不可改變我！」

這種對「香港人」群體特殊族群性的關注，進展成為對於中英協議的失望，因為協議完全抹殺了港人的意願及看法。金庸的生花妙筆將港人最後的抗議，用消極卻極盡諷刺的口氣描述道：

雖然在法律上或實際上，香港人對於中英協議並無否決權，抗議或反對也不會有什麼真正效果，但我們至少在一九九七年之前有「不能贊成權」，「缺乏信心權」，「調走資金權」，「逃之夭夭權」。那麼今後十三年的繁榮穩定恐怕也就渺茫得很了。[12]

一九八四年中英協議後引發的危機感，導致對「香港人」這一族群的特意關懷，一方面蓄意建構其主體性，另一方面運用主體性堅持所能使用的權力及影響力，在既消極又諷刺的語氣中，透露出身處邊陲的香港人的機智與無奈：而此香港人的心理狀態與文化認同，實在是大不同於中國中心或英國中心的國族思維。如果「香港人」這一群體的建構，如上所述，有國族思維的影子，那也是在百般無奈和矛盾層出的歷史情境下被迫產生的；其群體的建構，不是繫於國家、也不是民族或種族，而是共同面對九七的一個共同體，因歷史情境之特殊，而自我生產出來的。

以上對「香港人」這一認同建構的討論，正可參照《笑傲江湖》中的海外華人角度，對中華文化保持多元複雜的思考。如《笑傲江湖》中性別／種族秩序井然，似乎暗指中原漢文化的民族中心傾向和性別角色缺乏彈性的刻板傾向，對其偏執之批評呼之欲出。金庸在小說中卻大體保留了此種刻板的性別種族觀，顯示流放中的華文化有可能更會保留中原文化的偏執之處。所謂的離散文化的「泡沫效應」，指的就是離散者執著於流放前的母國文化，把它放在一個泡沫裡，保留它一切的原樣，不受歷史時間的牽染和在地文化的雜種化，封凍在歷史之外，虛構為更正統、更完整。金庸對華俠文化的呈現，其中對古老中華文化的緬懷，正有泡沫效應的影子。但當他將小說的政治寓言凸顯且落實在文革議題時，他又將渺遠的文化角度重新賦予現實性和歷史性，使《笑傲江湖》既有流亡者放不下的文化懷鄉意識也有特定的政治諷刺意涵。而這種懷鄉，如本書的導論所指，其實是一種在地的懷鄉，它終究是香港式的。從自許的「海外華人」角度，金庸不可抗力地走向了「華語語系」角度。

11 同前注，頁九三。

12 同前注，頁三〇九。

二、徐克的多重邊緣角度

根據《笑傲江湖》改編的三部電影，雖然並未標榜徐克為導演，卻都烙印著極深的徐克風格。《笑傲江湖》（一九九〇）雖由武俠影片大師胡金銓掛名導演，但由於他在影片製作過程中途退出，實際的工作其實是由徐克、程小東和李惠民一起完成。《笑傲江湖之東方不敗》（一九九一）則由徐克編劇，由程小東掛名導演。而《東方不敗之風雲再起》（一九九三）由徐克監製、參與編劇，掛名導演的則是程小東和李惠民。誠如香港文化評論家洛楓所言，「徐克風格」瀰漫這一電影系列，雖然他掛名不同的角色，這些影片實則都屬於「徐克電影」這一範疇，因為這些電影基本上是徐克賦予的有機組織。[13]

電影《笑傲江湖》第一部由葵花寶典在「內承運庫」的被盜事件拉起序幕。整部電影的中心事件為葵花寶典爭奪戰，情節也由此衍生。片中各人物分成兩類：欲奪取寶典的貪權人士（包括江湖上的人物如岳不群、左冷禪和林震南，以及在朝人士東廠宦官古公公和其屬下歐陽全），與對此寶典毫無興趣的俠士／女和少數民族（令狐沖及其師妹岳靈珊，和日月神教的各苗族人物）。在原本《笑傲江湖》的人物譜之上，電影另外加上了官場人物，背景則為明朝萬曆年間。在金庸小說原著中，江湖是毋庸置疑的漢人天下，只偶然有苗女藍鳳凰亮相而已，官場人物也極少出場，不致於形成敘述中具有影響力的意義據點。在徐克的編導下，《笑傲江湖》的世界卻由三大勢力組成：明朝廷、漢江湖、苗族群。這三個疆界大致互不相通，而越界者難逃大禍。如林震南原為錦衣衛，退隱江湖之後，欲盜取寶典以求保身，卻遭明廷追殺，因而家破人亡；順風堂堂主漢人劉正風和日月神教的苗族曲洋相知相惜，竟也招來殺身之禍，如是等等。小說中的日月神教原是漢族江湖的派別之一，在電影中卻搖身變成苗族一派，許多衝突因而變得更具戲劇性張力。

首先，以古公公（被閹割的男性）為代表的明廷，看似秩序井然，卻是險惡多端的權力角逐場。歐陽全與他明爭暗奪寶典，一方面展現對明廷的忠誠，另一方面所用手段卻又卑劣至極，不但借刀殺人以保官貌堂皇，嫁禍於無辜的日月神教，以掩飾其可怖可唾的所作所為，並對日月神教趕盡殺絕，極盡暴力治國之能事。明廷的卑鄙可恥，更甚於江湖人物——因為明廷全為偽道德所支配。其次，江湖本身也因權力鬥爭而充滿險惡：岳靈珊善良童稚，在見識江湖之後，便生了一場重病，並從此對江湖心灰意冷，萌生退隱之意。華山派前輩風清陽在傳授獨孤九劍於令狐沖之際，語重心長的一句話也清楚點出徐克對漢江湖的看法：「江湖派別，滿口道理，只不過是一場權力遊戲。」江湖人士外表道貌岸然，呼應明廷走狗的虛偽矯作，實乃一丘之貉。如左冷禪身為江湖之人卻暗地為朝廷出力，即是典型的御用殺

13 洛楓，《世紀末城市：香港的流行文化》（香港：牛津大學出版社，一九九五），頁一五——一六。

手，毫無原則可言。風清陽、令狐沖、劉正風等人超乎江湖權力遊戲，成為江湖中的邊緣人物，只想「笑傲江湖」。而電影中的第三大群體，日月神教的苗族，也正是漢江湖以外的象徵。風清陽和令狐沖與苗族交往，正表示邊緣觀點的寬廣；邊緣能夠容納異者，因而不為明廷或漢江湖所容。在電影敘述結構中，苗族獲得相當的同情。明廷濫殺林震南一家並嫁禍予日月神教後，林家慘劇被明廷詮釋歸納成「漢苗恩怨」，苗族並因而慘遭誅殺。苗族不僅百受怨懟壓迫，更被完全「他者化」，在主流的漢族眼中是可以隨時剷滅的對象。值得一提的是，有關漢人對苗人的壓迫，電影中提供了經濟層面的分析。苗女任盈盈以為漢人欺壓苗人是因為苗人販賣私鹽，這因此是一種原始暴力型的經濟控制，身居統治者的漢人意圖保障既得經濟利益。

這一經濟層面的思考，可能就是徐克描述漢苗衝突的獨到之處；他不以泛泛的族群差異為衝突來源，而是從經濟控制的角度著手，頗具基進的意義。更有趣的是，清朝乾嘉年間真實發生的苗民起義，正和禁鹽有關。中國的苗族學者吳榮臻就指出，苗地無鹽，因而清廷曾用禁鹽的方式控制苗民。乾隆六十年，湖廣總督福寧就曾在奏摺中寫道：

> 苗地無鹽，淡食則病。此時聞已缺乏，頗為惶遽。臣嚴飭與苗地毘連州縣認真查禁，如有圖得重利將鹽透入苗境售有，按濟外洋奸匪辦理。[14]

除了以禁鹽方式制苗，苗民此次起義的原因有三，其中之一就是和鹽有關的經濟壓迫。[15]清朝的漢人因苗地缺鹽而以高價販鹽的方式進駐苗地市場，再買田買地，變成大地主，一方面壓搾苗民的勞力，另一方面壟斷市場，導致苗民的經濟近乎瓦解。也難怪此次起義歷時十二年之久。歷史上其實有過數次苗族起義和反抗，最早在商朝，明朝洪武十三年（一三九〇）也出現過較大的起義，史冊上記載為「苗蠻作亂」，明王朝派遣大批軍隊鎮壓。[16]明清之際，則一共有過四次大規模的苗民武裝起義，苗民以「逐客民、復故地」為口號，旨在驅逐占領苗地的漢族。[17]

以上筆者提及苗族起義史據，是為了用來對照徐克呈現的苗族角度。有關食鹽的缺乏、朝廷的管制、漢人的既得利益，都確有史據作證，而明廷在電影中對苗族的暴力統治更呼應史載。因此，徐克電影中的苗族已不再是異族情調象徵，不再是被奇觀化了的「他者」，而

14 吳榮臻，《乾嘉苗民起義史稿》（貴陽：貴州人民，一九八五），頁一一九。
15 其他兩個原因，一是暴力鎮壓以及封建制度的強制執行，另一是大搞民族壓迫、同化和奴役。見《乾嘉苗民起義史稿》，頁一一—一二。
16 陳天俊，〈歷代王朝對苗族地區的政策以及其影響〉，收入中國西南民族研究會編，《西南民族研究》（貴陽：貴州民族，一九八八），頁九八—一一八。
17《乾嘉苗民起義史稿》，頁一九。

是富有政治和歷史經驗的少數民族，甚或原住民，為了生存和自保而反抗明廷。苗人不但用毒很有原則，絕不濫殺無辜，而且有情有義。另外令人感覺弔詭之處，在於漢人族群在電影英文字幕中的翻譯。英文字幕中，漢人為「Mainlander」（大陸人），而苗人為「Highlander」（高地人）。此一譯法相當令人好奇。英文「Mainlander」是「海外」華人用來指涉住在中國「大陸」人士的用詞；只有以「海外」對照時，「大陸」才是一個得以凸顯的符號。同樣的，如夏威夷各民族提到美國大陸人士的時候，也稱呼為「Mainlander」，以便區分他我，且常有負面意涵。美國大陸人自十九世紀強占原本獨立的夏威夷王國，運用各種同化以及種族分化的策略統治夏威夷；夏威夷的原住民對此忿恨不平，連定居夏威夷的亞裔新移民也對美國大陸的壓迫反感有加。大陸／島嶼的差異，正是在政治經濟力量不平衡的情況下，不斷強化滋生。徐克用「大陸人」一詞翻譯江湖上的漢人，是否有其刻意的寄寓，我們不得而知。但徐克強烈的時代意識、對香港九七前困境的深深感觸，卻曾在數次訪問中鮮明地表達出來。如在一九九二年十月的專訪中，徐克即指出：

> 近百年的中國經歷太多動亂了。不錯，我的影片比較多以動亂時代為背景，連《倩女幽魂》、《笑傲江湖》亦如是。可能這是我自己作為海外文化工作者心結的外露，也可能和香港近十年來處於不安的狀態有關。[18]

徐克用「連」這一個字表示，《笑傲江湖》乍看之下是最無所寄寓的電影，卻也因而更顯其包裝寓意的精妙。雖然看似只是一部飛簷走壁的武俠電影，卻也是寓意豐富的政治評論；除了對黑暗人性的批判，對權力鬥爭之齷齪的揭發，對種族政治的諸問題也如前所述有所討論，充份呈現了苗族的角度。如果電影中的苗族為香港的代喻，則苗族反抗威權的勇氣可能影射某種香港本土主義的立場。

這在《笑傲江湖之東方不敗》中更有進一步的發展。此續集裡，我們不僅見識了影史上留芳百世的一個奇特人物——林青霞所飾的東方不敗——更明確目睹了苗人抗漢的立場。東方不敗之所以甘願自宮而習得葵花寶典，就是為了反抗明廷壓迫。他所對抗的對象，不再是漢江湖，而是漢人的朝廷——此處的政治寓意再清楚不過。苗人的日月神教因東方不敗的崛起，不再把江湖看在眼裡，甚至可以接納落魄江湖的令狐沖。苗人敵對的對象已從江湖躍升為朝廷。日月神教並收納從扶桑出走的浪人忍者，將「漢族邊緣」和「日本邊緣」（藩將豐臣秀吉統一天下之後，流浪南中國的各藩屬武士）加以結合，以邊緣和邊緣合力抵禦中心。

東方不敗收納降苗的朝廷武官，從各軍隊手中奪得荷蘭軍炮武器。在他與朝廷戰俘與武官的對話中，充分表現出他的造反企圖。武官罵東方不敗為苗狗，東方不敗卻反辱罵武官為

---

18 引自洛楓，《世紀末城市》，頁八。

漢犬，認為漢人的江山已經保不住了。東方不敗指責漢人專門挑金、遼、苗、藏、蒙、回六族之中人數最少的苗族欺搾壓迫，因此他的任務即是「造反立國」，「苗人造反有理」乃是他的座右銘，所謂「天予大任，賜我神功；日出東方，唯我不敗」，以逼所有漢人大叫：「我不做漢人了！」

以上這段，至少可有兩種詮釋可能。其一，從種族政治的角度闡述，這裡的主題是苗人反抗漢朝廷；其二，則是諷刺性地運用東方紅以及《沁園春》等借喻，刻意影射文革——此片因而可以視為一則權力寓言。雖然文革陰影在片中屢次出現，但電影敘述結構中對東方不敗卻是同情多於批評。因此，這些借喻似乎只是表面的：東方不敗英挺多情，理直氣壯，在電影亮麗神妙的畫面中熠熠生輝，堪稱香港電影史上最令人神往的角色之一。東方不敗的服飾符號多有日本風，和任盈盈、藍鳳凰等人的民族服裝又大異其趣——華人社群深受日本文化薰陶，他們心儀東方不敗的心態也就不足為奇了。

有關苗族的陳述，徐克似乎更有一個「跨國的」角度。苗族抗漢是在日本統一、和高麗作戰、明廷向荷蘭買船買砲等的國際政治框架中進行的；而更加有趣的是，苗族在中國因受壓迫而往南遷徙，其人數最多之處正是徐克成長之地：越南。而且，越南的苗族（即「蒙族」，英文謂「Hmong」），多居海拔八百到一千七百公尺高的山腰地帶，[19]正符合徐克電影中稱呼苗族為高地人（Highlander）。在法國殖民時期，他們就曾有過多次武裝起義。另外，越南苗族對缺鹽的禁忌更是發展成日常言談的禁忌——如，絕對不能說菜裡的鹽不夠。[20]從以上討論看來，徐克的越南角度似乎將此「越苗族」反歧視反壓迫的精神和「中國南方苗族」的鬥爭精神結合起來。一個跨國的少數民族角度就此誕生，足以抵抗以「漢國族」為本的漢人朝廷。

徐克跨國的苗族角度，又和他跨性別的角度呼應。如果說金庸的漢江湖是一個秩序井然、所有越軌者必遭滅亡的世界，徐克的三個世界——漢朝廷、漢江湖、苗地——卻是性別分野不甚執著的疆域。電影中，東廠的古公公（見《笑傲江湖》）和洪公公（見《東方不敗》）代表的明廷，是宦官為當權者的國度（東方不敗提起明廷如何降了戚繼光的職，導致明廷軍事式微）。漢江湖則有不男不女的岳靈珊，她因為假扮男裝長大，頗具性別認同的困惑。當然，這裡最具代表性的人物，還是東方不敗本人：他為了練葵花寶典而自宮，外貌和語聲便漸形女性化。此一劇變不但導致愛妾戲劇性地服毒自殺，更使他／她自此產生性別越境，愛上令狐沖，並因為這一份愛而犧牲了稱霸天下的機會，給予任我行可乘之機。雖然東方不敗在第三部《東方不敗之風雲再起》中重新出現，表示他／她並未身亡，他／她的立場

19 申旭、劉稚，《中國西南與東南亞的跨境民族》（昆明：雲南民族，一九八八），頁一二四。
20 同前注，頁一六六。

卻已與以前截然相反：東方不敗一方面想要打倒先前建立的「東方不敗神話」，另一方面又對權力諸多妄想。東方不敗開始濫殺無辜，連其末代愛妾雪千尋也不放過。電影第三部中的東方不敗因而魅力全失，電影也是由前兩部的斷章和一些新的片段拼湊而成，在很多層面上甚多敗筆。

《笑傲江湖之東方不敗》中的東方不敗，既英挺又淒美（尤以電影中他／她落下懸崖時對令狐沖嬌嗔責怪一景為最）。東方不敗從原本的男性認同慢慢在「性別連續體」中趨向女性化（這可由他的男聲變為雙聲再變為女聲的過程聽出），可見徐克跨性別的角度。此片顯現一個超乎男女性別秩序井然的世界，多面折射、多重可能的性別慾望圖像也就得以想像。如果說，這種錯置是九七將至的末世寫照，誠如徐克所言，這卻也是一個「創世的開始」：在拆解世紀末心態的過程中，重新創造新的種族、性別和慾望圖形。[21]徐克的華語語系角度，即是將末世創造轉化，在邊緣與邊緣交錯重疊的立足點上，折射新世紀中沒有二元對立秩序的新邏輯。

21 引自洛楓，《世紀末城市》，頁三四。

第六章

思索華語語系文學：馬來西亞、香港、美國

二〇〇四年的拙文〈全球的文學，認可的機制〉，[1]可以看作是最早提出「華語語系」這一概念的一篇論文。在那一篇論文中，我以諾貝爾獎得主高行健為例，認為高行健不該永遠只被看作是中國作家，更應該被視為華語語系法國作家。一方面瑞典皇家學院狹隘的國族觀念加上某種簡單的正統性觀念，漠視了高行健為法國人的這一個事實；另一方面法國文學界也笨笨地就把高行健拱手讓給中國，好像他們不覺得多一個諾貝爾文學獎是他們的光榮。兩方的做法都建基於一個錯誤的認知，即國家、種族、語言被視為一個簡單的一對一的等鏈，好像一個從中國（國家）離散出去的人（黃種人），如果用某種華語寫作（語言）就只能屬於中國文學，不能屬於法國文學，好像法國文學只能由法國出生的白種人用法文寫成，完全忽略了高行健身為法國公民、為華裔法國人的身分，更何況他的很多最重要的作品都先後在法國完成。這種偏見不亞於用法語論述的著名哲學家羅素（Jean-Jacques Rousseau）被廣泛誤認為法國哲學家一樣，讓瑞士無端端的丟了一個世界級的哲學家。

誠然，我們可以說，知識無國界，一個作家或哲學家到底屬於哪一個國家最終並不重要。在羅素著述的十八世紀，西歐的版圖不斷改變，也許屬於哪個國家並不一定重要。但是，二十與二十一世紀的世界已然是國家體制在全世界鞏固且越來越僵化的時期，一個人沒有國家或公民的身分，幾乎是無法生存的。而一個作家，不被定居且歸籍的國家認可，代表著的不是文化無國界的世界主義（cosmopolitanism）的開闊視野，而是潛在的歧視和排斥。

這種歧視和排斥，看來也許只是文化界的偏見，但是，它事實上有著強而有力的社會意涵，不僅牽涉文化層面，也牽涉政治層面。表面看來只是知識有無國界的問題，細看卻可能是少數和弱勢種族或語言社群賴以生存的、最基本的正當性的問題。如果你不以法文寫作，你的作品算不算法國文學，可不可以在法國得獎，寫進法國文學史裡？如果你不是白人，你可不可以是法國人，能不能在法國行使政治權（如投票權）？這一連串的問題事實上是息息相關的。相反地，如果你不是多數族群的一分子，運用的也是少數的語言，那你是不是就永遠被綁在離散之前的所謂「故國」呢？而如果這個離散，可能是此生的，而也可能已經有數百年的歷史呢？

因此，我們必須要問文學有沒有國籍的問題，不是為了要把文學給予區域性的劃地自限，而是為了更能確切地了解文學作品的在地性與跨域性之間的複雜關係。我們知道，大部分的文學作品，由於各種因素，只能在出版當地流傳，沒有機會彰顯其跨域性。優秀的文學作品在出版或著述當地被排斥的情況也很多，更何況沒有被翻譯，沒辦法跨國流傳的作品也比比皆是。這當然是世界文學的損失，因此我們才會對「認可機制」（什麼樣的作品、什麼

1 "Global Literature and the Technologies of Recognition," *PMLA* 119: 1 (Jan. 2004): 16-30。紀大偉譯，〈全球的文學，認可的機制〉，《清華學報》三四卷一期（二〇〇四年六月），頁一—三〇。

樣的人寫的作品、在什麼地方出版的作品、用什麼語言寫出的作品等都會關乎一個作品跨境的可能性大小）特別重視。即使在當地，也有類似的「認可機制」（什麼樣的作品、什麼人寫的作品、在哪一個城市出版的作品、哪一個出版社出的作品、用什麼語言寫成的作品等都關乎它在當地的流傳），我們都需要揭櫫、了解、分析。華語語系文學，除了少數以華語為主流語言的區域之外（台灣、香港、新加坡），在世界各地，都是少數族群的少數語言，因此更強烈地受制於這樣的在地和跨境的雙重認可機制。以下筆者以馬來西亞和美國文學的例子來看，作為少數語言與族群文化展演的華語語系文學，呈現出什麼樣的面貌。另外，筆者想稍微引申討論我們如何看待華語語系香港文學的國籍問題。

語言決定認同嗎？

這個標題的提問，可以有肯定的答案，可以有否定的答案，也可以有既肯定又否定的答案。這三個答案背後各自存在著特定的系譜，有其既定利益、意識形態，或甚至是某種必須殲滅他者，否則自身滅亡的死亡意欲。這些系譜、利益與意識形態可能被賦予相當的價值，並引起辯爭，以至於人們可能會為此受到傷害或去傷害別人。這一點也許類似人們不計代價捍衛國家的熱忱。那種拋頭顱、灑熱血的死亡意欲，與捍衛語言和認同的慾望結構有著呼應的關係。藉由這種死亡意欲，以及透過語言與認同間形成的等鏈，語言與國家在二十世紀民族國家的生成過程中成為緊密連結的概念。現代民族國家的興起，通常與民族語言的認定同時發生，即該民族中某一種特定語言被標示為「國家語言」。在過去，曾經遭到古老的帝國書寫文字（如拉丁文、古阿拉伯文或古漢文）壓制的各式各樣的地方語言或口說語言的地區，所謂的國家語言運動皆致力於尋求口說語言與書寫文字的統一，例如十九世紀日本的言文一致運動，二十世紀初期中國的白話文運動，或者將以往只是口說的語言，提升到標準語的地位，並發展且改善其相應的書寫文字，或者為了配合已提升至象徵民族認同的某一地方語言，而改造書寫文字。人們替口說語或地方語裡缺乏對應文字以及有多種寫法的文字，發明且釐訂新的文字；人們也改造傳統文字以順應現代用法，並且注入其顯著的民族文化特色。

將一種語言國家化的目標與民族認同的問題緊密相扣，這導致在語言國家化（nationalization of language）發生之處，不同的民族系譜因此或被發明、或被壓抑，不同的利益或被滿足、或被拒絕，不同的意識形態或被贊同、或被駁斥，各式的熱情或被宣揚、或被否認。這過程中總有勝者與敗者。因為在眾多地方語言中勝出的語言，將被獨尊為民族／國家語言（national language）。儘管世上多數國家都是多語的，但在大多數國家中，尤其是很多新興的國家，仍只有一種國家的、官方的、標準的語文，亦即在學校教學與政府機關使用的語文。自十九世紀晚期民族國家興起以來，只有少數國家自外於此全球趨勢，例如實施多元官方語言政策的比利時、瑞士、新加坡、印度等。然而，即便在這些國家，汲汲要使一種語言勝過其他語言，用各種名義，獲取霸權的爭鬥，至今仍在繼續。因此，在指定單一語言為國家語言的所有民族國家中，存在著明顯的、約定俗成的語言階層，所謂的國語或標準語享有最高權威，勝過其他弱勢的、地方的語言。雖然有時候所謂的國語可能是少數族群的語言，且所謂的國語也一定原先是某地方的語言，一旦被制定為國語之後，它就變成了正統的、標準的語言，而其他語言就變成了「方言」。所謂的國語化的過程，因此就是被挑選為「國語」的語言經歷「普遍化」過程，也就是其他所有語言被「方言化」或「特殊化」的過程。

在語言國家化的過程中，語言霸權的爭奪戰誰贏誰輸對於所有人都有深遠的影響。哪一個語言奪得至高位置，將直接影響國族認同的問題、甚至國家政權的問題。想想，在中華民國建立之際，有傳言說廣東話以一票之差敗給北京話，而未能成為中華民國的國語，這一結果鞏固了北方的政治勢力壓過南方的現象。如果當時廣東話變成了國語，那今日香港的廣東話被逐漸邊緣化的現象，當然就不會存在。又或者，有人說德語以一票之差輸給英語，未能成為美國國語。這些傳說凸顯了語言國家化的過程是一個獨斷的過程，而這樣的過程留下了諸多深遠並且有形的後果。我們可以舉例試想以下的情節：如果美國當初獨尊當地某一原住民族語言為國語，那麼美國與歐洲在歷史上的關聯將會有截然不同的內容與後果。這意味著原住民性（indigeneity）將會在美國受到尊重，被賦予價值，而歐洲來的定居殖民者對美洲原住民族的集體屠殺，將成為美國拒絕視歐洲為文化原鄉最充分的理由。或者，假如美國選定西班牙文作為國語，一如大部分的拉丁美洲國家，與西班牙這個西歐人認為幾乎已是非洲的南方國家連結起來，它不會獲得跟西歐連結時一樣多的文化或政治資本，而且可能會讓美國陷入與拉丁美洲類似的困難局面，一種未能完整實現的發展前景。上述情節所顯示的是：美國將英語獨尊為國語，導致其發展出自身與西歐之間有如親屬關係的投射想像。使得歐裔美國人，雖然只是美國族群組成中的一部分，卻成為「標準的美國人」（normative Americans）或正統的美國人，而其他族裔人種成為弱勢或淪為非標準的族裔，因此，流利的英語能力成為評斷個人「美國性」（Americanness）的標準，更是判斷個人是否具備身為一個公民，甚或一個人的綜合素質的依據。如果當時以美國的原住民語為國語，可能美國不一定就會像今日一樣的白人中心，文化上也不會以歐洲文化為貴／歸。同樣地，如果台灣以原住民語為貴／歸，則台灣的整個認同會更接近島嶼和海洋想像，更能反映台灣的島嶼性，而不是至今揮之不去的大陸性、大陸心態、與大陸想像為依歸而導致的認同危機。畢竟，台灣人當中有平埔族成分的人口是大多數，如果大家都認同為原住民這不就解決了認同問題最大的難題之一嗎？但是台灣漢人（即使大部分都有混血）沒有辦法放下定居殖民者的身段，因此也無法經由在語言上回歸於南島語語系，鞏固南島語語系的認同。如果果真做到了南島語語系的認同，那台灣的局面可能會豁然開朗，與太平洋諸島、東南亞諸國、甚至到非洲東岸，都有南島語系群體的地方，可以形成一個龐大的文化與語言的、與中國有差異的網絡。這裡最關鍵的，正是原住民去殖民的問題，去的不是一般意義上的殖民，而是特定的定居殖民主義（settler colonialism）。

歷史學家安德森（Benedict Anderson）曾經如此總結民族主義的三個詭論：它雖然是現代的，卻被認為是古老的，因而創造了回溯遠祖的系譜以正當化自身的存在；人們認為它普遍，但它在民族歸屬的具體表徵上卻是特殊的；它擁有政治力量，但它在哲學上的意涵卻貧乏且不連貫。他引述湯姆‧奈倫（Tom Nairn）的說法說，民族主義是一種病態、一種神經官能症，或者更糟糕地，一種無可救藥的疾病，將逼使人們落至癡呆的邊緣。[2]這三個詭論值得我們再深思，因為他們能幫助我們回答上述提問：「語言決定認同嗎？」認同可區分為許多面向——文化認同、種族認同、政治認同與性別認同等等，但筆者現在所關注的是與語言密切相關的國族認同。以上討論到的關於某一語言從眾多語言中被挑選，並加冕為國家語言的現象，便具有上述國家主義的三個詭論性質。所謂的國語不像古典的書寫文字，它具有強烈的現代特質，卻又必須被投射到過往歷史中，才能主張其正統性；它是專屬特定群體的語言，卻又被宣稱為普遍的；它對人們施展霸權，標示其主張，卻僅依靠著脆弱或不存在的哲學內涵。從歷史的角度來看，民族國家的疆域界線並非依據個別語言群體的邊界劃定，故而實際上，今日所有民族國家都是多種語言並存。民族國家疆界的形成發生於已然存在的、異質的各種語言群體之後，而非反過來，是故對於握有政治權力的群體而言，語言國家化的過程是必要之舉。因此，國家語言如同民族主義不僅不包容國內的異質語言，並且就哲學意義而言，也是個內容貧乏的概念。它並不能象徵國家認同，它所象徵的是某一語言群體對其他語言群體施展的霸權，以及對異質性的壓迫。

對於那些不占優勢地位的群體，國語並不足以帶來他們所有認同的需求。因此，我們不得不將目光轉向特定國家內的其他語言，以及這些非優勢語言對於認同議題所提出的各種異議與質疑。我們立即進入以語言、文化、種族與國家等概念形成的等值鏈應聲斷裂的境域。以西藏為例，藏人為了他們的語言，持續對抗具宰制地位的漢語；為了他們的宗教，對抗政教分離的漢人政權；也為了與中國之間無法解決的政治關係而繼續抗爭。此外，在中國境內的維吾爾族亦然，他們不斷抗議中國政府對於維吾爾語教育資源的削減，對維吾爾人的種族歧視，以及中國政府社會主義的世俗政策下對伊斯蘭的壓制，這些都是明顯的例子。

以馬來西亞這個案例而言，使用廣東話、福建話、潮州話及所謂的「華語」（即普通

2 Benedict Anderson, *Imagined Communities: Reflections on the Origin and Spread of Nationalism*, Revised Edition (London: Verso, 2006).

話）[3]等馬來西亞的華裔社群，占總人口相當大的比例。這些社群與在中國的藏人與維吾爾人社群既類似，但又在許多方面十分不同。相似之處在於，馬來西亞的國家語言（馬來語Bahasa Melayu／馬來西亞語Bahasa Malaysia），屬馬來人的語言，卻被標舉為國家語言（Bahasa Kebangsaan），而儘管說各種華語的人口眾多且在馬來西亞歷史中扮演重要角色，這些華語仍被歸為少數族群的語言。與藏人和維吾爾人主張他們才是所居住土地的原住民不同，華裔馬來西亞人則被認為是一個使用來自他方（亦即中國）之語言的離散社群。由此看來，馬來西亞政府徹底忽視了，馬來西亞華語語系社群不僅是存在百年以上的歷史實體，也是一個活躍的社群的事實。馬來西亞華語社群擁有具規模的出版與影音傳播媒體如報紙、電視台、出版社、社區組織，並且興辦以「華語」教學、從小學至大專的教育機構，它一如其他文化與語言，為馬來西亞的過去與現在的重要組成部分。

馬來西亞在經歷英國殖民統治時期後，回溯地創造國家想像，並獨尊馬來語為國語，馬來西亞華語社群的語言在此國家想像的圍攻下遭到邊緣化。由於這樣語言邊緣化的處境，華語社群使用的少數族群語言，因之反而弔詭地為該社群極度重視。因此無論是在日常使用或文學表述層面，這些語言都擁有了超越溝通和表達等實用功能的獨特意義。自從一九五七年馬來西亞脫離英國殖民統治，獲得獨立以來，當地華語社群持續感到他們的文化與語言即將喪失的威脅。這種受威脅感，以及伴隨而來的驕傲和絕望等情緒，引發他們對喪失其獨特華裔馬來西亞文化的一種憂鬱情懷，這種憂鬱情懷集中宣洩在代表其文化，甚至種族的書寫文字上。由於他們口說各式各樣的華語，華語教育機構中通用的華文，便成為他們在知識上、文化上、社會上以及本能欲望上深切投射的對象。他們對華文字的執迷程度之深，甚至可說成為一種「戀字癖」或者「拜字信仰」。而華文字作為這種「拜字信仰」的對象，似乎也承擔象徵華裔馬來西亞人種族與文化認同的責任。

在其他國家的文學發展脈絡裡，當書寫文字成為形式實驗的對象時，才取得受崇拜的地位——例如西方國家現代主義與後現代主義文本中極端要求且迷戀文字的例子。然而，馬來西亞華語社群對於書寫語言的拜物傾向則有一套極為不同的文化邏輯。誠如許多文學史家與學者所指出，華語語系馬來西亞文學自從二十世紀初期以來，寫實主義是其中具主導性且廣受認可的書寫風格。令人好奇的是，華文所具有承載各種複雜情感的功能——包括對中國的鄉愁與想望，自認高於馬來文化的文化優越情結，以及對馬來族群主導之社會的抗拒等——卻直接體現在寫實主義小說裡。換句話說，馬來西亞華語社群所使用的書寫文字，不同於語言在其他地方因為（後）現代主義書寫形式，而成為受迷戀對象的多數例子，反而是在寫實主義風格中成為作家們偏執的對象。這個歧異凸顯了當一種語言面臨消失的威脅時，無論其

3 在馬來西亞和新加坡，他們所謂的「華語」指的是Mandarin，即中國官方的「普通話」。

文體、形式或文類，反而如何轉變為語言拜物主義（linguistic fetishism）的過程。

在華語語系馬來西亞文學中，另一個已被許多學者指出的傾向是取得「中國」古典主義的渴望：在意識形態光譜兩端，從左翼到右翼的作家群，皆藉由挪用中國古典文學裡的文學與抒情語言，來表達對文化中國的傾慕。寫作者付出許多努力，閱讀書籍學習古典中文的風格與措詞，彷彿他們所使用的並非日常生活語言。例如陳文煌（以筆名沙禽聞名）讚美華文是「展開歷史的最重要關鍵」。[4]此外，李永平對於「純粹中文寫作」的追求也與此有關，即便他指的並非古典抒情主義，而是純粹的白話文。溫任平創辦的天狼星詩社，因思慕遙遠中國而產生的中國文化民族主義想像，都是學者在敘述馬華作家中國情懷時常見的例子。[5]在上述例子中，華文字成為一種信仰，並非來自形式實驗的結果，而是源於擔心失去「中國」文化與書寫的憂慮。因此，在寫實主義傳統中形成的獨特「戀字癖」是源於他們的社會處境，而非文本，就字面意義而言，這反而弔詭地更加符合寫實主義力求的「逼真」（verisimilitude）或「反映現實」的企圖。因為人們必須經由努力方能習得此具有道地古典主義或純粹中文意涵的文字，更或者，由於張錦忠所謂在中國境外華文字書寫的「去疆域化」（deterritorialization），[6]此種使用華文的寫實主義書寫因而必定充滿人為的造作和經營（artifice），其文學性因而更為彰顯。因此，無論是追尋純粹古典主義或白話文主義，都可能是戀字癖的展現。

這種「戀字癖」賦予華文字形而上的重要性，它的形而上力量有多重意義：首先，華文可以策略性地或防衛性地作為反抗政治與文化認同霸權的支點，對抗政府關於國家民族認同的獨斷定義。其次，既然當地華人的政治認同無可辯駁地是馬來西亞人，華文則成為文化認同的歸屬，這種以語言為中樞而導致的文化認同與政治認同之間的分裂，是馬來西亞華人身上常見的日常實踐。第三，正因為華文受到過度重視，批判者通常視華文使用者為返祖、保守與守舊，並且視其為中國本質主義或中國文化民族主義的擁護者。第四，人們也當可以選擇否定華文的形而上意義，而視其為馬來西亞多元語言社會中的一種語言。在這樣的多元語言社會裡最理想的情形是，所有語言皆能得到適當認可、被視為國家組成的一員，而以華語、馬來語、英語與淡米爾語寫成的所有文學作品，皆能被納進廣大且開放的「國家文學」殿堂之中。

然而，作為一個在後殖民情境中，急於建立自己的國家文學（national literature），來支

4 黃萬華，《文化轉換中的世界華文文學》（北京：中國社會科學，一九九九），頁二二五—二二六。

5 黃錦樹，《馬華文學與中國性》（台北：元尊文化，一九九八）。

6 張錦忠，〈小文學，複系統：東南亞華文文學的意義〉，收入吳耀宗編《當代文學與人文生態》（台北：萬卷樓，二〇〇三），頁三一三—三一七。

持其民族（nation）與民族主義（nationalism）的民族國家，馬來西亞政府與其文化政策制定者獨尊馬來語為民族／國家語言，以馬來語寫作的作品為「國家文學」（sastera kebangsaan）。與這種文化政策同時制定的是馬來人中心的以「土地之子」為藉口的本土主義，加上自一九七〇年代以來的新經濟政策，以提升在英國殖民歷史中被壓迫的馬來人的政治與經濟地位。如此，後殖民情境中馬來西亞所締造的國族觀，是僅強調馬來人特色的民族國家，使另外幾乎半數人口感到權利遭到剝奪。的確，出於去殖民的迫切需求，馬來西亞打造後殖民國族的急迫想望是可以理解的，然而此想望也產生法國哲學家巴利巴（Étienne Balibar）在另一個脈絡中所說的「內部的排外性」（internal exclusion），也就是在國家內部以排他的方式去鞏固種族、文化與語言的階序等級。[7]在此，國家文學的定義取決於最基本且必須的要求：是否使用馬來語。所以，使用其他語言的所有創作則降為「族裔文學」（sastera sukuan）。[8]

國家文學與族裔文學之間關係，在馬來西亞、新加坡與美國等地方的主要差異是：在馬來西亞，這並非歸屬關係（族裔文學並非國家文學的一部分，也不屬於國家文學），反而是一種範疇上的區隔（族裔文學不是國家文學）。一位主要的學者官僚賽・胡先・阿里（Syed Husin Ali）曾經主張，族裔文學的生產與蓬勃是馬來西亞不同族群之間缺乏統一精神的徵兆，而這可能導致國家文學的終結。[9]如此說來，族裔文學與國家文學的關係被建構成一種零和遊戲，在這場遊戲裡面，只有一方可以是贏家，而其餘的皆是輸家。這種由政府截然區分「國家」與「非國家」的極端作法，可能是對殖民主義強烈反彈的結果。然而此截然區分，對於使用少數族群語言的創作者極為不利，特別是創作已超過一世紀，並持續堅持生產、流通與發展的華語語系馬來西亞文學。

我們可以用一個可供比較的例子去了解這個情況。單就數量而言，即便馬來西亞甚或殖民時期馬來亞的華人人口遠少於美國人口，華語語系馬來西亞文學的創作量卻可能超過華語語系美國文學。這反映了馬來西亞使用華語的人口密度，幾乎占總人口的三分之一。然而，在美國境內的華語語系美國文學，以美國華美文學之名，在主流學術界占有一小席之地。自二十世紀早期，重要的華語語系美國文學持續地被翻譯為英語，並且成為亞美文學課堂中常見的教科書內容。一九六〇年代的民權運動風潮之後，接踵而來的是族裔研究在美國受到認

---

7 Étienne Balibar, "Racism and nationalism," in *Race, Nation, Class: Ambiguous Identities*, ed. Étienne Balibar and Immanuel Wallerstein (London: Verso, 1991), pp. 37-67.

8 阿都・拉曼・恩蓬著，莊華興譯，〈國族與國家文學議題〉，收入莊華興編著譯，《國家文學：宰制與回應》（吉隆坡：雪隆興安會館、大將，二〇〇六），頁五六—六七；伊斯邁・胡辛著，莊華興譯，〈馬來西亞國家文學〉，收入莊華興編著譯，《國家文學》，頁三三—四三。

9 賽・胡辛・阿里著，莊華興譯，〈族群文學在多元社會中的定位與角色：馬來西亞的個案〉，收入莊華興編著譯，《國家文學》，頁四四—五五。

可並被建制成一個學術領域，華語語系美國文學因而在主流學術界裡，擁有一個雖然規模較小、相對邊緣，但已然制度化的家園。人們雖然需要反覆地宣稱，但不再需要爭論此學術領域建制的正當性。相對地，即便有朝一日華語語系馬來西亞文學被視為國家文學的一分子，如果其社會現況沒有經過劇烈轉變，華語語系馬來西亞文學仍很難成為當地主流學術界認可的研究對象。

馬來西亞國家文學的概念，具有前述安德森所批評民族主義的三個自相矛盾的特色，包括在政治觀與哲學觀上的衝突，在假設的普遍性與實際的特殊性之間的矛盾，以及在現代性與遠古性之間的悖反。在此概念之下，強調純粹馬來特色（melayu jati）與土生土長本地人（Bumiputera）的意識形態大行其道，並因此質疑華語語系馬來西亞文學因為與中國文學先天上的關聯，而不忠於馬來西亞。並且在此概念之下，國家文學必須蘊含「愛國精神」與「國家意識」，因而應該以馬來語書寫。[10]有一位知識分子如此宣稱：

> 這個傳達媒介的確不可能中性，因為媒介或工具本身即為一種訊息。[11]在此關鍵上，媒介（即語言）也是詮釋一個民族的因素。語文與文學就好比無可分隔的連體嬰，一如旋律和歌無法分開一樣。沒有語言的文學就好像沒有士兵的將軍。在國家文學的個案中，文學需要她的另一半是再明確不過的事實，即該國的官方語言作為傳達工具。在馬

來西亞，由於馬來文或馬來西亞文是國語，因此馬來西亞國家文學必然是馬來西亞語的文學。[12]

身為這場爭論的局外人，筆者或可指出這個連體嬰的譬喻其實大有問題，因為其他非馬來族的族群和語言，也同樣交織成民族的歷史，並持續參與國家的組成，因而也同樣不可分割。僅強調一曲旋律和一首歌謠的統一聯繫也有問題，因為馬來西亞並不只有一曲旋律和歌謠，而是各式各樣的旋律與歌謠。另一方面，將軍與士兵的比喻倒是極諷刺地恰當，因為它顯示了上述宣稱背後的馬來中心的國家主義。而在引文的最後一段聲明，更是一種淘淘邏輯（tautology），一種邏輯上的謬誤。

或許，由馬來民族主義者所共享，但未明言的設想是：今日馬來西亞社會中的多元語言與多元文化是一種殖民主義留下來的遺產。[13] 如果將此一設想推至其邏輯論證的極限，我們

10 阿都・拉曼・恩蓬，〈國族與國家文學議題〉，頁六三。

11 McLuhan 1964; 1967

12 阿都・拉曼・恩蓬，〈國族與國家文學議題〉，頁六四。

13 賽・胡辛・阿里，〈族群文學在多元社會中的定位與角色〉，頁四四—五五。

將會達到一個極有問題且令人震驚的結論：拒絕多元語言以及多元文化其實就是去殖民。此邏輯最終如此聲稱：英語是殖民菁英在殖民時期與其後使用的殖民語言；而淡米爾語和漢語則是由英國人引進與允許的僑民、移民、商人以及勞工所帶來的語言。拒絕這些語言就是抗拒殖民主義與其遺緒，以此鞏固新民族國家的根基。然而，不僅漢語和淡米爾語在此種看法中明顯地被抹除，其他非馬來族群的原住民族語言與地方語言也因此被削去聲音。

華語語系馬來西亞作家如何回應此國族想像中自身遭受邊緣化的現象？於此，莊華興與黃錦樹在二〇〇四年秋天的爭辯極具啟發性。[14] 對莊華興而言，為了成為國家組成的一分子，應該不斷地從事翻譯與雙語寫作。為了增加雙方的理解，他認為將馬來語文學譯成華語，或將華語文學譯成馬來語既必須且重要，此外，由於馬來西亞獨立之後教育系統的變革，通曉雙語的作家應該練習同時以馬來語和華語寫作。的確，雙語寫作是自我翻譯的一種形式，因此莊華興的立場是藉由翻譯己身與他者，以增加跨語際的理解。相對而言，黃錦樹則採取一種抗拒的態度，並考慮華語語系馬來西亞文學作為非國家文學（non-national literature）或去國家化文學（denationalized literature）的可能性，因此，他批評莊華興以一種烏托邦的、悲劇性的姿態，屈服於馬來西亞政府的民族主義者與同化主義者的要求。

確實，這樣的論爭曾經並持續地發生在其他國家脈絡下的種族或少數族群文學領域之中。許多美國的少數族裔作家曾被指摘為同化主義的配合者，或者因其去國家化的傾向，而得到讚美或批評。然而，在同化主義與去國家化之間，是一道容納各種可能立場與態度的寬闊光譜。莊華興與黃錦樹的立場都不算極端，而各自坐落於此光譜的某處。不過，使馬來西亞與美國族裔文學間的比較更形複雜的是，美國境內關於族裔文學的爭論，主要是針對以優勢族群語言，而非少數族群語言寫成的文學創作。因為如同前述，使用少數族群語言的文學創作雖然經常被忽略，但已被選擇性地納入美國主流文學，如二十世紀早期被關在「天使島」的華人移民在其木屋的牆板上刻的舊體詩。相反地，華語系馬來西亞文學在其國家內部，擁有一龐大社群的文學，因此馬來西亞若喪失此弱勢族群語言的文學，其損失將更高。在某些方面，如果馬來西亞不主張華語語系馬來西亞文學是他們的文學，我們知道中國將會如此主張，一如其以往總是索討世界各地華語社群的忠誠，視這些社群為中國的「海外」社群，他們「僑居」，即短暫借住海外，因而是「華僑」、「僑民」。例如，藉由「海外華文文學」的說詞，中國政府及其學術機構已經快速地將世界各地華語語系文學，納入一個全球的文學體系內。就如同瑞士將尼采與盧梭出讓給德國與法國，馬來西亞亦可能喪失其最有成就的華語語系作家，並使中國政府得以宣稱，中國是這些作家的祖國。中國政府使用的「海外」

14 這場爭辯包含五篇論文，其中三篇由黃錦樹撰著、兩篇由莊華興撰寫，並收入莊華興編著譯，《國家文學：宰制與回應》。

一詞在二十世紀有段不短的歷史，並且與法國政府稱現有殖民地如馬丁尼克（Martinique）與哥德普洛（Guadaloupe）為海外地區（*région d'outre-mer*）系出同源，也是個令人感到十足諷刺的現象。

二〇〇九年五月，於中國廣州舉辦的第四屆海外華人研究與文獻收藏機構國際合作會議，許多中國學者針對何謂「海外華人研究」發表論文。其中一篇可能因為過於誠實，或者不夠機巧的文章，在諸篇論文之中脫穎而出，此文呼籲中國政府應該策略性地運用「海外華人」的人力資源。這篇名為〈海外華僑華人與中國的軟實力提升：以美國和東南亞華僑華人為例的分析〉的論文，說明所謂海外中國人如何可以增進中國的軟實力。網路上這篇論文的英語摘要第二段如此開頭：

> 筆者認為，海外華僑華人可以在以下幾個層面提升中國的軟實力：一、傳播中國文化，包括中國文化與藝術，以及傳統文化價值等；二、介紹當代中國的環境、情況與發展模式；三、理解、支持或解釋中國政府的海外行動。（陳奕平）

僅管這篇論文提要的英文並不通順，但其目標議程是清楚的：呼籲所謂海外「華僑華人」應該報效中國，無論他們自中國移居他國已然過了幾個世紀或幾十年，他們不僅仍應該在文化上有所貢獻，更應該透過文化而致力於在政治上回饋中國。而今中國認為既然已經贏得經濟與軍事上的硬實力（hard power），更應該取得軟實力（soft power即文化），而眾多「海外」人口則是他們再好不過的可用資源和媒介。

王靈智在其一九九五年一篇經典的論文裡，指出美國華人歷來遭逢美國政府與中國政府的雙重宰制。[15]而由於中國的崛起，及其欲施展的經濟、政治以及文化勢力日漸增加，馬來西亞華人更加可能遭到與美國華人身處的相似結構，面臨當地政府與中國政府的雙重宰制。中國的崛起是值得我們嚴肅思考的歷史事件，不僅是從中獲得利益或因此受到威脅的人們需要認真以待，如今生活在其他國家，但因其祖先來自中國，而和中國有複雜牽繫的人們也需要一同謹慎思考。在一個充斥著怠惰思考者的世界，一等於一的簡單思維很容易就把華裔馬來西亞人或華裔美國人送還給中國，進而否定他們在他們的出生地的生活實踐與在地認同。

語言決定認同嗎？這個看似簡單的問題，需要人們更進一步地檢視它在特定國族脈絡裡，歷史、文化、語言與種族間的交織關係。本章思考華語語系馬來西亞文學的可能與不可能，筆者想提出：在馬來西亞，語言認同與國族認同之間，是一條佈滿殖民遺緒與後殖民民

15 Wang, Ling-chi, "The Structure of Dual Domination: Toward a Paradigm for the Study of the Chinese Diaspora in the United States," *Amerasia Journal* 21.1-2(1995): 146-69.

族主義弔詭的道路。半世紀以前，馬丁尼克的精神病理學家與去殖民思想家法農已經告誡非洲的後殖民國家，他們不應建構或規定出一個僅僅為了抵抗殖民主義而存在的國族文化。當一個後殖民國家的國族文化僅是為了對抗已經離開的殖民者，它極容易返回已然僵化的傳統，並變得守舊、保守且封閉。由於殖民壓迫，後殖民國家的傳統文化已經變得「僵固」、「凝滯且喪失活力」。因此，振興此文化、使之成為新國族文化基礎的作法，就像是「絕望地攀附著一個逐漸萎縮、遲緩且空洞的細胞核」。[16]但是，一個破除殖民主義之後建立的新國族文化，應該藉由採用國家內多元族群的創造力與發明精神以向前瞻望，這樣的國族文化方必須經由向前看的人們所創造，而非往後看。更精確地說，今日我們要思考的問題，正是我們是否能將此開放的國族文化觀念應用到馬來西亞的國家文學議題，並且由此出發，重新思索語言和認同之間的關係。

香港文學的國籍是什麼？

與華語語系馬來西亞文學被排斥在「國家文學」的例子比較起來，華語語系香港文學有著相似卻不同的歷程。同樣曾經是英國的殖民地，也同樣在二戰時期被日本占領，華語語系香港文學在以英語為上乘語言的殖民地時期，曾經有蓬勃的發展，其影響力遍及東南亞的華語語系社群。《中國學生週報》在一九五〇至七〇年代就曾是馬來西亞等地華人文學青年的所愛。但是因為香港沒有自己的所謂國家格局，其文學的屬性一直都存在著一定程度的模糊性，在這一層面上和華語語系台灣文學有稍微相似的經歷。如台灣文學在中國、日本殖民地、台灣文學之間的屬性不同時期的掙扎，與台灣人的政治和文化認同的掙扎有著密切的關係。同樣地，華語語系香港文學在中國、英屬香港、本土香港三個屬性當中的徘徊，在殖民時期的晚期，香港本土意識的崛起之時，所謂的「香港文學」為一個文學主體的意識才充分得到了確立。《香港文學》雜誌創刊於殖民晚期，也就是當過去與現在（為英國所有）都屬於別人，而未來也似乎不屬於自己（為中國所有）的時候，因著在地認同的需要所產生的，到二〇一五年已有三十年的歷史。殖民後期梁秉鈞用筆名發表的後現代小說《狂城亂馬》呈現了令人不安的文化生活的混雜、拼湊、歇斯底里和狂熱，其中伴隨著對所有政治和文化上可能的殖民媒介（英國人、中國人，甚至台灣人）的焦慮、恐懼、憤怒和這些情緒轉移到對之極端嘲弄。在英國殖民主義和不可知的未來之間，以廣東話大膽書寫，試圖稀釋、錯置對於即將來到的後殖民境況的不可名狀的情緒。而這個不可名狀的情緒，就是壓抑的香港意識的突發方式之一，到處打擊一切，但又可能迷失了自己。在狂城中，只能當亂馬一條，不然

16 Frantz Fanon, *The Wretched of the Earth.* Trans. Richard Philcox (New York: The Grove Press, 1963), p.172.

怎麼面對香港的生存境況呢？而這種迷亂，也是一種遁走，如廣東話中「走」即是「去掉」的意思，遁走因此也是一種反抗的方式。

如果以嚴格的國際法的觀點來看，香港文學在殖民時期，應屬於英國的外地文學，在後英時期，「一國兩治」下，所謂的一國指的當然是中國，理應屬於中國文學。但是，超過一個半世紀（一八四二—一九九七）的英國殖民統治，其中包括日本為期三年的占領（一九四二—一九四五），以及在所謂的「後殖民時期」，一波一波的「大陸化」或「再中國化」的壓力下的香港文學，對於可能被納入「中國文學」的範疇，有著深深的不可奈何，以及丟失了自己的主體性的危機感。另外，除了「大陸化」的壓力，香港為幾乎可謂典範的晚期、新自由、金融資本社會的結構，在中國崛起之後，結構上越來越走上極端，造成了全世界最貧富不均的社會之一。香港文學的邊緣化因此更加嚴重，而香港文化界的危機意識，也因此有增無減。也難怪文化評論家，筆者在港大的同事朱耀偉感歎，他們這一代是香港最後一代從事香港研究的知識分子了。二〇一四年的雨傘運動，如台灣的太陽花運動，在最基本的層面上，表達的是本地人在龐大的中國的陰影下，對本地認同的訴求。香港學者李佩然認為，雨傘運動是在「去本土化」的壓力下「再本土化」的表現，甚是。[17]

「再本土化」之所以必要，是因為目前「大陸化」與「全球化」已經不是相反詞的新的歷史情境。朱耀偉對這一點有特別犀利的分析：

香港不再是香港，因為以往香港在中國與世界之間顧盼生輝，本地在國家及全球之間左右逢源，如今中國擁抱全球變成世界，香港亦因此無所適從。從前香港可以在中西之間遊走，混雜出只此一家的文化，在殖民者與殖民者的夾縫中自我書寫，又或在全球與本土之間作「套戰」，但回歸之後隨著大國崛起而失去了獨有的「之間」。不再身處中西之間，那些「東西方文化匯聚之地」的唐璜大話亦因而失效。[18]

在強大的大陸化也就是全球化，即中國資本就是全球資本的代表時，再本土化變得更加迫切。又例如香港粵語，同樣在普通話化的強大趨勢下、到底能不能生存的不安和焦慮，其必須捍衛的責任感（每年七月一日的遊行，在二〇一五年以捍衛粵語為訴求的標語明顯增加），構成了華語語系香港文學再本土化的歷史命題的一環。在這樣的情況下，香港文學的訴求，可能就是要維護那已然脆弱的主體性。

17 李佩然，〈「本土」作為方法：香港電影的本土回歸與文化自主〉，《字花》五五期（二〇一五年五、六月），頁一一九—一二三。

18 朱耀偉，〈香港（研究）作為方法——關於「香港論述」的可能性〉，《二十一世紀雙月刊》一四七期（二〇一五年二月），頁五五。

如此看來，華語語系香港文學最能抱持本土性的可能也許是在一種特定意義下的「無國籍文學」，身為一個少數語言及社群的文學，不一定需要拒絕，但是可以策略性的不選擇屬於前殖民國和目前的從屬國。有人曾經談到華語語系馬來西亞文學為無國籍文學，但是我覺得，這個概念更適用於香港。華語語系馬來西亞文學的馬來西亞在地性，如上節的討論，是馬來西亞文學的一部分，在馬來西亞國境中，企圖並需要獲得認可。而在地性與在地意識為本的香港文學的屬性，則不一定在中國文學的範疇內，而是香港為一個特殊的場域，因此無法以「中國文學」來概括之。正如香港人五十年自治的想望雖然越來越受挫，香港的政治體的獨特性（它到底在什麼意義下以及什麼程度上屬於或不屬於中國而屬於自己？），同時也包涵了香港文學可以擁有的主體性的主要條件。

湊巧的是，二〇一五年八至九月在香港Para Site展覽館的一場「如果只有城籍而沒有國籍」的展覽，提出了「城籍」的概念，認為「國籍」是強加的一種認同，如果可以暫時將它擱置，藝術家們由城籍出發，則更能發揮他們對香港的想像力與投注，正如四十年前西西寫的《我城》以香港為「我城」的認同。以「國家太大，人太渺小，用城市作為嘴巴，故事反倒好說」為開首，把「無國籍」轉換為一個創作的契機。[19]香港文學當中，許多作品以城市書寫的方式展開，就好像喬依斯（James Joyce）筆下的都柏林，筆者深信，這個都市擁有強而有力的文化生命力，足夠衝破狹窄的政治宿命。

除了香港文學有無國籍的考慮，我認為香港文學的在地性（place-basedness）的範疇，不僅是一種制約性的存在，也應該有一種廣泛的包容性，它同時制約和包容的兩面之間有著必然的邏輯關係。眾所周知，蕭紅的代表作《呼蘭河傳》在香港完成，但是這本小說全然被併入「中國」文學，視為該文學之代表作，好像寫於斯的事實，只是一個意外，不值得去考慮。而那個香港是英國殖民地的香港，蕭紅在書中描繪的中國東北，是在香港回憶及想像的東北，不可能和香港沒有任何關係。所以筆者認為，《呼蘭河傳》理應屬於華語語系香港文學。這是在地性的制約性（在香港寫作的作品都是香港文學）的包容面。至於這樣的作品，有沒有認同香港，那是本地性的制約性的另一面。這兩面都可以同時存在。也因此，我必須提出一個多重歸屬（multiple belonging）的概念。蕭紅的《呼蘭河傳》可以屬於中國文學，但也屬於香港文學。當我們把《呼蘭河傳》看作香港文學時，我們可以分析蕭紅在香港的經歷和《呼蘭河傳》的關係，這正是華語語系為理論或方法的意思。一般學者把這本小說看作是中國文學，所以探討的是蕭紅在東北生長的經歷，她對中國傳統禮教的批判，她和魯迅的關係等，鮮少有中國研究的學者把香港的重要性寫進去。在地性的包容性，也就是包括即便

19 http://www.para-site.org.hk/en/exhibitions/imagine-theres-no-country-above-us-only-our-cities，二〇一五年八月二日網上下載。

不認同香港的作家的香港書寫。那張愛玲、余光中、王安憶、施叔青、龍應台的香港書寫，雖然立場不同，不都是香港文學嗎？加上為香港文學汲汲經營，大家公認的代表性作家如梁秉鈞、黃碧雲、西西、劉以鬯、董啟章等等，香港這一小地方，以前被人批評是「文化沙漠」則變得完全沒有根據。它已然且想當然是華語語系文學在世界上的重鎮！

筆者曾於二〇〇八年發表的一篇名為〈為華語語系文學的香港文學〉的短文裡，就提出蕭紅的《呼蘭河傳》應該被認可為香港文學的想法。[20]二〇〇六年劉以鬯編選的《香港短篇小說百年精華》就收入了蕭紅、茅盾、許地山等人在香港期間寫下的短篇小說，而二〇一五年出版的《香港文學大系》之中的小說卷，尤其是由黃念欣編輯的第二卷包括了戴望舒、茅盾、葉靈鳳、周而復等作家，不依出生地或長期留港為條件決定香港文學的範疇，筆者非常贊同。但是，《呼蘭河傳》卻沒有像其他的長篇小說那樣有所節錄。一方面，這本小說因為在中國被視為經典，所以比較不像其他被埋沒了的文學作品那樣必須被收入大系裡，但是另一方面，這也展示了一種自衛式的認可機制。筆者個人覺得，這個自衛式的認可機制事實上限制了香港文學在地性的範圍。這些所謂的經典作品，為什麼不能屬於香港呢？正如《香港文學大系》的總編輯陳國球在總序中所言：「我們認為『香港』是一個文學和文化的空間，『香港』可以有一種『文學的存在』；『香港文學』是一個文化結構的概念。」[21]包括《呼蘭河傳》不是更能體現這樣的信念嗎？不是更能彰顯香港為一個「文學和文化的空間」所指涉的在地性嗎？

雖然歷經一段長時間的英國殖民，而現今的香港卻無法歸類為「後殖民」的境況下，香港文學的主要意識，已然超越了後殖民論述所能概括的範圍。二〇〇八年的短文，筆者也提出，在這樣的情況下，香港文學主體性的追求，不是後殖民，而應該是「去殖民」（decolonization）。一方面由於各種壓力的匯合，文學主體建構與維持的空間非常受到擠壓。另一方面，被各方勢力不斷忽視，香港文學的場景因而缺乏市場、經費、讀者。而在這種困難的情況下，香港卻成就了許多世界文學的奇葩。梁秉鈞的《狂城亂馬》和黃碧雲小說中所善用的拼湊、摹仿、詼諧，充斥著譏諷的機智與對香港的深刻的情感。就此，香港的情況類似於拉丁美洲。在拉丁美洲各定居殖民地的殖民者從未離開，而西方的認識論對之的統治也一直持續著——因此就如同米諾羅（Walter Mignolo）所說，他們的知識追求因此一直都是去殖民，不是後殖民。[22]因為香港同樣沒有後殖民的可能，如同台灣或拉美的原住民，

---

20 Shu-mei Shih, "Hong Kong Literature as Sinophone Literature," *Journal of Modern Literature in Chinese* 8.2&9.1 (2008): 12-18.

21 陳國球，〈總序〉，收入黃念欣編，《香港文學大系，一九一九—一九四九。小說卷二》（香港：商務，二〇一五），頁三〇。

22 詳見Walter D. Mignolo, *Local Histories/Global Designs: Coloniality, Subaltern Knowledges, and Border Thinking*

只有去殖民一條路。當香港的「國籍」無法由本地人決定時，退而求其次追求「城籍」，也是去殖民的一種作為，以追求和創作為過程。整個香港文學之所以存在、之所以蓬勃、之所以突出，都和對都市的認同息息相關。自香港為英國殖民地始，香港的「國籍」一直都是在橡皮擦的擦拭下，香港人的認同和兩個國家政體（英國、中國）之間，一直有一個鴻溝。而這種「城籍」的訴求，正如我們將蕭紅的《呼蘭河傳》納入香港文學之內一樣，是一種在地性的追求，我們用本書導論中所引的沙特的看法，即文學的「具體的普遍性」（concrete universality）的追求。

什麼是華語語系美國文學？

我們對「華語語系美國文學」（Sinophone American literature）的探索，必須從它與「華裔美國文學」（Chinese American literature）的區別開始。什麼是華裔美國文學？會冠上「美國」兩個字，是因為它是以「英語」這個美國主流語言書寫的文學作品嗎？這個定義是族裔上的嗎？因此，在華裔美國文學裡，「華人」作為一個獨特的、種族上的分類法，是一種維持族裔特殊性的方式嗎？一如我們看到的，在華裔美國文學假定的參數裡，就是英語和所謂的華人族群，即使華裔美國文學這個分類迄今已經確立了，這些假設的標準，都還有很深層的缺點。

第一個問題是，華裔美國文學在歷史上存在有大量的以各種華語書寫的作品，像是廣東話、國語（北京話），以及其他各種語言。這個華語語系系譜極為豐富，而且涵蓋一些被視為是華裔美國文化與歷史基礎的文本，像是二十世紀早期從舊金山唐人街傳下來的廣東韻文如四十六歌，以及刻在天使島移民拘留中心的木頭營房牆上的五言及七言詩。[23] 就文學書寫而言，這個系譜包含了在中國，或者自一九三〇年代移居美國的雙語作家，最具代表性的如林語堂和張愛玲，他們以英語和華語書寫發表作品。這個系譜的亮點尚包括一長串台灣現代主義一代在美國的文學，他們被稱為「留學生文學」（包括白先勇、陳若曦、叢甦，以及詩人葉維廉、楊牧，以及鄭愁予等等），以及其他由中國、台灣與香港（包括於梨華、嚴歌苓、蕭麗紅、喻麗清、張系國、阿城等等）移民到美國的傑出作家的當代作品，更別提其他為數眾多但較不知名的作者，他們近年來已經為新一代的移民文學寫下新頁。

(Princeton, N.J.: Princeton University Press, 2000)。

23 參見以下兩部代表性的選集：*Songs of Gold Mountain: Cantonese Rhymes from San Francisco Chinatown*, ed. Marlon K. Hom (Berkeley and Los Angeles: University of California Press, 1992)，以及*Island: Poetry and History of Chinese Immigrants on Angel Island, 1910-1940*, ed. Him Mark Lai, Genny Lim and Judy Yung (Seattle: University of Washington Press, 1991)。

很多戰後華語語系作家的作品，由於語言的選擇，會在台灣、香港，以及中國出版，他們在各地也有大批的讀者。二十世紀初的舊金山唐人街，當時的華文詩集多由當地的詩社出版，但戰後的作品在華語區出版的占大多數。法國也可以見到類似的情形，許多法語語系非洲與加勒比海作品在法國出版，縱使促成的關鍵並非是移民而是殖民主義，這樣的例子也類似在英國出版的，來自印度、非洲、加勒比海以及其他地區的英語語系文學作品。然而，由於這些作品往往瞄準了不同地區的讀者群，因此，出版的地點無法決定文學作品的國籍。德瑞克・沃克特（Derek Walcott）的大部分作品都在英國和美國出版，但他的作品卻很清楚地被認定為聖露西安（Saint Lucian）文學並受到廣泛閱讀。華語語系美國文學身為美國文學的一支，長久以來一直有這樣困境：既然是國家文學，好像就應該用一般被看作官方的語言來書寫，也就是說，國家文學被誤認為應該是單一語言，但其實所有的國家文學都是多語言的。儘管有不少學者付出努力，如沃納・索樂思（Werner Sollers）自一九九〇年代以來不斷提倡多語言的美國文學，並與馬克・歇爾（Marc Shell）合編了一本美國文學多語文選，以及其他諸多著作。[24]一種語言變成主流語言，這是政治力介入才使它定為一尊，而其他語言則被邊緣化。以英語掛帥的美國文學，便是這種語言霸權過程最直接的反映。

第二個問題是，「華人」並不是單一族群。而他們移民前的母國也不一定是中國。在美國一般認為華人（Chinese）即是中國人（Chinese），詞語上的混淆把族裔和國籍的關係也簡單化了。即便是中國也有超過五十五種主要的族群，而「中國人」技術上是指某人的國籍，或是屬於哪一國的公民，並不是以種族來歸類的。一個人可能是漢人、苗族人、白族人、滿洲人，或是蒙古人，而「中國人」是指哪一國的公民或國籍，而不是種族。假如我們使用「中國人」作為種族的稱號，那個不可言說的假設，即是使不同種族的中國人皆等同於漢人。然後，我們就會毫無疑問地認定漢族是指所有的中國人，他們就代表著最普遍的中國性（Chineseness），彷彿中國沒有其他種族了一樣。這種漢族中心論的暗示隱含著種族中心主義的危險，如同種族主義者會把美國人整個等同於白人與歐洲後裔一樣。「中國人」作為種族的稱號，就是公然承認以漢族為中心，而且廣泛運用「中國裔」（ethnic Chinese）這個詞，有坐實種族歧視的風險。另外，「中國裔」作為種族的稱號，也是公然地以美國為中心，因為美國就是對中國內部的差異性和多元性漠不關心的典型代表，把中國境內族群的多元性化約為一個「中國裔」的族群。一個國家（中國）被化為一個種族（中國裔）。這種簡

24 *The Multilingual Anthology of American Literature: A Reader of Original Texts with English Translations*, ed. Marc Shell and Werner Sollors (New York and London: New York University Press, 2000)。Through their work at the Longfellow Institute, Shell and Sollors have published several other related books and edited volumes, including *Multilingual America: Transnationalism, Ethnicity and the Languages of America* (1998) and *American Babel: Literatures of the United States from Abnaki to Zuni* (2002).

化了的「中國裔」的概念，由漢族中心論與美國白人中心論共同製造出來，而且被證明為非常有效：對前者來說，它成了略去中國境內多元種族事實，掩蔽了對非漢族種族迫害的現實，並推崇漢族成為中國人的標準及規範；就後者而言，它協助支持「異教中國佬」（heathen Chinee）這類「黃禍」論述的版本，形成一種人種及種族差異的載體。所以，在太平洋兩端的兩個帝國論述共謀下，就製造出「中國人」這個種族了。在這個過程裡，所有非漢族的其他所謂的「中國人」都被消聲匿跡。

從「中國人」這個詞等同於漢人，進而同時產生的霸權化和種族化效應，是由地理上的同質化而形成的。「華裔美國人」（Chinese American）這個詞，替中國作為華人起源的祖傳之地，設定了一個實體論上的地位，即使很多華語語系移民是從台灣、香港、越南、馬來西亞、新加坡、澳洲，還有其他地方來的。換言之，「華裔美國人」一詞將上述來自不同華語語系地區的移民同質化，並把他們直接歸到華裔美國人這個單一類別。美國這種單一種族意識將移民到美國的華裔馬來西亞人、台灣人，或是越南人都視為是華裔美國人，而非馬來西亞裔美國人、台裔美國人，或越裔美國人。

相反地，華語語系（包含多種語言）美國（國籍與公民身份）文學以不同的華語寫成，其自身的美國性是先驗的，更堅持這些在美國使用與書寫的各種華語亦是美國的語言。既然華語語系美國文學不是由種族界定，其範圍便包括所有美國的華語語系書寫形態，不論作家的種族或者其原居地。華語語系美國文學便簡單地指稱以各種華語書寫的作品，無論是所謂的標準語或其他語言，像是北京官話、廣東話，或是閩南語。舉例來說，一些二十世紀早期的華語語系美國文學，是用廣東話為基礎書寫的，而最近幾十年來，則生產出較多以北京官話為基礎而寫就的作品，如中國標準的書寫形式（透過簡體中文），以及台灣（以繁體中文書寫）。華語語系美國文學和其它美國文學的主要區別，不是種族，而是在於語言：華語語系美國文學與英語語系美國文學，以及其他不同語言作品分庭抗禮。它展現美國文學的多語本質，從而批判美國文學單一語言主義的假設。而且，語言與種族不再是一對一的，將文學價值的判定，從種族意識中釋放出來。然後，我們就能夠直接討論法語語系的美國文學、英語語系美國文學、西語語系美國文學（Hispanophone American literature）等等，儘管每一個語系都有它特定的意義，並與各自特定的歷史聯繫起來。畢竟，英語僅是眾多美國語言中的其中之一而已。如同我們不會把英語跟種族連在一起（所有膚色與種族的美國人都說英語也寫英文），我們也不應將各地不同的華語語系跟某個單一種族聯繫在一起。

「中國人」（Chinese）這個看來範圍遼闊、廣泛的詞，如此就可以嚴格地有所限定，並特定地指稱國籍（中國公民）與地域（中國）上，而不是語言（中國有很多語言）、種族（中國人有很多種族），也不是文化（所謂的中華文化不應該只包括漢文化）。在這些地理位置上不同的國家或區域中，像是台灣、香港、印尼和馬來西亞，有需要時，就可以適當的指示，「中國」不再擁有本體性的地位。對那些想要維持「華裔美國文學」（Chinese American Literature）在種族與地理上特殊性的人來說，應該僅僅說明了那些文學作品，只是由那些祖先來自中國的美國作家所寫，並為了多元和民主的考量，而沿用像「台裔美國文學」或「馬來西亞裔美國文學」這些詞。然而這些詞是笨拙的，在亞美文學裡，多樣性與特定性的標示，不是另一個用來擊敗泛亞裔美國人慾望的巴爾幹化，而是將早期匆促建構的論述複雜化。這個泛種族（pan-ethnic）的類別，縱使在美國多元種族的建構過程來說是必要的，但其已經顯得逐漸過度泛論化，且對亞裔美國內部的邊緣族群（如東南亞各族群明顯地比東亞族群邊緣）而言有霸權化之嫌。那麼，華語語系美國文學就是依語言來與其他美國文學作品作出區別，而不是依種族、出身、出版地、文化內容、主題或是題材。

由於各個作家的語言選擇，華語語系美國文學大量地由來自世界各地的華語語系社群的第一代移民作家所撰寫。例如，當台裔美國作家張系國持續用國語書寫的同時，華裔美國作家哈金雖然是移民作家，卻毅然選擇用英語作為書寫媒介。移民作家書寫時，選擇使用他們原籍國的母語，就是黃秀玲所謂在亞裔美國文學裡「世代效應」（generational effects）的例子。[25]少有美國出生的作家會選擇用華語書寫，即使他們的作品裡對華語的指涉比比皆是。我們可以想想湯婷婷和任璧蓮的作品，她們所有的作品不只是文化的雙向翻譯，也是多重語言的翻譯，特別是廣東話。對移民作家來說，一如前面提到的那些台灣現代主義作家，他們大部分都留在美國，而且成了美國公民。鄭愁予在耶魯大學教中文直到退休，葉維廉從加州大學聖地牙哥校區文學系教職退休，而楊牧則是從華盛頓大學、白先勇從加州大學聖塔芭芭拉校區退休。他們的作品，在中國和台灣被稱作「留學生文學」，即使他們最近這四十年都已不是學生身分。

這是離散模式變成極端問題的所在。在中國，常被用來描述華語語系美國文學是「海外華文文學」與「留學生文學」，在這個定義下的華語語系美國作家，僅僅是「海外」的「中國人」（overseas Chinese），而他們的身份在美國竟似乎是外國人。「海外中國人（文）」這個分類是指人（海外的中國人），也是指語言（海外中文），是一種富含深度意識形態的分類，永遠會繞回中國，而且要求所有旅居海外的離散主體對中國表現懷鄉、義務與忠誠。這些海外中國人被以下幾個標準一一評價，他們的政治忠誠、文化誠信，以及中文程度，為衡量他們「中國性」（Chineseness）多寡的準則，其中，又以血緣占據至高無上的地位。

因此，離散的概念在亞美研究中盛行，不知不覺落入像這樣的血緣論裡，並附帶著一個

25 參見Sau-ling C. Wong, "Generational Effects in Racialization: Representations of African Americans in Sinophone Chinese American Literature," in *Sinophone Studies: A Critical Reader*, ed. Shu-mei Shih, Chien-hsin T'sai and Brian Bernards (New York: Columbia University Press, 2013), pp. 375-84。

種族論的陷阱，那就是，亞裔人身為終身外國人，他們斷無融入美國的可能的種族偏見。在這個狀況裡，離散代表無法在地化，更暗示著他們缺乏對在地的投入和認同。筆者因此反對這種服務太平洋兩岸兩大帝國的離散論述，如同筆者反對「中國人」的族裔同質化。現在有迫切的需要，去區別離散作為歷史（人們流離的歷史事實），以及離散作為一種價值觀（離散作為一種看待世界、決定價值的方法）。人們流離、遷徙、移民，這是個歷史事實，但「離散」作為一種價值，卻無意間為移居地和原居地雙方霸權的意識形態所服務。

為了要爭求在美國的認可，所謂的「認領美國」（claiming America）的計畫，先前有意斷絕亞裔美國人對亞洲的關係，以加強亞美人的美國性，但事實證明，這是不可能的。這歸因於一個簡單的事實：美國國內族群關係的政治經濟情況，不可避免地是由國際經濟與政治關係來決定的。一九六五年以後從亞洲到美國的大批移民，形成了超過百分之八十的亞裔美國人口不是在美國出生的；亞洲經濟的崛起，使亞裔美國人不再對與亞洲有聯繫感到羞愧；後冷戰時期的權力在配置上，我們看到了中國的崛起等——上述事實，都促成了整個一九九〇年代，離散模式在亞美研究領域裡的興起與優勢，與八〇年代人文學科典範的轉移到後結構主義，密切相關。黃秀玲於一九九五年針對去國家化（denationalization）所寫的一篇重要論文，即對這個問題提出強烈的異議和評論。[26]然而，離散模式與以美國境內為範疇的「認領美國」模式之間的理論交會，到底誰贏誰輸，尚未分明。這是因為離散模式在新的跨國模式裡，有部分變遷或頑強保留，兩者間的根本差異被一般人所漠視。因此，我們面對著十分迫切的必要性，去區分離散模式（在此，離散作為一種價值）與跨國模式（無論它是如何被概念化）。離散模式可能會成為簡單的文化主義（以「中國」文化作為終極的參照依據）與種族主義（血緣論述，與排外種族主義和種族國家主義論述的合謀）合理化的媒介，在根本上背離了從一個不平坦的領域出發，顯示亞洲與亞美之間在政治經濟上有著無可避免的關係的跨國模式。

如前所述，華語語系美國文學，是一個以在地為基礎的類型，並在特定的條件下顯示其跨國性，這將在以下的段落進一步闡明。這種特定的跨國性，在很多文學作品裡，呈現為移民身份的各個人物心理上的創傷，常常由多重人格的形式展現。

華語語系美國文學，如上所述，因為大多由移民作家書寫而成，故其主要特色便是探索並挖掘複雜的移民經驗。如果我們說，移民的經驗首先就是時間（移民前後）與地方（從原居國到移民國）的分裂，也因此華語語系美國文學展示出一種獨特的時間性斷裂，以及複雜的「地方」與「空間」的辯證（dialectic of place and space），而其中，時間／空間的聯繫失

26 Sau-ling Wong, "Denationalization Reconsidered: Asian American Cultural Criticism at a Theoretical Crossroads," *Amerasia Journal* 21.1&2 (1995): 1-27.

去了他們原有的邏輯，變得混亂。這個混亂包含了精神分裂的樣態。

依最字面意義的層次，移民者指的是從一個地理區域移出到另一個地理區域的人，在心理上須要把原居國從經驗生活的「地方」，變成抽象的、象徵性的「空間」，它已然是過去的空間，帶著一系列從鄉愁到否定的新心靈投資，端視個人的經驗，以及當初離開原居國的理由而各有不同。相對地，移民後的國度從想像的、抽象的「空間」，變成了每天生活的「地方」，不管是幸福美滿或危機四伏，移民者都必須在此活下去。在這個過程中，昔日原本居於未來的「空間」，也就是移民國，轉變成眼前的、當下的「地方」。在這裡，移民者必須面對每天生活或喜悅、或悲傷的所有經驗。從一個地方移出，同時是一種在另一個地方安居的過程，一個同時包含了空間的抽象化與地方的具體化的雙重轉變過程。

就較複雜的層次看來，移民者的精神經驗加劇了空間和地方之間的張力。假如移民經驗最後演變成一個創傷的結果，那麼實踐日常經驗的地方則可能會抽象化並再轉變成空間，藉此來壓抑或錯置當下的創傷經驗。當移民者無力處理創傷，導致在精神或心理上處於從各式焦慮失序到多重人格等不穩定的狀態，個人的經驗現實，就會因此而懸置，並轉向非現實。兩種多重人格實際上是一個隱喻，通常是移民作家以極端的形式來描繪移民者的存在處境。兩種文化變成兩種人格；兩種語言變成兩種人格；兩種不同的價值與道德規範變成兩種人格。這種分隔狀態變得僵化，無法協調成可行的二元文化主義，形成兩個自我交錯出現的混亂狀態。

舉例來說，在聶華苓的經典華語語系小說《桑青與桃紅》（一九七六）中，在戰後的美國，女主角在桑青與桃紅的雙重性格之間來回交錯：桑青是高雅的、含蓄的、貞節的，講北京話，而桃紅是狂野的、自由的、性感的，講英語。桑青對她非法移民身分的回應，就像隻被獵食的動物，飽受驚嚇，而桃紅完全不理會加諸在她身上那些法律或習俗的束縛。最重要的是，桑青受困於自己過去在中國或台灣的回憶之中無法自拔，而桃紅則是失憶的。羅卓瑤《愛在別鄉的季節》（一九九〇）這部電影，我們幾乎可以改名為「阿紅與Elaine」，和「桑青與桃紅」可作類比。女主角阿紅身為新移民，住在紐約貧民區，生活環境的困難，導致她也變成多重人格。在這樣的情境下，她分裂成美國人性格的Elaine，錯把她的中國丈夫當成性侵犯（對她來說，他看起來像剛下船的讓人討厭的新移民），因此把他刺死。丈夫流著血，躺在一座雕像的腳下，那座雕像竟然是自由女神的複刻品，用來紀念一九八九年六四事件死難的人。阿紅從政治極權的中國逃出，不但沒有來到想像中的美好國度，卻讓阿紅的人格逐漸消失在Elaine之中。只有當了Elaine，才能讓阿紅活著；換句話說，阿紅能活下來，是靠著她自身的消失這個矛盾的前提，就像只有桃紅才能讓桑青活著一樣。桑青和桃紅之間的轉變，在小說裡還沒有完成，預示著一個不定的未來。在此，多重人格是用文學化的方式，隱喻過去自我與現在自我之間的斷裂，在美國，新的自我誕生，需要以相當暴烈的方式，翻轉過去的自我。經過這個痛苦的過程，新的自我，身處於美國這個地方，在真實生活的每一天，取得繼續生活下去的必要生存技能。多重人格在這個脈絡裡，是隱喻自我再造暴力中的受創經驗。

除了上述這種失序的多重人格，華語語系美國文學還真是屍橫遍野。一九六〇至七〇年代，台灣到美國的那一代的移民作家，寫了一篇又一篇的小說，我們讀到許多發生在市區或郊區的「生又如死」的故事。移民主角發現自己一方面不能融入當地，另一方面，也不能避免他們的下一代美國化的浪潮（他們將此視為背叛），生活在如中空般沒法融入當地的生活，像是延長了的、永不結束的過渡期，感覺不到生存現實的關聯感或連結感。有些人因此自殺而死：白先勇的〈芝加哥之死〉（一九六四），寫的就是這一方面的癥候。主角被巧妙地命名為「漢魂」，他獲得了芝加哥大學的文學博士學位，發現他的生活完全與人毫無關係，因而盤算著要自殺，忘記過去、現在、將來。他計畫跳進密歇根湖，在那裡，時間無足輕重。自殺者的形象，相當頻繁地出現在這段時期的故事裡，包括白先勇其他的經典小說，例如〈謫仙記〉（一九六五）。叢甦《想飛》（一九七六）這本選集裡的同名故事，描述主角從洛克菲勒中心跳樓自殺。自殺是一種想要抵制時間流逝的行動，是移民者意識到他過著與人無關的人生，因而拒絕活下去。假如對不幸的移民來說，多重人格是一種既定的存在，那麼，自殺也可能同時是對此一多重人格的拒絕。

最重要的是，移民者的自殺凸顯他們無法與目前定居的土地產生連結，他們體驗到的排斥，也包括他們任性地拒絕對美國人及其價值觀的接受。在這些自殺的敘述中，這些人物明顯地被描述成是上等的人，被下放到種族不平等的國度，就像是被拒於天堂之外的仙人們一樣（從白先勇〈謫仙記〉的標題即可得知）。相形之下，即使精神分裂是較為困難的狀況，在過去與現在的自我之間劇烈波動，至少還顯示出尋求歸屬的慾望。新的自我是必要的，所以她能生活在現在，也能邁向未來，無論多麼脆弱或不確定。她不是班雅明的歷史天使，藉著前進的風，背對未來的她，被推向未來，她的腳步踉蹌，而她的臉被暴烈的風掃過。相反地，她穿著火一般的紅色，或是鮮明的粉紅色，那是Elaine與桃紅最愛的顏色，她嘲笑著權威、反抗、腐敗，但有強烈的生存意志。

假如多重人格和自殺是華語語系美國文學裡一些最擾人的隱喻，凸顯了中國與台灣移民極端反覆與不穩定的狀況，這卻並不是後現代主義普遍化了的分裂主體。當代的概念中，多半認為主體是不完整的，且無法概括，或是缺乏結論，尤其自佛洛依德（Sigmund Freud）與拉岡（Jacques Lacan）以來的精神分析學理論，更是如此。此外，主體的形成，經由一個傅柯式或阿圖塞式的屈從（subjection）的過程，才成為紀律社會與意識形態中的主體（subject）。這些理論的薈萃，精神分析與馬克思主義者，以必要的斷片、裂痕，以及不完整，來支持這個主體的概念。我們需要注意的是，這些理論雖然讓我們理解當代主體的分裂與異化，移民境況所引發的主體的分裂是一個特定的情況，必須另外分析。不是所有分裂的主體都一樣，也不是所有的憂鬱症形式都一樣，因此才有程艾蘭（Anne Cheng）提出的，有關種族問題導致憂鬱的概念。因此，當白先勇〈芝加哥之死〉的故事主角，這麼巧妙地名為「漢魂」（即漢人的靈魂），去找白人娼妓，他在白人娼妓的眼裡，不只是代表「中國人」，而是所有的「東方人」。他從娼妓那裡蒙受的羞辱，表現的是黃禍種族主義一個世紀的沉澱。當苦惱和羞辱如此痛徹心扉，叢甦作品《中國人》裡的角色甚至會說，憂鬱和沮喪是情緒的奢侈。

以英語語系移民作家哈金作一個快速的類比，有助於進一步闡明這個議題，因為移民國從空間到地方的轉變，是哈金自己所作出的重要選擇：選擇用英文書寫，以及後來選擇改變自己小說的場景，從中國轉到美國。哈金這樣寫下他用英語這個非母語書寫的選擇：

首先，我們——我老婆和我——決定移民，使我們的孩子遠離中國歷史的惡性循環和無端的暴力。其次，我不曾出版過用母語書寫的作品，而且假如我用華文書寫，可能最終就必須在中國大陸出版，而且必須受審查制度掌控。其三，我不想再讓中國政府的權力形塑我的存在了；換句話說，我想要遠離它的勢力範圍。為了保護我作品的完整性，而且讓我的存在與那些權力分割，我不得不用英文書寫。[27]

哈金有意讓自己和林語堂不同，對他來說，林語堂就像一個「文化大使」，以「依附中國作為自己文學上的存在」，還有就是如華裔法語作家戴思杰這類人的運作方式像是「文化販子」。於是他選擇相反的方式，追隨康拉德（Joseph Conrad）（波蘭）與納博科夫（Vladimir Nabakov）（俄羅斯）的腳步，「在他們後來改採的語言中，找到自己的命運」。面對直撲而來的失敗，哈金的英文書寫，最終獲得主流文學機構的肯定，贏得了像是國家書卷獎、亞裔美國文學獎，以及芙蘭納莉・歐康納（Flannery O'Connor）、海明威（Ernest Hemingway）、威廉・福克納（William Faulkner）等那些美國出生的作家也很難得到的獎。他所有得獎的小說，內容都是書寫一些小人物的生活，寫這些無足輕重的男男女女，在社會主義中國中每天的壓抑與亢奮。藉由筆下的中國故事，他獲得肯定，躋身傳統美國偉大作家海明威、歐康納、福克納之列。

然而，哈金的得獎運，終結在他第一本以美國為背景的小說《自由生活》（*A Free Life*, 2007），這本小說以直敘的方式，緩慢地開展著一個中國移民家庭世俗瑣事的點點滴滴。隨後，又出了一本短篇小說集《落地》（*A Good Fall*, 2009）。在這些故事裡，也有一個自殺的角色，但這個角色會自殺的原因很特別，是被一個中國同事剝削所致，而不是前面討論的，

27 "Exiled to English," *Sinophone Studies: A Critical Reader*, p. 119.

是被美國社會所逼。對造成移民生活創傷的指責，哈金會平均分配給各種人，而不會只單純指向種族分隔，從而體現了移民生活的模稜兩可與複雜難解。

以上用華語或英語來體現移民經驗的差異的來源，可能與出版地和預期的讀者群有關。一如上面提到的，從一九六〇至七〇年代，華語語系美國文學作品是由從台灣移居的作家書寫的，而他們持續出版的書籍，就算不是全部，多半也會被納入台灣文學的一部分。雖然台灣文學也是多語的，華語作品仍是那裡的主流。其實，他們作品主要針對的讀者大概就是台灣讀者，不可避免地會因而決定書寫的方向。就這點而言，他們的作品可以同時收入在華語語系美國文學和華語語系台灣文學兩個類別，以跨國的方式，存在於兩個分開但相關的文學史中。這是一個特定的跨國類型，實證了多重歸屬的概念。相反地，哈金的小說設定在美國，是為美國讀者而寫的，他拒絕按照公認的認可邏輯來玩——假如你是個少數族裔的作家，期待獲得肯定時，必須書寫異國情調的題材，或是原居國的創傷事件——構成一個特殊的書寫倫理。在哈金的作品裡，過著跨國生活的移民者不少，但是，我們很難把哈金的作品收編在「中國文學」的領域之中。

在華語語系美國文學典範裡，還有另一個跨國性的形式：聶華苓的《桑青與桃紅》首次出版是在香港，因為她在台灣是政治異議人士，作品無法在當地出版。小說早期的讀者主要是香港和台灣人，但英語翻譯版隨後得到了美國書卷獎。《桑青與桃紅》指出了一種跨語言的跨國性。這個同時是華語語系亦是英語語系的美國文學作品，以其多樣性和複雜性所交織而成的多元語言，豐富了美國文學的內容。

附錄一

跨國知識生產的時差

——讀史書美《視覺與認同：跨太平洋華語語系表述．呈現》

蕭立君*

在「跨國」、「離散」、「全球化」等名詞近年來已經成為台灣學術界及知識圈中炙手可熱的關鍵字之際，史書美教授有關這些議題的論述早已為台灣外文及台文學門中相關次領域的學者所熟悉。事實上，史書美一手創立的「華語語系研究」（Sinophone studies）可以說是在全球資本主義脈絡下，重新檢視、省思並批判跨國文化生產及離散社群等現象——特別是

* 國立台灣大學外國語文學系副教授。

本文原發表於《中外文學》四三卷一期（二〇一四年三月），頁二一三—二二一。

針對離散中國人／華人（Chinese Diaspora）研究——一些根深蒂固觀念的挑戰；而史書美於二〇〇七年出版的*Visuality and Identity: Sinophone Articulations across the Pacific*，則是她首次以專書方式、有系統地陳述其「華語語系」觀點。[1]以時間點來看，中譯本《視覺與認同：跨太平洋華語語系表述・呈現》直到二〇一三年才問世，這六年的時間差，在當今資訊流通幾乎同步化的網路時代感覺起來已經是相當漫長的延宕了。或許也正是因為台灣學術界（包跨台文學門）早已納入全球化的知識生產體系內，英文儼然是學術研究的通用語言，加上史書美近幾年來相當頻繁地與國內相關領域學者交流，學術圈內的我們似乎察覺不到其觀點在台灣的傳播有「時差」。然而筆者透過翻閱中譯本「重讀」史書美的著作，發現其中諸多論點在當今台灣的時空下卻格外「及時」並深具啟發性。

新名詞或新議題的流行不見得代表舊觀念被取代或既有價值體系的徹底改變，而往往是以主導型意識形態彈性調節、吸納新挑戰來維繫既有體制的結局坐收；另一方面，實質的改變與全新視野的到來既需要契機，也可能需要時間。衡量台灣文化圈、甚至學院內對跨國與離散文化一些想當然耳的看法，筆者認為《視覺與認同》的若干論點（例如，離散會有結束的一天，而台灣的離散狀態早已結束：頁二六八—七〇）對部分讀者而言或許聽來頗為刺耳，但同樣的也應該會讓相當多的讀者有耳目一新之感。由於台灣似乎傾向欣然接受「跨國文化」、「離散論述」等提法，或據此描述、詮釋甚至合理化既存文化形態，或以「無縫接軌」全球化為最終目標（若認知上尚未接軌的話），因而史書美書中對相關「主流論述」的批判有可能在我們悅納跨國知識的潮流中被忽略，因此筆者在評介這本書的主要論點之餘，也將點出其中的批判性或基進意涵（radicality）。

一、

貫穿《視覺與認同》全書的論述主軸，當然是史書美以「華語語系」這個概念架構出發的視角，對不同時空下之華語文化表述／呈現的剖析與詮釋。所謂「華語語系」指的是「在中國之外、以及處在中國性邊緣的文化生產網路」，呈現出「華語語系中多種語言的異質性、以及華語人士分布地域多樣化」，幾個世紀來已在不同地方異質化與在地化了中國文化（頁一七）。當然，作者很快地在導論的後段就補述：華語語系同時代表許多有生命、異質的語言及文化，故「無法用大一統的定義來涵括」（頁六二）。儘管「華語語系」這個名詞

1 史書美有關「華語語系」的專書，另有她共同主編的《華語語系讀本》（*Sinophone Studies: A Critical Reader* [2013]）。

的定義和範疇有一定程度的彈性，[2]筆者必須指出，史書美有關華語語系的論述是扣緊書名所標示的「視覺」與「認同」這兩大主題而開展的。事實上，史書美「華語語系」提法的有趣及創新之處就在於對視覺或視覺性（visuality）這個要素的強調，並主張在華語語系的跨國表述與呈現中，視覺（性）撐起認同（identity）的基礎及架構。

誠然，聚焦於視覺性有為書中主要章節精讀分析之各式各樣的視覺文本——從李安的電影（第一章），劉虹的視覺藝術作品（第二章），陳果的「香港三部曲」電影和「盧亭」裝置藝術系列（第五章），吳瑪悧的裝置藝術（第六章後段），到影像媒體中的「大陸」與「大陸妹」形象（第三與第四章）——提供理論基礎之作用，但視覺性主題的探討亦帶出了以下幾個重要意涵。第一，華語語系下諸多語音之差異固然凸顯出「華語」（the Chinese language）的異質性與多元性（本來就不是單一語言），但若僅以語音差異作為華語語系的基準或「共性」，仍有可能陷入某種想像的、本質化的「華語特質」窠臼中，並有輕易被收編於中國中心主義既有的「標準中文／各地方言」之臣屬框架之虞；而華語語系視覺文化的表述則透過跨國脈絡下的視覺影像打開了一個「去中國中心化」認同、迎向世界以及另類意義和文化生產的可能。第二，語言與視覺之間的張力是華語語系文化表述之顛覆性及創造力之所繫（作者對《臥虎藏龍》的分析即是一例），而本身就具有跨脈絡、跨文化屬性的華語語系社群所生產的影像和視覺文本，在全球化與跨國文化工業的脈絡下也增添了跨越語言隔閡之跨文化翻譯和理解的可能性（當然這也包括去脈絡化之消費或誤解的危險）。第三，由於在全球化資本主義（global capitalism）的大架構下，「視覺作為認同的主要方式，已攀到前所未見的高峰」（頁二一），史書美試圖闡述非西方的、特別是華語語系的影像文化生產如何在擁抱與拒斥全球化之間，發展出不同的「視覺識力（visual literacy）與對影像的認知，[3]並且回應甚至挑戰歐美主導的全球視覺文化。

這個「全球化資本主義」的大脈絡，除了是對認知上的現狀描述外，也可說是作者堅持的理論大架構。細讀書中討論理論議題的篇章（主要集中在「導論」、「結論」，以及第一章和第六章的前段，但也包括其他章節中個別案例分析的立論基礎），不難發現史書美的論述動能和基調大抵是從某種西方馬克思學派的角度出發，反映出後者對全球化資本流動擴散的詮釋、對西方後結構主義核心概念的批判、以及它質疑（受後結構思潮影響的）後殖民理論之立場。舉例來說，從哈維（David Harvey）有關視覺文化能挪用資本的力量、而非被資本

2 與前述引言中的定義較不吻合的例子是史書美認知到華語語系也有表述出「中國中心主義」的可能（頁五八）。

3 關於這一點，史書美在英文原著中提到「不同的視覺識力與對視覺的理解」（a different visual literacy and understanding of the visual）（頁一〇），但中譯本僅以「不同的視覺詮釋」帶過（頁二六）；由於「視覺識力」可能關係到作者對華語語系視覺文化的看法或期待，故筆者在此提供一個比較細部、逐字的翻譯。

力量挪用之樂觀看法（頁二六），到德里克（Arif Dirlik）對後現代彈性主體觀的批評（頁四三），我們都可以看出史書美的理論基礎與思考路徑。就理論系譜而言，書中有關「視覺」與「認同」之理論性探討其實是相當有針對性的：史書美是在當代歐美理論發展的脈絡下試圖重建視覺（性）與身分認同的重要性、正當性及其基進政治意義。作者之所以採取為視覺與認同辯護的立場與姿態，主要是因為西方在注意到全球化資本主義下文化之「視覺轉向」的同時，「主流的哲學與學術論述對視覺的霸權嗤之以鼻」（頁二七），且隨著「轉向語言」的後結構主義思想興起，歐美知識份子高舉書寫的文化優越性，貶抑視覺再現形式之態勢漸形鞏固。而同樣也是因為後結構思潮在理論上宣告了傳統主體觀的破產，主體只能被多重、有無限變換可能的主體位置（subject positions）取代，而特定的身份認同似乎只能被不斷的延遲。在某種多元文化觀盛行的氛圍之下，歐美學界對「認同政治」（identity politics）的批判已經是一種批評的常識（critical commonsense）了。然而史書美並非主張重返一種以僵化身分定義為基準的認同政治，而是強調對後者的批判不應使我們無法分辨不同歷史政治文化脈絡下的認同表述所可能產生的多重政治意涵（包括進步的或反動的）；當然，批判認同政治也不應該使我們「失去（仍然想要的）認同」（頁四一）。

筆者在此點出史書美的基本立場與「堅持」，只是幫中譯本的讀者釐清該書的理路，並無意在理論系譜上編派一個固定的位置給作者；事實上，史書美凸顯其若干理論立場之餘，在援引觀點及分析事例時仍保持相當適切的彈性與複雜性，不應被輕易簡化或歸類。以書中對西方歐美各家視覺理論論述的整理為例，作者除了展現其爬梳正反意見的細膩與深度，也不忘提醒我們應跳脫相關的二元對立觀點，並揚棄將某種媒體（無論是書寫或視覺）視為天生具有霸權或反抗特性的本質論看法（當然，站在後結構主義的對立面並不意謂著擁護後者所反對的本質論）。[4]

二、

史書美在理論面的彈性看似是一種折衷作法（eclecticism），或以效用為考量（例如弱勢群體需要明確的身分認同；視覺媒體能投射受壓迫者的慾望）的實用觀（pragmatism），但其主要肇因於作者堅持將普遍性（universalist）理論歷史化與脈絡化（頁四〇）。歷史化

4 我們因而可以推論，思考華語視覺文化的表述似乎也應該擺脫西方理論中「書寫vs.視覺性」的對立概念，然而非字母拼音文字（亦即非語音中心觀phonocentrism）的中文書寫跟視覺性的關係究竟應該如何——它是視覺認知的一部分，且有不同於歐語系書寫的開放潛能；抑或中文書寫由於其標準化、穩固化各種駁雜華語語系語音的作用而顯得更為反動？——這是《視覺與認同》刺激筆者想到的複雜理論問題之一，可惜該書當然有它應聚焦的視覺文本跟議題，並未對此多加著墨。

與脈絡化看似限縮理論的普遍性及適用範圍，但歷史與在地脈絡的特殊性，同時也具體呈現了逸出既存模式或常態之多重發展的可能，間接迴映出非預期的偶然性（contingency）之不可免。且史書美本身的知識生產與論述也示範了各種不同知識脈絡（如西方的批判理論、美國的東亞研究論述、多種華語社群的在地文化實踐等等）之間如何能帶來彈性表述轉譯、重構、轉化的機會，雖然這些彈性空間最終也會被脈絡所限，而不是無限的、任意的延伸與變異，或完全可算計的彈性操控。

史書美彈性的理論實踐也許可藉由她書中援引的拉克勞與穆菲（Ernesto Laclau and Chantal Mouffe）的「節點」（nodal points）及相關術語／概念來理解：[5]佔據「節點」位置的一個特定意符（包括影像的呈現），由於同時身處無可避免的多重脈絡中，因而得以蘊含各種不同甚至相斥的觀看視野和意義表述（articulation）——這間接道出了視覺媒體遮蔽真實的幻象化傾向背後，仍可能具有基進潛能的另一面。[6]然而這樣的跨國、多重脈絡似乎同時也更有被彈性操控、遮蔽、挪用的空間（因為同時深度檢視、了解各個脈絡下的意義表述的挑戰性更大）：就如史書美以李安一系列電影的跨國、跨文化特性與策略，說明國族主體與少數族裔主體如何在彈性運作中巧妙結合，並符合不同脈絡下主流文化的期待；而劉虹的藝術創作呈現的多重主體位置也以類似的彈性手法，將潛在的政治基進性妥協成吸引注意力卻不具威脅性的商業賣點。這就是為什麼筆者認為，我們在面對「跨國共謀結構」（頁一三一）更彈性地控管新差異的局面時（譬如，異文化表述之潛在可譯性只有在不具威脅性時才能被接受），拉克勞與穆菲理論所強調的「反抗潛能」（antagonism）或能提供理論上另一個思考路徑。對這兩位理論家來說，「反抗潛能」最終無法在節點被縫合（它見證了社會整體性的不可能），但也正因為它所代表的縫隙存在，節點上的關鍵意符仍有全然不同表述的可能。「反抗潛能」不能等同於任何既有的、具體的對抗關係（如兩個族群間或財團與工運團體間），也無法在現存、客觀的社會差異關係中被完全表述出來（頁一二四—一二七）。「反抗潛能」似乎只能「負面表述」，但它無特定對象、無固定內容的特質也使得它不易被辨識或翻譯，並收編入一個調整過的差異關係中。也就是說，「反抗潛能」難以成為現實政治中被

---

5 由於拉克勞與穆菲以及他們挪用的拉岡派精神分析概念經常也被歸類於後結構派（類似後結構這樣的大標籤有時其實已被廣泛應用到僅具參考價值，就像許多人常忘了齊傑克〈Slavoj Žižek〉從他第一本英文書《意識形態的崇高客體》（*The Sublime Object of Ideology*）開始就一直反對將拉岡學說讀成後結構的分支），筆者在此也嘗試跨理論陣營詮釋的可能性。

6 這裡的理論及倫理意涵則是我們已然涉入一個「不可能但必要」（impossible yet necessary）的時刻（Butler, Laclau, and Žižek 8）。齊傑克曾以拉岡的縫合點（points de capiton）概念來解釋在意識形態縫合點上，同樣是「民主」這個關鍵字能在不同的脈絡下表述出同樣天衣無縫、但政治光譜位置卻大相逕庭的論述（頁八八）。

彈性操控、算計的一環，進而使得政治性不能被政治現實所窮盡（the political is irreducible to political reality）這樣的基進民主願景成為可能。

三、

前一段的理論分疏當然不是要指出哪種詮釋最符合理論源頭的意旨，或什麼樣的理論挪用才具有正當性或合理性。事實上，《視覺與認同》在理論上的貢獻不在於它所提供或援引的理論內容本身，而在於它所帶出的問題意識頗能刺激我們進一步思考理論和非理論層面上的諸多議題。本文最後也將簡要勾勒出這些議題，希望能引發論者進一步的探究：

（一）非歐美中心主義的認知結構與世界觀：對歐美中心主義（特別是「理論」的歐洲中心觀）的批判早已屢見不鮮，但史書美提出更具層次感、更精細的批判，指出在歐美中心（metropolitan，書中譯為「大都會」）的脈絡下標榜其族裔邊緣性及反歐美中心觀立場的知識份子，最終可能流露出其對西方中心的執迷，並落入二元對立之論述模式（頁二四八—五二）。讀者應不難看出，史書美華語「語系」的提法顯然是受到反歐美殖民主義的非西方觀點所啟發（如法語語系文化；作者強調的是尚未以「自我弱裔化」或「自我他者化」方式與歐美中心觀交會的觀點），而華語語系的「去中國中心化」傾向則表述了其不願陷入新舊文化帝國主義之間二元對抗邏輯的立場。台灣由於沒有被歐美直接殖民的歷史經驗，處於帝國邊陲的位置似乎反而讓我們愈渴望被中心所接納，因此具有被殖民經驗的第三世界文化觀點幾乎不在我們的參考視野之內，也甚少在「現代化／傳統」或民族主義的框架外去反思我們與歐美文化的關係。同樣為了擺脫歐美中心觀在認知層次不自覺的束縛（亦即不自覺的束縛），史書美引述其他論者的觀點來提醒讀者「認同的知識論地位」（the epistemic status of identity）（42）：[7]認同可以是我們藉以形成某種世界觀的理論建構。認同植基於具體經驗，看似本體論層次的問題，但它也能幫助我們從經驗擷取意義，進而轉化為知識——認同問題因此也可以是理論問題。

（二）**知識在地化與理論的時程**：如果我們可以接受認同的知識論地位，我們便能跳脫「歐美理論／本土經驗或素材」這種「方法／案例」的簡化區分及慣性的知識（再）生產模式，因為經驗層次的脈動其實無法和認知架構的理論議題脫鉤；這也促使我們重新審視我們潛在的「理論進化論」（在方法上是否跟得上歐美的腳步）以及理論是否應用得當的焦慮。以後殖民理論為例，我們要問的是：在台灣社會文化的脈絡下，後殖民理論的介入點在哪裡？就如同伍軒宏所指出的，後殖民研究更應能發展出其「邊緣田野」的多重性，在「不同

---

7 史書美這裡主要是引述Mohanty的論點。

的情境有不同的分裂軸線」（頁二二一—二二二）。筆者認為這樣的「田野資料」不是要提供給一個（自認）置身其外的認知主體來做理論層次的彙整（如典型的歐美中心觀主體的做法）；它本身即是在地化認知主體之理論思考動能。追求「理論上的同時性」（theoretical coevalness）有其侷限——就如同史書美對若干置身歐美知識生產中心的後殖民理論家的批評（頁七六）——問題可能不僅在使用相同的理論語彙及架構，而更是「認知平等性」（epistemic democratization）的問題（Lionnet and Shih 29），以及如何看待自身的理論時程。台灣在九〇年代曾出現一系列關於台灣主體性及後殖民／後現代的辯論，在理論詞彙上當然與歐美有「同時性」，但這樣的共時性和其背後的進化時間觀，若最終無法促使我們發展出從台灣經驗提煉出的、相應的理論進程和世界觀，則代表我們必須重新思考理論知識在地化的問題。因此，理論知識的時差或許是必要的，但它反映的不是認知視野鎖定在歐美參考座標的時間觀，而是它需要沉澱、孕育於本土經驗的時間。

（三）時間流動下之「現狀」：時間不但是構成認同的要素，亦是牽動華語語系社群衍異的變數之一，因為「當移民的後裔不再說……各種漢語時，他們便不再是華語語系群體的一員」（頁二六九）。作為語言範疇的華語語系也是極具過渡性的時間範疇。華語語系的提法至今（六年後）仍令筆者感到相當「及時」的原因，首先是諸多華語社群仍基於一種「起源的意識形態」而將移民視為「永久的狀況」（頁二六八）；此外，就如蔡明亮指出的，東南亞的「華僑」社群（包括他自己）都鍾情於聽另一時空背景的流行歌曲（亦即老歌），而這種傾向將時間凝結在某一點的軟性鄉愁文化表述，[8]似乎仍頑強地對抗時間之流對華語語系群體免不了的沖刷。放在原著與中譯本間的時差脈絡下，史書美數年前所觀察的，「曖昧性似乎協助台灣維持現狀，但世上沒有不變的現狀」（頁二〇二），可說是一語道破我們在台灣所習慣的「現狀論述」之虛妄：「維持現狀」的共識背後，卻是各方對「現狀」各種歧異甚至衝突解讀之間的角力，更不用提各方勢力在檯面上或檯面下推動種種嘗試改變維繫現狀的物質條件及政治文化氛圍。

《視覺與認同》具有海外書寫（特別是在美國的脈絡下）與英文媒介這樣的優勢（像「中國」、「中華」這類中譯過來的詞在現今的脈絡下很難有中性、不涉意識形態角力的表述）。它既沒有局內人討論自身處境時不可承受之曖昧重擔，也沒有局外人不夠深入瞭解在地知識的複雜脈絡、或以美國利益為中心的思考，因此是我們無法提供給自己的、難能可貴的禮物。然而同樣受外文學門訓練出身的我們，若無法接棒來認真思考、審視、挑戰書中所提出之攸關台灣認同與知識脈絡的困難議題，可能就是辜負了史書美這份知識上的贈禮了。

8 蔡明亮的相關說法見他的訪談短片《蔡明亮談老歌》（http://cscf100.pixnet.net/blog/post/78076313）。

引用書目

史書美。《視覺與認同：跨太平洋華語語系表述・呈現》。譯：楊華慶。校訂：蔡建鑫。台北：聯經，二〇一三。

伍軒宏。〈再見後殖民：評張君玫《後殖民的陰性情境：語文、翻譯和慾望》〉。《中外文學》四一卷四期（二〇一二年十二月），頁二二一－二二八。

Butler, Judith, Ernesto Laclau, and Slavoj Žižek. *Contingency, Hegemony, and Universality: Contemporary Dialogues on the Left*. London: Verso, 2000.

Laclau, Ernesto, and Chantal Mouffe. *Hegemony and Socialist Strategy: Towards a Radical Democratic Politics*. London: Verso, 1985.

Lionnet, Françoise, and Shu-mei Shih, eds. *The Creolization of Theory*. Durham: Duke UP, 2011.

Mohanty, Satya P. "The Epistemic Status of Cultural Identity." *Reclaiming Identity: Realist Theory and the Predicament of Postmodernism*. Ed. Paula Moya and M. Hames Garcia. Berkeley: U of California P, 2000.

Shih, Shu-mei. *Visuality and Identity: Sinophone Articulations across the Pacific*. Berkeley: U of California P, 2007.

Shih, Shu-mei, Chien-hsin Tsai, and Brian Bernards, eds. *Sinophone Studies: A Critical Reader*. New York: Columbia UP, 2013.

Žižek, Slavoj. *The Sublime Object of Ideology*. London: Verso, 1989.

附錄二

華語語系研究不只是對中國中心主義的批判

——史書美訪談錄

日期：二〇一四年六月八日

地點：InterContinental Hotel, Singapore

訪問和修訂：許維賢

訪問錄音整理：楊明慧

華語語系研究的挑戰

許維賢（以下簡稱許）：作為華語語系研究最重要的理論奠基者，您認為華語語系研究未來應該要朝向一個學科的範式推進呢？還是說它只是做為一種提問的範式（mode of enquiry）？

史書美（以下簡稱史）：這個問題很好。因為基本上我們在談一個領域，或者是一個方法論，或者是一個領域的建構或產生。當然在學術界，我們的話語，比較成功的例子，通常都會變得比較體制化，變成一個學科的形式而建立及存在。但是實際上，這樣一個學科它也有困難，而且也可能在體制化的時候就會變得比較死板。所以我想說譬如說英語語系研究啊，法語語系研究啊等等，我覺得基本上，它除了是一個歷史的形成過程，它也是一個方法論的問題，所以以後發展的情況如何，這個當然是要看以後年輕的學者願意怎麼做。我自己是沒有說一定要建立學科這樣的一個野心或企圖。倒是覺得它所倡導（promote）的東西，事實上就是一個批判的態度，對已存的知識架構的一個批判。因此假如是對已存的知識架構這樣的一個範疇的一些思維和方法論有所批判、突破，我覺得可能也就夠了。那以後的人他們想要怎麼做，年輕人他們想要怎麼做，他們完全有一個很大的空間自己去發展。我一直都是非常鼓勵別人說要自己發展自己的理論，因為每個在地的歷史經驗、文化生產、文學作品內容、電影內容，都非常不同，有在地加上在地和所謂的全球或其他地方的不斷的這樣的一個交流，一個衝撞下產生的，對不對？每一個衝撞的過程，在每一個地方都不一樣。每一個衝撞之後產生的新的，這樣一個混合的文化，在每一個地方又不一樣。所以即使是華語語系文化在不同地方，它有不同的邏輯、不同的歷史和不同的內涵。因此我覺得事實上它是一個非常開放的空間，應該是更多的人願意去立論、思考和批判，然後假如是大家對這樣的一個領域有期許的話，就是讓它變得更有趣、更複雜、更能夠面對這個世界的複雜性，我覺得這樣對我來說是比較好的發展。

許：您一直強調說華語語系研究是要擺脫過去Chinese Studies以中國為中心的研究模式。這個華語語系如果要朝向一個學科發展的話，您說它會有一些局限。那是不是可以請您來談談一下是哪些局限？這些局限是怎樣可以在一個朝向去中國中心的華語語系研究裡得到解決？

史：我先說明，華語語系研究不只是對中國中心主義的挑戰，它也是對在地的不同的中心論的挑戰，所以我覺得這是一個很大的誤解。事實上，我們在談美國的華語語系文化，它是對美國白人中心及英語至上論的挑戰；我們在談馬來西亞的華語語系文化，它是對馬來中心與只有馬來語文學可以被看作是馬來西亞國家文學的一個挑戰。在新加坡的情況的話，華語語系所挑戰的東西又不盡相同，對不對？因為新加坡在後殖民的情況下，在英國殖民過後的整個全球化的這樣一個國際都市的一個走向下，華語語系有它自己不同的批判對象。以為只是對中國中心主義的挑戰，是一個錯誤的。事實上，華語語系研究可以在美國研究裡頭有一個很重要的位置。可以在馬來西亞研究有一個很重要的位置。可以在非洲研究，或者是法國研究都有。如研究高行健真的應該注意他作為華語語系法國文學作家的意義。因為華語語系群體全世界到處都有。事實上他們的在地經驗和在地批判是對那個地方的民族、種族、文化這些多數的、國家意識等等建構的批判。而當然他們也有對中國的看法或反思，對世界有所思考，在地或跨國，也是他們的選擇。所以，它真的不只是對中國中心的批判。

我覺得，這樣的誤解，有以下可能的原因。事實上，這個誤解來自一種對華語語系不是非常友好的立場。因為他們是對中國民族主義的一種自衛性的反應，所以他們覺得華語語系就是批判他們的。事實上，這是一個在位者，一個在中心者的非常自戀的一種模式的反應，對不對？好像別人說了什麼都是在批判你，好像什麼都和你有關，這也是錯誤的。事實上在美國也是這樣。所有的帝國都有這樣的傾向。就是說他們會覺得別人都是在批判你。這裡的差異是：比較有自信的帝國，他們會覺得別人批判你，無關痛癢。沒有自信的帝國，人家批判你，你就自衛式的非常reactive的反應。現在中國是處於這樣的一個歷史境況，因為百年的恥辱，五十年前才把它拋掉，因此他們現在在面對世界的時候，是非常自衛式的，非常defensive。因此，會覺得好像華語語系是在批判他們似的。但事實上不只是這樣啊，它也是批判美國帝國，對不對？也是批判其他國家的那種民族文化的語言中心主義。對馬來西亞政府的馬來中心批判，應該也是很重要的一點啊。我們也需要批判英國，荷蘭，法國等在東南亞的殖民，對不對？所以我就覺得為什麼大家只看到批判中國這一點，看不到其他多元且豐富的批判性呢？所以後來我就覺得需要在這一方面多講一些。早先，在《視覺與認同》裡頭，我就有提到，華語語系的思考模式是一個多方面的、多維的批判。它可以批判美國，可以批判中國，也可以批判其他的地方，因為這些群體他們本身的歷史經驗，他們受壓迫的經驗，或者說他們壓迫別人的經驗都是在地的、不同的一個歷史經驗。我們怎麼可能說華語語系都是反中國的啊？不可能啊。對不對？所以，我在此需要強調這是一個很大的誤解。

至於有關學科建構的限制，主要是因為你在變成一個體制化了的學科的過程當中，它就會被僵化，這是我所不願意看到的。我覺得這裡頭的活力就是因為它有不斷演變的可能，就好像在地的歷史經驗的不同，而產生對不同的中心的批判。譬如說，像這種東西我覺得就很難體制化，華語語系研究是放在什麼科系裡頭呢？它只能屬於像是一個跨系的、跨區域的人文社會科學研究的一個programme。或者是說，你說在東南亞研究，把華語語系放進去的話，那並不包括所有華語語系的群體啊。你在中國研究裡頭，把華語語系放進去，那也不包括所有的華語語系群體啊。是不是？所以大家都可以作為一部分，或者是說，還有一種方式是以一個研究中心的方式，例如華語語系研究中心，它就可以跨領域、跨語言和跨國家的立場去進行對有關華語語系研究對象的一個共同討論。但是事實上，華語語系是一個非常鬆散的一個脈絡、一個網絡（network）。你假如是只把它跟只有華語語系的東西放在一起，這本身也是一種ghettoization，中文怎麼說？它本身就是一種自我區隔，就好像以前的離散研究啊，華人研究啊，華僑研究啊，這自我區隔是非常有問題的，因此華語語系對這些研究領域持批判的態度，更何況這些領域的中國中心的傾向相當嚴重。所以我覺得在每一個怎麼去理解它的範疇的這個問題的思考當中，都需要對所有這些已存的陷阱要有一些警惕，因此它才能夠可以是更活潑的，而且是跟各方面有不同的交錯和討論，這樣的一個領域，我覺得是比較好的。因為不然的話，所有華語語系群體的人都一定要和其他相似的群體人對話和溝通而已嗎？如美國的華語語系文化一定要和馬來西亞的華語語系文化寫到一起嗎？好像沒有這樣的事。起初這樣是有意義的，因此我寫華語語系當然是先把他們寫在一起。但是，我希望的是，將來對世界各地的各國家文化與國家文學產生更基本上的介入，譬如說我最近寫一篇叫做〈華語語系美國文學〉，這篇短文就應該放在美國的亞美文學的一個領域裡頭，出版於亞美文學導讀的一本大書裡。它是對美國研究的一個介入。有一次我在美國賓州大學做一個演講，也是用華語語系的東西來批判美國研究。當時研究美國的人聽了也很有共鳴，因為美國也有英語當道的這樣的一個很深重的問題。

許：跟新加坡一樣？

史：對啊。新加坡的多元文化策略也有很多問題，什麼多元語言策略等等，在政策層面就有許多我們需要認真思考和批判的必要。因此你事實上可以介入的面是很多方面的。我要再澄清第一，對中國中心論的挑戰只是其中一個。第二，真的要體制化的話，我覺得我們必須自省它的體制化過程當中的僵化問題。

多面向的批判策略

許：好。謝謝你剛才澄清關於華語語系不只是要去中國中心主義。當然我在之前細讀您的論文裡面已發現您的整個視野非常開闊，其實不只是在批判這個中國中心主義，這也包括對各區域的國族主義、帝國主義，甚至對異性戀霸權的反思或批判。如果說我們現在要採取一個您所謂的一個多面向的批判策略，把它放到新加坡，剛才您提到在新加坡所批判的那個對象可能也不是中國中心主義，對吧？那您覺得在新加坡的這樣一個本土語境下從事東南亞研究，我們在挪用華語語系理論的時候，應該進行怎樣策略性的批判？

史：對新加坡的歷史和語境，我覺得我的了解還不夠深。但是新加坡的情形非常有趣。跟香港有些平行、相似的歷史經驗，但是又非常不一樣。因為香港在中國民族主義和英國的殖民主義之間，他們徘徊不定。在現在英國殖民主義結束之後，中國變成了一個新的威脅，在日常生活上的威脅，所以香港人在這一方面的感覺是很激烈的、負面的反應。那在這樣的情況下，他們的粵語文學，還有他們對粵語的那種快要被湮沒的文學文化文字的傷感和憤怒，這個是現在感覺非常迫切的，到處都可以感覺到的。在香港，中國霸權的這個陰影是非常的大，他們的本土的粵語文化的保存和保護有一個反抗的意識和內容。因為中國太近了（香港已是中國的一部分！）。在新加坡，這情況不太一樣。我覺得在後殖民的新加坡，它有一個官方的多語政策、多民族多文化的政策。但是基本上看來是朝向全球化的。它是用一個非常策略性的中國儒家傳統的文明資源拿來當作是新加坡全球化的、和其他地方不同的一個資源或者是一個藉口。但是事實上他們的生活是不是真的非常反映了儒學和儒家的文化思維？那也很難說。事實上新加坡已經非常西化，或者說已經非常全球化。那在這樣的情況下的新加坡的各種華語，當然在中文系所的立場來看的話，好像從各方面都被受到有一點擠壓，因為這裡英語當道等等。但是新加坡到底要不要維持這個華語語系的東西為它的一部分，這裡我就有一些大家不一定比較喜歡聽到的想法。譬如說美國的華裔，他們在美國第二代、第三代之後呢，就很多都不願意也不會講華語了。從第一代的移民父母的眼光來看的話，這些人都變成了小美國人，他們忘記了他們的傳統，因此父母和小孩子之間的代溝，事實上就變成語言和文化的代溝，而不僅僅是因為世代不同、你的經驗不同因此有代溝。在這樣的情況下，事實上父母親這一輩和小孩子這一輩的那個代溝就變得非常嚴重。另一方面，對這些小孩子們來說，第二代事實上對他們父母親的文化有多一點了解對他們也沒有壞處。但是呢，他們想要變成以英語為主的美國人的想望也是真實的。我覺得父母親沒有必要強迫他們學華語。這樣理解嗎？因為我覺得每個人都有不同的選擇。他想要放棄華語，我覺得這也是無可厚非的。那他想要保有他父母親的文化，繼續說華語，用華語書寫，用華語讀書，我覺得這樣也很好。就是說，每個人都有保持或放棄母語，變成某種本地人的權利，這是他的選擇。所以新加坡人願意怎麼走，那是大家共同的課題和選擇，經由文化辯論及政治過程來底定。新加坡人對中國文化的態度是什麼？中國文化在新加坡事實上已經不是所謂的中國文化吧，它和中國的中國文化是不同的。那這樣的一個轉換過了的新加坡的華語語系文化，我們應該怎麼樣去看待它？它面臨消失的危機等等，我們怎麼去想呢？我比較覺得在地的人有權決定啊，所以我在《視覺與認同》的引言裡頭有提到，就是說Sinophone它本身的消失，不一定是需要去哀悼的。因為新加坡不是中國。香港比較沒有選擇。新加坡有選擇。新加坡人可以自己決定怎麼走。那當然新加坡人當中也有權力的不同，誰當政啊，誰有錢等等。對不對？所以講華語的新加坡人可能還是覺得被邊緣化，但是講淡米爾語（Tamil）和馬來語的人更覺得被邊緣化吧？至於一些新加坡人一直和中國保持密切的關係，這也是理所當然，個人的選擇。

語言、國籍、與「新馬」的離散華人語境

許：馬來語是新加坡的國語，在國家憲法上還有一個很大的象徵作用。新加坡的馬來人在日常生活中，彼此之間一般上還是比較願意用馬來語交流。如果跟新加坡華人之間來比較的話，其實總體上新加坡的馬來人對他們馬來語文的熟悉程度和使用程度，恐怕要高於新加坡華人對華語文的熟悉程度和使用程度。新加坡的馬來人由於有伊斯蘭教作為族群凝聚力的據點，因此基本上還保留希望通過對馬來語的學習來繼承馬來文化或宗教的族群心理。但是新加坡的華人就比較複雜了。基本上近二十年新加坡的本土華人社會主流話語，無論是官方意識形態或中上階級華人家長，不少人傾向於希望國家教育政策取消母語政策，希望華裔孩子們不需要學華語。他們的理由不在於說因為要成為一個新加坡人因此不學華語，恐怕潛意識的主要理由是覺得說華語給人感覺低人一等，到底是誰讓他們感到講華語會隨之帶來這樣一個被內化的歷史恐怖陰影？是誰讓他們覺得華語的文化象徵資本遠遠低於英語的文化象徵資本？甚至淪為某一類低一等的人？是誰賦予他們這樣一個權力去自我分類？新加坡越來越朝向一個以英語為主導的單語社會，所謂的雙語或多語其實經常是假象。而且在新加坡，您把華語說得流利一些就會被人誤以為您是一個中國人。反觀在新加坡說英語卻不會被人誤以為您是一個英國人，或者是一個美國人。您在《視覺與認同》裡面很敏銳地提到一個很重要

的觀點，語言和國籍之間沒有一個必然的關係，但新加坡當下整個強勢的主流本土話語卻是在不斷把講華語等同為中國國籍進行連鎖。

史：對，沒有錯。這裡就是歷史的因素。因為英美帝國的關係，他們的語言分散到世界各地。因此呢，我們知道世界上各種人種都講英文，不一定是美國人也不一定是英國人，而且他們有種族差異，譬如說非洲的黑人講英語，或者是說加勒比海的黑人講英語，或者說印度人講英語。我們不會覺得他們必然是美國人或者是英國人，因為歷史不同。但是中國是一個新興帝國。而且是剛剛經歷了一百年的恥辱。而這一百年的恥辱的一部分就是所謂的黃種人即等同中國人，這一方面是外面建構的，一方面是自我建構的。中國的所謂的華僑概念，這本身也是一個炎黃子孫大家都是中國人的這樣的一個概念。對不對？為什麼臺灣的侯德健會唱《龍的傳人》？然後回去中國？好像是龍的傳人就不能不是中國人。這是一個很大的誤解。全世界都有這樣的誤解。但是這個誤解暫時沒有辦法改變，因為中國也喜歡這樣的意識與說法。所以譬如說很多從馬來西亞再移民到美國的華人，他們到了那邊就變成好像是中國去的，變成Chinese American，而不是Malaysian American。其他東南亞國家或者是拉美的華人再移民到美國之後，他們也通通變成Chinese American。他們的認同被種族化。他們本來的國家認同被去掉了。這種簡單的種族認同方式，事實上這跟白人世界的種族歧視有關係。但是中國自己本身對華僑的這種希望你心理歸屬中國，甚至政治上歸屬中國的這樣的一個概念也有關係，這兩者共同促成的。所以新加坡人他們有這樣的感覺，也許並不是他們自己看不起自己或者是怎麼樣，而是說有很大的勢力促成了這樣的一個論述，所以新加坡人不願意當中國人，他們不願意被誤解為中國人，這是有非常深的，一百多年的歷史根源的，從那裡來的。這樣的解釋，你覺得如何？另外，我覺得這可能又和身為外來者的某種尷尬有關，雖然已有很久的歷史，總是沒有馬來人來得理直氣壯，雖然馬來人也不是原住民。是不是因為如此，所以更不願意張揚華語？而我們也知道，新加坡的移民政策卻又不是比較歡迎中國移民的？這裡的各種作法，可能都有一些潛在的理由，事實上為的可能還是華人政權的鞏固和持久。不知道這樣的分析對不對。

許：在新加坡或者是馬來西亞（簡稱「新馬」）的離散華人語境裡，絕大多數華人在取得公民權後早已不再把中國視為他們的根（root），而是把新加坡或者是馬來西亞當作他們的根了，而他們的路（routes）呢，可能伸向臺灣或香港，或伸向英美、歐洲或澳洲、紐西蘭，也可能伸向中國等等，但是可以確定那個中心已不在中國了。因此，新馬狹義上的離散論述更偏向於一種遠離新馬國家中心的離散，而不是廣義上離散華人論述裡的那種把中國作為根，而把路伸向各國的離散。那是因為新馬國家論述在很多時候無法給新馬華人很實在的歸屬感。這種沒有歸屬感的離散狀態能強烈在馬華文學文化或新華文學文化裡得到再現。即使很多新加坡華人不會說華語，只說英語，他們沒有因為這樣更想成為新加坡人，反而更想移民到其他英美國家。這種離散現象更多是階級問題，不一定是族群問題。馬來西亞華人的情況也是如此，往往能離散到國外的都是專業人士或掌握一定財富或知識技能的中上階級，或者攜帶文化象徵資本的文藝群體等等，而大多數馬來西亞華人並沒有這些離散的條件，恐怕更多只能在馬來西亞的版圖空間裡流散，從鄉鎮一窩蜂往都會發展，即使成為都會貧民區的社會底層群體也在所不惜。離散論述如何正視這些社會底層群體在國內的流離狀態？國家論述無法給他們歸屬感，離散論述對他們而言是遙不可及，他們處於一種無家可歸（homelessness）的狀態。華語語系的反離散論述又要如何安頓他們的存在？

反離散論述與馬華文學

史：語言和階級的掛鉤是殖民主義最拿手的一招，後殖民的國家承接殖民主義留下來的這種心態，例子恐怕是太多了。新加坡的情況幾乎經典。至於馬來西亞的情況又是另外一種經典，即是幾乎硬性宰割殖民者的語言，以便建立馬來中心的文化與政權。在這樣的情況下，新馬兩地的華人，想要移民到歐美，有他不同的歷史原因。但是一大批人是沒有條件移民的。那我們怎麼看這個問題呢？以前就有人提到，譬如說現在的這個全球化，全球的人口流動，非常的頻繁，非常的多。但是它人口流動也是有階級分別。而且還有的人是沒辦法流動的。

那這些沒辦法流動的人怎麼辦？對不對。所以我們談跨國主義，我也對這個問題很關注。就是說跨國主義有上層的跨國主義，有下層的跨國主義。上層的肯定是這些資本家、有錢人，或者是有文化資本的人；下層的跨國主義是譬如說難民，或者是工人，他們跨國流動是為了生活所迫。或者是有的人是連這個都完全做不到的。那這些做不到的這些人，真的是需要在地的掙扎，對不對？因此我們需要在地的社會運動。這是反離散的。所以馬來西亞的華人，留在馬來西亞替自己的人爭取權益，尤其是為下層人士爭取權益，這就是一個反離散的一個行動、一個作為。我知道在馬來西亞國內，他們可能對這種上層知識分子離開之後，對馬來西亞說這個、說那個，可能很多人不以為然，對不對。但是就是說，現在的情況是，馬來西亞的文化結構問題，它留不住這些很優秀的華語語系作家。像昨天我跟華語語系馬來西亞作家之中的佼佼者賀淑芳聊，她說那一篇我認為非常經典的短篇小說〈別再提起〉本來要翻成馬來文，然後要刊登，以便促成兩個語言群體之間的溝通。如華語語系馬來西亞學者莊華興就一直鼓勵雙語寫作以及兩種語言之間的互相翻譯，這不但非常重要，也非常必需。結果因為這篇小說對伊斯蘭教比較諷刺和幽默的處理，在馬來西亞完全沒有辦法用馬來文發表，因為太危險了。所以在這個層次上，有時候他們的離散也是被迫的。那當然他們怎麼講呢，就好像以前所謂的流亡作家一樣的情形吧。那流亡作家這個exile這個概念，或者是那個意識上的離散，它本身又有一大套的論述，我們也可以用它去理解。所以我也可以理解說，馬來西亞本地的人覺得這些人都走掉了，我們留下來的自己掙扎，這也是很辛苦的。所以事實上我們也可以對這些離開的人有一些批判，但是一方面我又覺得很有趣就是說，像黃錦樹啊，他事實上對馬華文學非常關注，雖然他人是走掉了，但事實上好像有不斷的去參與，所以在這樣的情況下，可能在臺灣是一個他所能行動的可能性的一個據點。所以現在就是說你怎麼了解那個離散，我覺得就是要很細的去做一個局部的歷史語境下的一個分析，不能夠以偏概全這樣，因為馬來西亞確實是有這樣的問題。因為在馬來西亞的國家文學的觀念當中，華語系文學是不屬於馬來西亞文學的，對不對？所以，在那樣的情況下，在馬來西亞境外可能有一些批判的空間。他們對馬來西亞的執著，也許表示他們離散不了，那這是不是一種反離散？

許：如果您去問一些馬來作家或學者，他們會說馬華文學也是我們的馬來西亞文學（Malaysian literature），不過是族群文學（ethnic literature）的一種。馬來西亞文學包含國家文學（national literature）和族群文學，前者是以馬來文書寫的國家文學，後者是其他非馬來族群以各自族群語文書寫的族群文學。我們承認這兩種馬來西亞文學在國家機器的意識形態裡是有高低等級之分的。在馬來西亞國家文學的建構裡，馬華文學還是馬來西亞文學，但只能作為低於馬來文書寫的國家文學的所謂族群文學而存在，這個 Malaysian Chinese literature 是以種族化的標記被銘刻在馬來西亞文學裡成為族群文學。華語語系理論主張以 Sinophone 來取代 Chinese 的策略在這裡或許可以解構這個存在於馬來西亞文學裡的 Chinese

概念？因為馬來人經常自覺或不自覺地把這個Chinese等同於「中國」，如果馬華文學的「華」被翻譯成Sinophone，而不是Chinese，是不是有可能趁此讓馬來同胞理解，馬華作家說華語，或者是用華語寫作，不一定跟中國有必然關係？就好像一個人用英文寫作，不一定跟大英帝國或美國帝國有其必然關係。然而問題還在於華語語系研究和英語語系研究面對一個很不同的弔詭狀態：華語語系研究目前還在一個初步階段，要不斷表態擺脫Chinese這樣的一個種族化的標記，而為何英語語系研究就可以不言自明擺脫English的種族化標記？

史：你講得太對了。Sinophone概念的主要用意正在此。華語語系馬來西亞文學的訴求為馬來西亞，而非中國，為馬來西亞的文學的一部分，只是語言選擇不同，畢竟馬來西亞是一個多民族、多語的國家，所以文學有語言的多樣，不指涉國家認同的分歧。至於英文和國家認同關係的靈活性，畢竟因為是歷史不同，更何況像馬來西亞這樣的國家，它是一個新獨立的國家。很多這些後殖民的新獨立國家，都有這種非常的自衛式民族主義（defensive nationalism）的傾向。英語語系世界，幾乎是分散了語言與人種的等同關係，但是你到了（前）帝國的中心，如英國和美國，英語還是被看作是白人的語言，這是不同的邏輯，但是效果相似。馬來西亞政府更是沒有這樣的心懷和心胸。我覺得很多國家很可能都經歷這樣的過程，所以華人在東南亞的經歷相當複雜。整個華人在東南亞的整個解殖過程當中，都處於非常尷尬的一個位置。因為他們有時候被看做是和殖民者有所掛勾的。在解殖過程當中，那大多數的民族他們就會排斥華人。越南如此，印尼如此，馬來西亞如此，大部分的地方都是如此，所以華人在東南亞的處境非常困難，因為以前是在西方殖民者下面生存，西方殖民者走了之後把政權還給所謂的大多數人，有的地方大多數人是原住民，有的地方不是原住民。他們可能也是外來的一些定居者，如馬來人不是馬來西亞的原住民，對不對？那在這樣的情況下華人反而就被邊緣化得非常嚴重，而這過程我覺得還沒有完全演繹完成。這些國家還沒有到那麼的自信，而能夠更開懷的、比較大胸襟的那樣去看待華人問題的地步。因為現在，尤其是中國崛起之後，又有新的問題出來。華人在這些社會裡頭，又會受到不同的待遇。現在在越南，越南人不恨他們的殖民者法國人，也不恨打了十年越戰的美國人，他們竟然恨中國人。在越南的南方，因為他們比較沒有北方的共產黨國家體制龐大的籠罩，和中國邊界也比較遠，因此呢他們對華人比較好，但是在北方還是很敏感。所以，事實上，華人身為一個少數民族，總是或多或少會和那個中國被連在一起，這正是我們前面談到為什麼華語語系研究的角度大力強調華人的在地性的原因。如二〇一四年五月越南的排中事件，雖然基本上沒有混淆外來的中國人和本地的華人，我們知道排中和排華的界線很容易被打破。這是一個歷史境況。譬如說德國人到了美國之後，移民到美國之後，德國發生事情，跟美國打仗，德裔美國人受不受影響？我們看到，二戰時期，他們似乎一點都沒有受到影響，這和種族主義有關係。但是日本轟炸夏威夷，日裔美國人就遭殃了，被關進像集中營的地方，失去了他們一切所有，而自願參加歐戰的日裔美國兵，被派到歐洲最前線的戰場送死，如四四二部隊，全隊日裔，是美國二戰所有部隊中死傷最嚴重的一隊。原子彈發展好了，沒有投到德國，卻投到日本。有心人很難看不到這裡的種族邏輯。

華語語系理論非中國威脅論

許：這些都是冷戰年代的產物，包括Chinese被種族化的歷史也是如此。雖然您倡議的華語語系不包括中國漢族文學文化，剛才從您一系列的分析裡面，還是讓人感到中國漢族中心做為一個主要被批判的主體，在華語語系理論裡的陰魂不散，對吧？這個中國漢族還是一個讓您覺得需要擺脫、需要克服、需要去掉的一個話語。現在冷戰時代似乎已經過去了，是不是後冷戰時代？各家有不同的說法。一些美國學者在評價您的這個Sinophone studies的時候，有提到說您這樣的一個要去中國中心的戰鬥策略，是不是後冷戰的姿態呢？您對這些學者對您的Sinophone studies的類似提問，您有怎樣的一個回應？

史：這也是誤解啊，因為它不是只對中國中心主義的批判，但是因為現在中國正在崛起，這裡頭我們需要批判的東西是有迫切性，因此可能很多人就看不到華語語系為多維批評這一點。我也不得不想到，這也是因為一般人只對中國感興趣，對東南亞諸國台灣香港等不感興趣等都有關係。而且，中國已經不是共產國家了，現在中美之間的對峙，已經不應該用冷戰思維去解釋。有人批判我挑起冷戰思維，似乎是把我們的歷史和時代想錯了吧。冷戰是資本國家和共產國家意識形態戰，因此不是熱的（軍事上的），是冷的。當中國雖然掛的是共產主義的名、而實際上非常資本主義時，這樣的說法來批評我的一些論點，好像有點牽強附會，想要找藉口批評罷了。如果我們關心中國，那我們應該持批判的態度，就如同我們對美國持批判的態度一樣。如果不是如此，那才是有問題的。很多美國的中國研究學者覺得需要保護他們的研究對象——即中國——使之超越批判，這是非常有問題的。現在的中國已經不是以前的中國了。更何況，批判中國中心論，如批判美國中心論或馬來中心論，也是理所當然。為什麼一批評中國就被指責挑起冷戰情緒或中國威脅論？這樣的看法太簡化了，根本沒有分清楚不同的批判內容和立場。

許：我反而看到這樣一個中國崛起論述背後的一種虛假的意識形態。這樣的虛假的意識形態不只是由中國官方所努力建構，它也由海外的媒體，無論是美國媒體也好，亞洲媒體也好，所共謀大力建構的強勢論述。這個論述在強化人們對中國威脅論的想像。但是這個強化背後，其實是整個全球化資本主義意識形態在建構一個中國崛起的神話。

史：中國崛起有神話的層面，也有非神話的層面。如果你來問越南、緬甸、菲律賓、台灣、日本等國的人民，他們可能感覺中國崛起是一個確實的經驗，不是神話。我覺得我們不能用簡單的反西方中心的論述持續建構另外一種西方威脅論。這也是太簡化了。這是全球的左派看待中國時的一個共通的盲點，也正好呼應了中國的民族主義的觀點。華語語系對中國中心的批判被誤解成一個新的後冷戰時期的中國威脅論，這是完全錯誤的。因此，我在批判的時候，總是寫得比較複雜，因為它不是簡單的中國威脅論。而且呢，我還堅持我是一個左傾思想的人，所以我對中國的批判，事實上批判它對整個那個社會主義的本來的理想的完全破滅。譬如說我在新加坡國家圖書館那場演講的時候主要一個問題我就想說，社會主義，就是說毛的中國，在一九六〇年代是在全世界這些反殖國家的 non-aligned movement 的一部分，當時還有對非洲的關注，還有對整個有色人種的共盟這樣的一個概念性這些東西，還有對中國少數民族的自治的那種看法，現在都沒有了。所以我們關心的應該是中國對它自己本身的理想的反叛，對它自己理想的一個破滅和有意的破壞。應該是批判這個。你知道嗎？這不是簡單的中國威脅論，這是很大的一個誤解。但是在中國崛起的當中，它實際上在運用它的權力，怎樣誤用它的權力，這些我們也一定要批判。中國當然自己是一個非常複雜的地方，對不對？它有很多很好的人，很好的知識分子，尤其是在北京。北京是一個很奇特的地方，因為北京它就在政府的眼下，因此很弔詭的就是說它有更多的自由，所以有更多的自由主義的知識分子或者是其他類型的知識分子，他們會有一個比較平衡的這樣的對世界的看法，但是大部分的中國人一出了中國就變成民族主義者。

許：可不可以這樣理解，您的華語語系研究的目的不是「去中國性（de-Chineseness），但它其中一個目的或最終目的是要「去中國化」（de- sinicization，又譯成「去漢化」）？

史：每個語境它最重要的目的是不同的，沒有一個統一的最終目的。你說是看從什麼立場，在哪一個語境裡來看。在中國的語境裡頭，漢人當政，壓迫少數民族，當然是應該去漢化。在馬來西亞的語境當中，馬來人當政壓迫華人，當然應該要去馬來化，是不是？這個不能夠以偏概全。所以我特別注重在地的歷史和在地的整個譜系（genealogy）。我們要理解華語語系的訴求在不同地方他們是不同的，對不對？那在這樣的情況下，他們最有政治性的主題，最要緊的訴求是什麼？我們需要去實際地、確切地理解，對不對？哪一種訴求是最有倫理性的？對當地的人來說是最有幫助的？這個沒有辦法是統一的，需要按著語境而看，華語語系不是只去中國中心，而是它去很多不同的中心。

華語語系研究的思想資源

許：是不是可以這樣理解？華語語系研究在您這個理論的框架下，它並沒有排除過去中國左派所留下的那些社會主義遺產？您對左派一些比較傾向西馬的思想非常熟悉，雖然您也有所批判，但是感覺您對沙特（Jean-Paul Sartre）情有獨鍾，他的觀點屢次在您的論文裡被積極地引述。您覺得沙特的思想對我們的華語語系研究還能提供怎樣的思想資源？

史：我覺得還是有的，他很有趣的一點在於他本來是一個存在主義者，但是在一九五〇年代左傾。然後呢，他的存在主義的思想就有一點變化，在他的思考裡頭，我覺得這一點是很有趣的，本來講的是存在是虛無的，那實在是沒有什麼可以做的事情，但我覺得他的一個很大的轉換就是說，因為存在是虛無的，所以我們可以做的，就是我們應該做的。這就是我們的意義。因此呢就變成是一個非常入世的，對現實世界的一個參與和介入。這是我非常欣賞他的地方。所以他的文學觀也是如此。我覺得他的文學觀是對現實世界有所參與的。你可以是現實主義也可以是現代主義，我對形式問題是完全開放的，他也是如此。他自己的小說創作裡頭，你也可以看到這樣的情況。這一方面我覺得，他的東西還是有很重要的啟發性。我覺得我們還是可以回去看看他替當時所有解殖的這些國家，或者是說反殖的這些國家的思想家們寫的論著的序言，也非常有趣。那些反殖民國家的思想家，他們事實上對他也不無批評。因為他還是從法國的角度出發說話，雖然是同情這些正在解殖的國家。總的來說，他的視野是非常開放的。雖然法國思想界的整個發展，後來是對他一個很深的反叛，但是我覺得將來會有更多的人對他的著作感興趣，因為在某種意義上，他的著作是哲學結合政治關懷的最佳典範。

附錄三

不斷去中心化的旅程

——專訪史書美教授[1]

日　期：二〇〇八年六月十七日

地　點：美國加州大學史書美教授研究室

訪問者：彭盈真、許仁豪

執　稿：彭盈真、項頌

1　本文原收入鄭文惠、顏健富主編，《革命・啟蒙・抒情：中國近現代文學與文化研究學思錄》（台北：允晨文化，二〇一一），頁二一七—三七。

一、第二代華人

位於南加州的洛杉磯，是全美種族最多元的城市，也是最大的華人聚集地之一。加州大學洛杉磯分校（UCLA）座落於這個多元文化紛呈的環境中，從一九八〇年代起便是亞美文學的研究重鎮，李歐梵教授曾在此任教，現在則由史書美教授接棒，以比較文學的紮實理論訓練與文本分析為基礎，研究現代與當代的中國文學、文化。我們與史教授的訪談在六月中旬的某個初夏午後，學期方纔結束，北校園被碧綠如茵的草地與樹林圍繞，一片寧靜。蔚藍晴空下，陽光亮晃晃的，微風徐徐，乾爽的空氣中漂浮著一股南加州特有的活力。史教授的研究室在圖書館旁的紅磚建築一隅，我們在樓梯間剛好碰到史教授，她親切地引領我們穿過迴廊，往研究室去。

研究室的門上掛了三塊牌子，分別以中、英、韓文書寫史教授的名字，鮮明地點出史教授的多文化背景及其研究方向。她的個人經歷與學術興趣發展的軌跡，代表第二代華人意識從萌芽至成熟的過程，這種政治意識也體現在她的兩本重要學術著作《現代的誘惑：書寫半殖民地中國的現代主義（一九一七—一九三七）》（*The Lure of the Modern: Writing Modernism in Semicolonial China, 1917-1937*）與《視覺與認同：跨太平洋華語語系表述・呈現》之中。

史教授在美國念碩士和博士，現又定居執教於美國，然而比起一般在美國接受教育和定居的華人來說，她又多了一重不太一樣的作為少數族裔的經歷。原來史教授是在韓國出生長大的華人。而她在韓國的成長與就學經歷，對她的學術養成有著深遠的影響。史教授說，她在韓國讀的華語學校用的是國民黨送過來的臺灣系統教科書，老師也是從同一個系統出身，因此這樣的情境下便對中國產生某種鄉愁，或說是國家意識。她父母親是中國人，所以對他們來說這是理所當然，但這種意識形態對不是出生於中國的第二代華人來說，卻不是理所當然，而是教育下的產物。受到這種教育體制的影響，使得當時的史教授覺得課本教授的中國，是和她非常相關的歷史概念，但因為沒有參與過，所以有種懷舊、懷鄉、懷國的情意結。

史教授所讀的國民黨版歷史教科書裡寫的是什麼呢？「二十世紀的中國歷史是一連串的不平等條約、國恥、和非常傷痛的歷史所組成。」她笑說：「你們可能記得林覺民的〈與妻訣別書〉，試想我一個學生這麼年輕、讀這麼漂亮的文字，又這麼愛國，讀了以後當然會對中國產生某種關心。這種關心和臺灣長大的第二代外省人，是相當相似的經驗，我們都覺得自己好像是中國來的，雖然並不一定真的就是中國人。」身為韓國第二代華人，在七十年代後期到臺灣求學，再落腳美國，史教授發現自己的第二代華人意識不但和臺灣人類似，也和美國的第二代華人有雷同之處，這成為她學術養成中很重要的一環。因此史書美教授的特殊之處，就在於她是第二代華人，並且從這種角度出發，研究中國文學。總結自己的背景，史教授提到：「研究中國現代文學基本上是國民黨意識形態下的產物，否則我會一直做美國文學，因為我本來就是英文系出身的，碩士論文主題也還是美國文學，所以說，我受的整套訓練都是來自外文系。」

如果說年少時的中國認同是促成史教授的博士論文，也是她的第一本書《現代的誘惑：書寫半殖民地中國的現代主義（一九一七—一九三七）》的因素之一，這種中國認同中的另一方面也不可忽視。史教授在臺灣上大學時，讀的是師大英語系，迷戀的是現代主義文學。當時的校園中的確飄盪著使人迷戀現代主義的氣氛，比方說史教授在師大的老師們多半開設與現代主義相關的課程。不過在所有老師中，對她影響最深的卻是教莎士比亞的陳祖文教授。陳教授是梁實秋和沈從文的弟子，史教授上了他兩年的莎士比亞課，學到英語系的基本訓練「和梁實秋一樣的紮實文本分析，一個字一個字的讀。」後來兩人更建立了亦師亦友的情誼，這樣的師友關係使得史教授後來在研究中國現代文學時覺得有種親切感。說到中國現代主義文學，史教授亦忍不住提起張愛玲。「為什麼這麼多人對現代主義有興趣，也是因為張愛玲的緣故。」她笑說：「我們都是張迷嘛。」巧合的是張愛玲故居就在UCLA校園附近，不時有嚮往現代文學者前往追念這位一代才女。這份對現代文學的喜愛，日後促使史教授在讀完英美文學的碩士之後，轉攻比較文學博士，研究現代中國文學。

二、亞美文學研究

史教授從師大英語系畢業後，一九八三年赴加州大學聖地亞哥分校念文學碩士，碩士論文的研究對象是美國作家福克納。一九八五年取得碩士學位並赴東海大學教了一年書之後，一九八六年又回到加州大學洛杉磯分校念比較文學博士。回憶這段求學經驗，史教授毫不加思索地說：「UCLA最大的好處就是它很大，且讓你自由發展。這裡無論是當時或現在都有很多教理論的老師，領域很廣，你想學什麼都有。比較文學有個好處，就是可以運用其他不同的語言，我本來是英文系出身，在美國也是讀美國文學，所以很了解英文系本身的局限。當我讀碩士時，亞美文學還不是一個學科，後來來了UCLA之後剛開始有亞美文學課，我很快就產生興趣。中國文學的部分是因為自己感興趣，所以跟老師上課之餘就自己唸，你們也知道唸書本來就是要自己有興趣的。」

這時的洛杉磯分校名師薈萃，對於這位第二代韓國華裔、興趣廣泛的比較文學系學生來說，新興的亞美文學研究、韓國文學泰斗Peter Lee教授的課、Derrida專題及法蘭克福學派的重要學者的課都很有吸引力。史教授就讀的比較文學系相當重視理論訓練，談到西方理論訓練，史教授以過來人的身分指出，來自非西方的研究者和西方理論間有很複雜的關係，當中的確有使人不愉快之處，比如說它往往很歐洲中心。「但事實上我們必須回過頭來想，你在抵制或反抗時，也必須知道所有的知識學、哲學、理論等等都是人類遺產，所以即使想要反抗西方中心主義，也要先了解它，然後不要忘記自己的目的在哪裡，不要完全被吸進去。總之，讀比較文學有個好處，就是你不需要從傳統的內在來看傳統，你可以吸收之，但是從外在的角度批判，因為比較文學主要是以非英語系的文學為主，所以你在語言上會有這種外在的批判，這個可能是訓練中比較重要的地方。」

李歐梵教授當時也因緣際會來到UCLA，並成為史教授主要的導師。李歐梵教授一九九九年出版的《上海摩登：一種新都市文化在中國，1930-1945》（*Shanghai Modern: The Flowering of a New Urban Culture in China, 1930-1945*）與史教授自己二〇〇一年出版的《現代的誘惑》，可說是近期促成了美國中國現代文學研究典範轉移（paradigm shift）的兩本主要著作，而《現代的誘惑》正是以史教授的博士論文為基礎改寫而成。寫作過程中，史教授也歷經與中國的正面接觸。

一九九一年至一九九二年，史教授到中國作博士論文研究。真正見識到的中國——而非想像的中國——使她感到非常震撼。事實上，史教授第一次到中國，是一九八九年和中美作家團訪中，以隨團翻譯的身分隨行。訪問團一行人受到最高規格的待遇，全中國到處跑，實際看到中國當地人如何生活。某天史教授一行人在三峽搭船，坐的是頭等艙，而且餐餐八道菜，但要去餐廳時卻得先穿過普通艙。相對於頭等艙的舒適富麗，甬道間的光景則是農民把米飯泡水加辣椒粉拌著吃，這使得史教授很受衝擊。第二次到中國是在北大作學術訪問，給史教授帶來另一種學術面的衝擊。她印象最深刻的一點是，北大的中文研究訓練很完整，與臺灣不同。早年的臺灣外文系異軍突起，而中國大陸最核心的則是中文系，現代中國文學做的最好學者的都在那裡，人才濟濟、才子雲集。「他們閱讀廣泛，寫的也是大部頭書。雖然難免背負傳統的包袱，但真的是很嚴肅的學者，所以在北大的一年，常常和他們天南地北地聊，收穫很多。」

不過那年在北京的研究，也讓史教授認識到中美學術研究的差異。一方面，「在北京可以大量閱讀文本、雜誌，所有民國時期的雜誌我都至少大略看過，因為在美國看不到。」另一方面，「在中國雖然可以看得到很多資料，但他們和我們的看法畢竟不同。我們受到整套西式訓練，所以當你拿到文本以後，如何思考、產生觀點是非常重要的。一個好的學者最重要的不是看過多少東西，而是會不會思考問題、把看到的東西整理出來，不只要有條理而且要有新意。我們在美國受的訓練注重的是後面這部分。大陸學者訓練最好的是對材料之掌握，理想的狀況是學習在掌握材料與思考議題這兩者間取得平衡。」說到理論與文本，習於掌握文本的中國文學研究者對於理論往往懷抱複雜的想法，尤其是年輕學子會想要在研究中運用理論，但又苦惱於無法找到融會貫通之道，而流於表面的名詞借用，甚至產生誤讀的困境。史教授也指出學習和實踐理論是一個學者最大的挑戰，她認為理論不應照單全收，而是作為一種對照，甚至也可以對其有所批評。以史教授自己來說，她在學習過程中從後殖民理論得到很多啟發，因為它把後結構主義和印度的歷史情境緊密結合，甚且兼顧兩者。對於研究中國──另一個非西方的歷史情境──的學者來說，我們也可以同樣的方式思考。史教授提到自己在寫《現代的誘惑》時最重要的發現之一是，其實這並不難，「只要看懂理論，然後讓它們互相碰撞，不要試圖為它們解說，就可以產生自己的立場、出現新的理論的可能。不過以批判的角度思考理論，說來簡單，但實踐還是要下苦功的。」

三、去中心化的思考

繼《現代的誘惑》之後，二〇〇七年史教授出版她的第二本著作《視覺與認同：跨太平洋華語語系表述・呈現》，對於許多史教授的讀者來說，最令人好奇的問題是她這兩本著作之間的軌跡。在第一本書中，中國現代文學不僅是研究對象，而且是被作為在世界上處於邊緣地位的半殖民地的現代文學來研究。到了第二本書，研究對象成了中國以外的華語文學，中國也似乎變成一個趨之不及的霸權。這其中錯綜復雜的關係，是個人的歷史與大歷史環境互相作用使然。史教授解釋說，這固然是因為中國從二十世紀上半期的弱勢力量快速變成當今一個正在浮現的大國，「我們必須面對歷史的變化」；但同樣重要的是，第二本書亦較能夠體現她身為第二代華人的角度。這點雖然《現代的誘惑》也有觸及，但較不明顯，而第二本書融入的第二代華人意識，史教授認為這和臺灣、香港觀點有很多相似之處，且從中找到可以結合之處。

甚至可以說，雖然第一本書是對遙想中的中國的關注下之產物，但事實上，它的角度已經把中國現代文學放置在全球殖民與現代文藝思想之世界性流通的框架下看，故已經把中國文學「去中心化（de-center）」了。所以也不難理解，第二本書中的某些章節是和第一本書同時進行。這兩本書之間的另一個差異則體現在理論框架上。相對於《現代的誘惑》用後殖民理論的角度考察中國的現代文學，《視覺與認同》的理論框架，既有後殖民理論的影子（例如她在書中提出的華語語系[sinophone]就是借用了法國以外的法文書寫[francophone]之概念），也有亞美文學研究和離散研究（diaspora studies）。此外，如同書名點出的視覺性（visuality）一詞，史教授在本書中探討的是電影與藝術等視覺文化，而非文本。不過她堅持不同學科的理論各有所長，例如電影研究大量使用心理與形式分析，與文本分析大不相同。跨領域研究有其必要，也是文化研究的趨勢，史教授認為最重要的是將各領域擅長之處彼此互補。

史教授自認她的第一本書是對中國現代文學的全力投入，也是對這段歷史很好的交代。《現代的誘惑》到現在還是很多人閱讀，這使她感到很欣慰。史教授對這本書感觸尤深的是，年輕一輩比較能夠看到她思索西方理論後重新檢視中國現代文學的研究優點。而第二本書提出的華語語系理論，試圖將中文文學的研究推入新方向。這一概念的包涉範圍與複雜性，在學術界引起許多反響與討論。比較有代表性的一種評論，是認為此處概念可能會把中國大陸和其以外的華文創作相對立，既忽略了中國大陸以外華文創作的多樣和複雜，更把中國大陸內部的各種不同聲音，特別是少數聲音（如獨立記錄片）抹殺了。不僅如此，這樣看待中國，是否會忽視中國本地與全球各種體制（institutions）和流通領域（circuits）的關係？得了奧斯卡最佳外語片獎的《臥虎藏龍》似乎有很大的全球影響力，但在影展和學術圈裡，在中國本土絕對屬於少數弱勢的獨立影像，卻可能比李安的電影更有影響力。那麼究竟誰是少數？全球與本土的關係該如何處理？

對此史教授的回應是，她提出這個概念並不是要抹殺多樣性，而是運用一種霸權圈的理論尋求論述的可能性。「所謂『中國』這個霸權圈可大可小，要圈在哪裡論述才會比較正確，必須根據每個人的論述立場和角度來看。霸權圈裡頭的抵抗角度，會隨著其大小而產生很大的變化，所以並沒有一個放諸四海皆準的抵抗角度。現在大局勢大致上是西方中心和中國中心的交會，而且現在比較成熟，所以不至於會演變成互相碰撞的局面。其他還有很多局部的（local）、區域的（regional）、國家的（national）等不同之區劃方式。所以要看你圈的範圍為何，才能建立、論述你覺得比較有意義的角度。」史教授進一步補充說：「其實

sinophone——也就是華語語系——的界定可以很廣泛，但這並不單純是弄個圈子分類，它是打開你看世界的角度，而不是去局限與分類。我常常說sinophone是一種公共財，任何領域都可以有華文研究，也就是說，這是加法而不是減法。」

四、視野轉換的必要性

通過《視覺與認同》這本書，史教授希望能夠提升華文研究的地位，並借此幫助臺灣的年輕一輩釐清中國意識和臺灣意識。在她看來，基本上華文研究在這個學科中相當邊緣化，例如華文研究在馬來西亞屬於外國文學，但是該國的華人卻占了總人口的三分之一。至於在臺灣，史教授認為大家不免還是感覺困惑，因為基本的意識形態轉換過程有衝突，轉換的現狀也沒有很讓人滿意，似乎成為一個很簡單的臺灣中心意識，所以這整個過程還有很多環節還沒有釐清，需要大家繼續思考。她也提到各地華人的情形多少有共通之處，比如說臺灣和香港、馬來西亞，或是美國華人之間：「我們的視野應該是橫向而非縱向。這種視野的局限是權力運作的結果，當你能夠認清，產生新的觀看世界的方式，就還是海闊天空，有新的可能。這基本上也是我的弱勢的跨國主義的概念。」

因此，這兩本書相互對照後，便折射出史教授對於民族主義意識形態的深刻認識。在她看來，這其實是一種累積的結果：「當你了解意識形態的本質，又置身局外後，會更能了解其內容。當然我們不可能置身於意識形態之外，但可以有某種相當的批評角度，因為你在這種意識形態中生活過。臺灣意識的崛起把國民黨的意識形態批評得很透徹，這種臺灣意識的自覺就是華人第二代自覺。另外我在美國生活很久，美國人的意識形態的運作方式，剛開始從外來人的角度來看，也比較清楚。所以我至少經驗過這三種不同的意識形態的運作，比較可以經由他們的不同來了解其局限，看得比較透徹。假設是在單一文化、意識形態下長大的話是看不到的。所以我覺得可能離開、旅行或地理空間的位移，對於學術養成都是很重要的。」

附錄四

華語語系研究及其他

——史書美訪談錄

日　期：二〇一四年十一月二十二日

地　點：香港屯門黃金海岸酒店

訪談人：單德興（中央研究院歐美研究所特聘研究員）

前言

史書美為第二代華人，於韓國出生、成長，但接受的是中華民國的教育，以第一志願考取國立臺灣師範大學英語系，取得學士學位，赴美先後取得聖地牙哥加州大學文學碩士學位與洛杉磯加州大學比較文學博士學位，研究領域包括比較文學、文學理論、亞美研究、現當代中國研究等，晚近更以華語語系研究聞名國際。

她思考敏銳，研究深入，二〇〇一年由加州大學出版社出版的《現代的誘惑：書寫半殖民地中國的現代主義（1917-1937）》（*The Lure of the Modern: Writing Modernism in Semicolonial China, 1917-1937*，中譯本二〇〇七年由南京江蘇人民出版社出版），普受中國研究學界肯定。之後，她的興趣轉向華語語系研究，二〇〇七年由加州大學出版社出版的《視覺與認同：跨太平洋華語語系表述・呈現》（*Visuality and Identity: Sinophone Articulations Across the Pacific*，華譯本二〇一三年由臺北聯經出版公司出版，現已二刷），為此領域的開疆闢土之作，在華文世界鼓動風潮，引起廣泛討論，影響深遠。她與蔡建鑫、貝納子（Brian Bernards）合編的《華語語系研究讀本》（*Sinophone Studies: A Critical Reader*）二〇一三年由哥倫比亞大學出版社出版。

她並與李歐旎（Françoise Lionnet）推展集體研究計畫，成員多達數十人，迄今為止已出版兩本論文集：二〇〇五年的《弱勢族羣的跨國主義》（*Minor Transnationalism*）與二〇一一年的《理論的克里歐化》（*The Creolization of Theory*）均由杜克大學出版社出版。此外，她一直與臺灣學者保持密切聯繫，與廖炳惠合編的《比較臺灣》（*Comparatizing Taiwan*）二〇一五年由勞特理基（Routledge）出版社出版，將臺灣置於全球脈絡下討論。晚近她更與臺灣學者組成「知識／臺灣」學群（"Knowledge/Taiwan" Collective），反思臺灣的知識生產等現象，二〇一六年麥田出版的《知識臺灣：臺灣理論的可能性》收錄了史書美的〈理論臺灣初論〉在內的十位跨學門學者的論文。

一九八四年史書美發表於中央研究院美國文化研究所的《美國研究》（*American Studies*）的論文，為其碩士論文的一章，以立體主義討論福克納（William Faulkner）的小說，令人印象深刻。二〇〇五年筆者與幾位臺灣學者曾應她之邀前往洛杉磯加州大學參加「翻譯共性」（Translating Universals）會議並宣讀論文，二〇〇七年我們兩人同時參加王德威與石靜遠（Jing Tsu）在哈佛大學舉辦的會議「全球化現代中文文學：華語語系與離散書寫」（Globalizing Modern Chinese Literature: Sinophone and Diasporic Writings）。因此，多年來便留意她的學術發展，卻沒有機會進行訪談，深入交換意見。

二〇一四年十一月筆者於嶺南大學翻譯系研究訪問，史書美當時正任教於香港大學中文學院，為陳漢賢伉儷基金講座教授，於是便相約於黃金海岸酒店見面，以英文進行訪談，約兩小時。訪談錄音由魏元瑜（Helena Wei）謄打，筆者先行過目，再送請受訪者本人修訂，英文版“Sinophone Studies and Beyond: An Interview with Shu-mei Shih”刊登於嶺南大學人文學科研究中心的《現代中文文學學報》（*Journal of Modern Literature in Chinese* [Summer 2016]）。因為內容涉及華文世界矚目的華語語系研究，所以筆者翻譯成中文，經受訪者過目，陳雪美小姐協助校對並補充資料，刊登於《中山人文學報》（二〇一六年一月），以饗華文世界的讀者。

家庭與教育背景

單德興（以下簡稱「單」）：你來自美國，我來自臺灣，卻在香港會面討論共同感興趣的事。首先，請談談你的家庭和教育背景？

史書美（以下簡稱「史」）：如果有人問我從哪裏來，我通常會說我來自臺灣，雖然我在臺灣總共只不過住了七、八年。我之所以是臺灣人，是因為我一出生就有臺灣護照。我父母在一九四〇年代離開中國，我猜大概是在一九四七年左右，我的家人現在都在臺灣，而我也認同臺灣的理念，因此我認為自己是臺裔美國人（Taiwanese American）。

單：你父母來自山東？

史：是的，從山東到南韓，當初是為了逃避國共內戰。

單：我父母也來自山東，他們是流亡學生，跟著學校一路南下，一九四九年渡海到澎湖，最後來到臺灣。

史：噢，是嗎？我父母之所以逃去韓國是因為我的祖父、外祖父都已經在韓國做生意了。那時候從山東搭船一夜之間就能到仁川。當時我母親大概九歲，我父親大概十二歲，兩人後來在韓國相遇。因為他們是在民國時期離開中國的，所以具有中華民國國民的身分，那也意味著我們雖然在韓國出生，卻具有中華民國國籍。因此，我一直都是中華民國國民，從來就不是韓國國民。我在韓國是外籍人士，那是韓國華人特殊的歷史。我通過那邊的學校系統，也就是從小學、初中、高中的華語語系學校系統，那些主要是由中華民國政府建立的，所有的教科書都是由中華民國政府送過來的。因此，我讀遍了中華民國政府國立編譯館編輯的所有讀物，包括了《國父思想》、《公民與道德》。

單：我在臺灣也是讀那些教科書長大的。

史：因此我們讀的都是相同的東西，那顯示了國民黨意識形態在教育方面的勢力。後來我參加大學入學考試，第一志願就是國立臺灣師範大學英語系。

單：那是臺灣最好的大學之一。

史：當時它很好，而且我認為它一直都很好。就我所知，我進師大那年，他們要求的錄取門檻最高，也就是大學入學考試中人文學科最高分的才能考上，因此他們很自豪。我在師大英語系的那班培養出了一些很好的學者。

單：你是甚麼時候上師大的？

史：一九七八年我去臺灣當大學生，那對我的思想形成是很重要的階段。我有一些很好的老師，那裏的教育卓越，為我打下了堅實的基礎。身為美國研究者與現代主義者，我們在英語系學了很多很多形式分析技巧。畢業後，我在臺北教了一年中學，因為當時的師大畢業生都必須實習一年，之後我前往聖地牙哥加州大學文學系攻讀碩士學位，主修美國文學。我的碩士論文寫的是福克納，其中一章後來發表在你們中央研究院的《美國研究》。

單：是的，那是我們所的季刊。你用立體主義的觀點來討論福克納的小說，觀點新穎，讓人印象深刻，我到現在都還記得。[1]

史：那是很久很久以前的事了，但是我很喜歡在聖地牙哥的那段時間，當時我在艾德溫・法索（Edwin Fussell）的指導下寫碩士論文，他是著名作家和歷史家保羅・法索（Paul Fussell）的弟弟。法索要求很高，但也很會鼓勵人，他給我一個結構，而這個結構真的允許我發揮自己的思維創意。我拿到碩士學位後回到臺灣，在東海大學教了一年書。之後我每年或隔年都會回臺灣，因為家人那時都搬來臺灣了。後來我在洛杉磯加州大學攻讀比較文學博士學位。這就是我個人的家庭與教育背景大要。

單：你在韓國長大，耳濡目染之下學會韓文？

史：我在那邊土生土長，當然從小就學韓文，是個native speaker。雖然韓文我已經忘了許多，但我在那邊成長的時候，每天用韓文或韓國的漢字看報紙。我父親大概訂了四份韓國日報，每一份都有文學副刊，上面有連載小說，我每天看。我母親很迷言情小說，我們有全套的瓊瑤，我母親都讀遍了。我們也有武俠雜誌。

單：金庸？

史：不是，而是雜誌。那時候我母親有訂武俠雜誌，因此我在成長期間除了韓國流行的連載小說之外，還讀了很多的武俠小說和瓊瑤的作品。

單：你又是怎麼學會日文和法文的？

史：我在大學修了兩年法文，因此可以勉強閱讀。日文則是在中國時學的，我在北京大學待了一年，進行博士論文的研究。因為我要研究中國現代文學，李歐梵教授就說：「你需要學日文。」因此我就請了一位日文老師，跟著學了一年日文，但我的日文不是很好。

單：李歐梵是你的指導教授？

1 Shu-mei Shih, "The Cubist Novels of William Faulkner: *The Sound and the Fury* and *As I Lay Dying*," *American Studies* 14.3 (1984): 27-45.

史：我博士班最後兩年，他來到我們學校，我很幸運在研究生的最後兩年能成為他的指導學生。我當初去那邊時，唯一教中國現代文學的是林培瑞（Perry Link），但他後來去了普林斯頓大學。其實他要我跟著轉過去，那樣他就可以指導我。但當時我公公住在洛杉磯，年紀很大了，而且我的學術路數跟林培瑞很不一樣，因此就沒過去，雖然我猜想去普林斯頓的話一定很有趣。只是這麼一來我就得獨立研究。然後，學校就聘了李歐梵，他正式應聘時，我剛好必須到中國做一年研究。但他在正式應聘之前訪問過我們學校，我跟他提到兩個可能的博士論文題目，一個是中國文學現代主義，另一個就是女性主義，這是更理論性的題目。他建議我選擇中國文學現代主義那個題目。我在中國待了一年之後回到學校，整個博士論文寫作過程中是李歐梵指導的，他提供了很重要的看法，雖然我們對上海現代主義的取向稍有不同。我很感謝他的指導，而且一直覺得很幸運，他在我研究生階段的最關鍵時刻來到我們學校。

我去北京大學，特別是跟嚴家炎做研究，他當時發現了上海現代主義的重要材料，也挖掘了一些上海現代主義的重要作品。在那之前幾年我們在聖地牙哥已經見過面，因此本來就有聯繫。他邀我過去，我就去了。他為人慷慨大方，幾乎每星期跟我見面，為我的研究花了不少時間，我們一直維持著這種學術關係。我在那邊花了一年時間遍讀檔案中中國所有的文學雜誌，這些就成為我博士論文的基礎，後來改寫出版專書《現代的誘惑》。我很幸運，在研究所的階段有像李歐梵、嚴家炎這樣慷慨的導師。

早期的學思歷程

單：那本書二〇〇一年由加州大學出版社出版。從那時起，也就是說，從本世紀開始到現在，你已經出版了五、六本書，包括二〇一五年即將問世的《比較臺灣》，能不能請你就這些書來談談個人的學思歷程？

史：這是個很好又很困難的問題。我不記得是誰說過，所有我們的作品就某個程度而言都是自傳性的。我認為《現代的誘惑》是個比較的研究，因為我試著把中國文學現代主義放在全球的脈絡下。那本書其實探討了日本現代主義、法國現代主義、歐洲現代主義和美國現代主義，我特意要它成為比較的計畫，雖然書中較專注於民國階段的中文文本。在某些方面，我覺得這本書就像我對年輕時就喜歡的現代主義致敬，或完成某種訓練和興趣，因為我在臺灣唸書時，我的文學啟蒙之一其實就是臺灣的現代主義，我讀了很多《現代文學》的作家。

單：白先勇、王文興……

史：還有女作家叢甦和歐陽子。王文興對我影響很大，我一度還旁聽他上巴爾札克（Honoré de Balzac）的課。而且大學時我讀了很多美國現代主義的作品，包括福克納和海明威（Ernest Hemingway）。在某些方面來說，《現代的誘惑》把這些全都放在一塊，而且做到了這一點。但我在寫這本書時，也就是在修訂我博士論文時，已經開始在寫有關視覺媒介的文章，尤其集中於臺灣。《視覺與認同》的第一章其實很早就發表了，很可能是在一九九二或九三年。我發表過另外一篇文章，後來成為《視覺與認同》中的〈曖昧之不可承受之重〉（"The Incredible Heaviness of Ambiguity"）。因此我幾乎是同時寫這本書和《現代的誘惑》。同時我一直在寫臺灣、香港和美國的那些章節，因為《視覺與認同》有很多地方涉及美國。你是知道的，我的博士班訓練有一部分是亞美研究者（Asian Americanist）的身分，跟著張敬玨（King-Kok Cheung）修過幾門課。也可以說，我從來就不會放棄身為美國研究者的根。我第一篇在美國發表的論文討論的是湯亭亭（Maxine Hong Kingston）的《金山勇士》（*China Men*），那篇論文先在美國刊出，華文版在臺灣發表。[2]

單：刊登在《中外文學》？

史：是的。英文版收錄於一九九二年出版的《移民與流亡文學》（*The Literature of Emigration and Exile*）這本論文選，那時我還沒完成學位。我也寫過文章討論韓裔美國作家車學敬（Theresa Hak Kyung Cha），華文版在臺灣發表，英文版收錄於美國一本論文集，那本書後來再刷，而我那篇文章到現在還有人引用。[3]

單：車學敬的文本《聽寫》（*Dictee*）很難讀，尤其是不熟悉韓國背景的人。

史：是的，因為那個文本的形式很奇特，我就從中挑出某些部分來分析。我猜想我的韓文閱讀能力幫上了忙。

單：當時並沒有太多人寫文章討論她吧？

史：的確，那本論文集是在一九九七年出版的，書名是《訴說另一個自我：美國女作家》（*Speaking the Other Self: American Women Writers*）。我是在唸研究所期間寫了那兩篇有關湯亭亭和車學敬的文章，立刻就刊登了，那實在很有趣。那個階段的我比較是亞美研究者。就那個意義而言，《視覺與認同》其實結合了我身為亞美研究者和亞洲研究者的角色，處理的是在某些方面被邊緣化的世界。在中國研究裏，臺灣和香港完全被邊緣化了。在英文世界裏，亞美研究也被邊緣化了。此外，我們看到橫跨亞洲和亞裔美國之間愈來愈複雜的認

---

2 Shu-mei Shih, "Exile and Intertextuality in Maxine Hong Kingston's *China Men*," *The Literature of Emigration and Exile*, ed. James Whitlark and Wendell Aycock (Lubbock: Texas Tech University Press, 1992) 65-77；史書美，〈放逐與互涉：湯亭亭之《中國男子》〉，《中外文學》二〇卷一期（一九九一年六月），頁一五一—六四。

3 Shu-mei Shih, "Nationalism and Korean American Women's Writing: Theresa Hak Kyung Cha's *Dictee*," *Speaking the Other Self: American Women Writers*, ed. Reesman Jeanne Campbell (Athens: University of Georgia Press, 1997) 144-62；史書美，〈離散文化的女性主義書寫〉，簡瑛瑛（編）《認同、差異、主體性：從女性主義到後殖民文化想像》（臺北：立緒文化，一九九七），頁八七—一〇八。

同。我要透過那些人來從事這種種的聯結，因為那些人物真的跨越了各種疆界，由亞洲人成為亞美人。我認為那種跨越中的典型人物就是李安，他如何同時成為臺灣人和臺裔美國人。因此在《視覺與認同》的緒論中我討論了他的電影《臥虎藏龍》（*Crouching Tiger, Hidden Dragon*），第一章〈全球化與弱裔化〉（"Globalization and Minoritization"）討論的是李安如何從臺灣的公民成為美國弱勢族裔，也就是從一個國家主體變成一個弱勢主體或少數民族，從臺灣人變成臺美人，以及其中涉及的政治，如種族政治、性別政治等等。結果電影研究者比亞美研究者更重視這一章。我驚訝的是，甚至李安的製片人、哥倫比亞大學的作家夏慕斯（James Schamus）都回應了，顯然他受到那篇文章的刺激。那本書其實是從中國研究回過頭來，而要說明臺灣和香港，因為美國人文學界很少人嚴肅對待臺灣和香港，而我當時想要與亞美研究建立起那種聯結，其實就是把區域研究和族裔研究連結起來。我寫那篇文章的時候，試著思索出一個架構來把這些全放在一塊。

華語語系研究的冒現

單：你是甚麼時候開始談論華語語系研究的？

史：我很早就談論華語語系，可能甚至早在二〇〇〇年就談論了，每次談的時候用的是香港、臺灣或美國的例子，聽的人不是著迷，就是被刺激，會一直問我問題。我原先很害羞，並不想把這個提出來作為思索視覺文本或文學文本的方式。但是因為人們受到刺激，我認為自己應該壯起膽來，勇往直前，提出這個看法。因此，我首度發表有關這個術語的初步思索是在二〇〇四年那篇〈全球的文學，認可的機制〉（"Global Literature and the Technologies of Recognition"）。[4]我就在那篇文章提到高行健應被視為華語語系的法國作家，而不是中國作家，我是在一個腳注裏用上「華語語系」這個術語的，可見當時我對這是多麼的謙虛、害羞。當我要寫《視覺與認同》的緒論時，我判斷華語語系會是真正把這一切組合起來的關鍵。研究臺灣的人總覺得喪氣或被邊緣化。如果你在美國學界研究臺灣，很不容易找到工作。如果你研究香港，也一樣很難找到工作。如果你研究華語語系的馬來西亞或新加坡，那就更不用說了。我環顧四周的年輕學者，甚至一些比較資深的學者，看到他們感受到的各式各樣的邊緣化，我覺得自己真該站出來說話。因為就我的情況而言，我已經寫了一本有關中國的書，而且拿到了終身職，所以有些自由去做我要做的事。因此我決定要放膽，但那也意味著我的學術生涯會承受某種程度的風險，因為我不會再是在中國研究裏逐漸爬升的人物。

4 Shu-mei Shih, "Global Literature and the Technologies of Recognition," *PMLA* 119.1 (January 2004): 16-30，譯文見紀大偉（譯）〈全球的文學，認可的機制〉，《清華學報》三四卷一期（二〇〇四年六月），頁一—二九。

我第一本書出來之後，許多大學邀請我去申請教職。但在我第二本書《視覺與認同》出版之後，甚麼邀請也沒有，因為我已經不再在傳統的中國研究裏。他們要的是研究中國的人，不要研究臺灣、香港或亞裔美國的人。我不會說那是損失或犧牲，但我必須承擔自己的抉擇所造成的後果，因為我的研究從來就不是傳統的區域研究或中國研究。

單：這就是你必須付出的代價？

史：那是我決定付出的代價，因為我認為自己需要承擔這個後果。那就是事情的始末。

單：那個代價對你會不會高了些？

史：不，我認為結果卻令人興奮得難以想像。我看到這個架構能賦予一個發言的位置，說出一些學者們自己的關切與立場，能從事一些被邊緣化的研究主題，甚至給他們某種認同感，我就覺得非常心滿意足。即使人們批評我，那也是一種獎賞，不是嗎？因此那真的是非常非常值得。我必須說，自從我有關華語語系的作品出版以來，自己經歷了非常非常有趣的旅程。那其實也促使我寫文章繼續討論華語語系研究，因為人們一直問我問題，我所到之處人們總是問個不停。

單：通常都是問你些甚麼問題？

史：打一開始就出現的一個問題就是華語語系的定義。我不得不說，我的定義並不是一個討人好的很和諧的定義，因為它來自一個少數、弱勢和邊緣化的位置，是對中心論的反駁。它具有某種的目的性和政治性，因此它不能迎合比較保守取向的學者，這些學者只想跟所有人相安無事，而不希望有批判性或政治性。我的意思是說，對從事學術研究的人來說，要完全區分學術和政治是毫無意義的，除非你故意逃避。然而有很多學者、很多人，尤其是在臺灣與美國的亞洲研究裏，認為學術和政治毫不相關。那就是我的亞美研究的自我真正介入之處。我大部分的作品都有族裔研究的影響，即使是更具後殖民取向的《現代的誘惑》也是如此。比方說，我有一章討論上海的種族關係，融入了族裔研究的視角。但我做的並不是典型的族裔研究，我不是在英文系教書，雖然說我研究亞美文學，但那是在亞美研究系做的。我並不做典型的族裔研究，但我的作品有不同的面向，因為我用族裔研究的視角來思考世界。當然很多人覺得受不了，因為他們不願意討論種族，不願意討論政治壓迫、文化壓迫或邊緣化，而那些在大多數地方都與種族壓迫、宗教或性別有關。很多人不願談論這些敏感的話題。起初這種現象讓我震驚，因為我比較是在美國研究的領域，也就是說，如果你去參加美國研究協會（American Studies Association）的美國研究，他們大談種族！但如果你去亞洲研究的場合，根本沒人談種族！

單：這是很強烈的對比。

史：是的，簡直難以置信。他們各唱各的調，兩者毫不相關。在我希望很快完成的書裏，有一章叫做〈種族化區域研究〉（"Racializing Area Studies"），運用批判種族理論

（critical race theory）來批判亞洲研究。因此，基本上我是運用亞美研究來批判亞洲研究。我在不同地方以這篇論文發表演講，總是讓人非常緊張、非常緊張。幾年前我在杜克大學以它發表演講，一位觀眾後來對我說：「書美，你讓我毛骨悚然。」

單：為甚麼？他有說是甚麼理由嗎？

史：因為我直接向權勢說話。我想我是向權勢說真話，那讓人覺得很不舒服。因為亞洲研究是難以想像的保守，我做的那些研究讓人覺得很不舒服。在中國研究裏，許多學者一輩子研究中國，以至成為熱愛中國的人。對這些人來說，中國是不能批評的。有些人對中國有殘餘的老左派浪漫情懷，所以中國是不能批評的。甚至有些人覺得自己是代表中國的民族主義者（有些人的確是從事中國研究的中國民族主義者），不允許其他人批評中國。還有一些人渴望得到中國的承認，而不允許其他人來批評中國。總之，你看到很多「愛中國」的理由。採取族裔研究的立場對這些人造成很大的困擾。記得很多年前我在一所美國大學演講，談到李安，聽眾中有一位非常非常出名的歷史學家，此處姑隱其名，在演講結束後走上前跟我說：「書美，你那本有關上海的書那麼好，你為甚麼在做這個呢？為甚麼你要做族裔研究，不繼續研究上海呢？」你看，情況就是這樣。我從四面八方都得到類似的意見和壓力。我知道在亞洲研究裏做族裔研究要冒很大的風險，但那是我選擇要做的。在某些方面，那就說明了第二本書《視覺與認同》的性質，我在裏面用了很多視覺的材料。我要為藝術家說話，特別是為來自臺灣和香港的藝術家和視覺研究工作者說話。那本書倒數第二章討論臺灣藝術家吳瑪悧，昨天我才剛跟她共進晚餐。

單：我看到你書裏收錄的圖片了，包括了吳瑪悧的藝術作品，所以她現在在香港？

史：是的，她來參加香港中文大學的會議，今天離開。我繼續關注她的作品。我有一篇新作即將發表，在那篇論文我討論她和一些亞裔美國藝術家的作品。這篇論文原本是應邀在二〇一二年西雅圖華盛頓大學「亞洲女性主義藝術的新地理」國際會議上發表的主題演講，即將出版於杜克大學出版社《疆域與軌線：文化的流動》（*Territories and Trajectories: Cultures in Circulation*）一書中。

弱勢族群的跨國主義

單：我認為那很好。你也跟李歐旎合作，能不能談談你們共同的計畫，那些計畫的發展，以及它們跟你自己的研究之間的關係？

史：是的，在《弱勢族羣的跨國主義》那本書的緒論，我們描述了兩人相遇的經過。我們是在一九九八年相遇的，那年她還沒到UCLA，但我們在巴黎的一個會議上見面，開始交談。她是模里西斯的法國後裔，模里西斯是前法國和前英國殖民地。她是模里西斯人，在密西根大學的博士論文研究非裔美國文學。因此，就像我一樣，她的研究領域既在族裔研究，也在區域研究（法語語系研究與法國研究）。而我當時正在做中國研究和亞美研究，因此我需要華語語系。我們知道兩人走在平行的路線上，因此見面時覺得很驚豔。我們只是覺得：「噢，我的天啊，我們完全一樣！」我是在韓國出生的一種特殊的華人（中華民國國民），而她是模里西斯出生的法裔模里西斯人。她到法國唸書，然後到美國，而我到臺灣唸書，然後到美國，兩人幾乎有著相同的歷程，只不過路過的是世界上很不同的地區。我們就像過著兩種平行線般生活的長久失聯的朋友，就像愛因斯坦的相對論之類的。一個人在世界的那一方，一個人在世界的這一方，然後我們在巴黎會合。之後她來到UCLA，我們真正想要合作。所以我們就想到要組織一個研究團體，邀請了加州大學系統大概幾十位年輕同仁，還有一些比較資深的同仁。我運用我在亞洲研究和亞美研究方面的網絡，她運用她在歐洲研究和法語語系研究的網絡。我們有一個四十人的大團體，每年見面一到兩次，舉行一些工作坊，「弱勢族羣的跨國主義」就是其中之一。那個工作坊的名稱是我想出來的，因為當時我讀了很多有關社會學的跨國主義的理論。我們認為在思索跨國主義時，身為人文學者的我們應該有所貢獻，因為當時主要都是經濟學和社會學的學者在討論這個議題。我們那個團體的所有成員都有一些少數族羣論述的取向。那是我們在知識層面上的組織方式。因此那本書在某些方面就是探討在面對跨國主義的問題時，如何定位人文主義的角度，尤其是從少數與弱勢的角度。

那也是以一種新的方式來思考人們一直在談論的一些事情。就人口移動而言，跨國主義並不只涉及自願移動的人，還有被迫移動的人，對吧？像難民也是跨國的族羣。從原殖民地來的移民和移工有時也是被迫跨國。他們是前被殖民者，現在來到了大都會的門口，而變成少數族裔團體，全歐洲反移民的情緒就是針對他們。我把他們稱為被壓抑者對帝國的反撲（the return of the repressed to the empire）。其實，「跨國」有很多不同的意思。同時，隨著人口移動和貨物流通的增加，也更可能讓少數民族或弱勢的藝術形式與文化之間彼此對話。因此，「弱勢族羣的跨國主義」是一個新詞，用來建構一種迴避強勢團體的、弱勢對弱勢的關係（a minor-to-minor relationality）。如果觀察族裔研究、後殖民研究，就會發現他們通常是弱勢與強勢之間的關係，或者被殖民者與殖民者之間的關係，而這兩者都是透過中心來中介。我們要另謀他途，思考弱勢的議題和弱勢的領域。我們這個團體在一塊總是智趣橫生。我們要理論化的對象，是迴避強勢的、強調弱勢對弱勢的關係。同時，弱勢對弱勢的跨國性（minor-to-minor transnationality）實際上史跡斑斑。我們談論的最有力的例證就是法農（Frantz Fanon）的歷程。法農來自馬丁尼克（Martinique），在法國受教育，卻自願到阿爾及利亞，當軍隊裏的心理醫師。所以他的遷徙其實是從加勒比海到阿爾及利亞，也就是從一個邊緣場域到另一個邊緣場域。然後他接受了阿爾及利亞的革命理念，而不是法國的革命理念。他並不是站在法國那一邊，因此就看得出他跟德希達（Jacques Derrida）所採取的立場真的是南轅北轍。

在阿爾及利亞革命的時候，身為阿爾及利亞人的德希達在阿爾及利亞的軍隊裏當過老師，教小孩子，後來他去法國，幾乎成了法國人。我的意思是說，他當然是法國裔，就是所謂的「黑腳」（pied noirs）。之所以會有「黑腳」之稱，是因為他們從黑色非洲移入白色法國。所以你就能看出德希達跟法農有多麼不同。法農從馬丁尼克到阿爾及利亞，而德希達卻是從阿爾及利亞到巴黎，他的人生目標就是要到達中心。記得我第一次到巴黎時，「解構批評」（deconstruction）這個字眼是受人冷嘲熱諷的對象。但是後來當「衍異」（différance）這個字眼被收入法文字典時，人們認為那是一大勝利。這表示德希達式的思維有些面向，即使它解構了中心，到頭來卻居於中心。另一方面，法農真的是一輩子都堅持較弱勢的取向。因此，就是像法農這種激勵人心的人物，幫助我們建構出這個「弱勢族羣的跨國主義」的架構。

理論的克里歐化及其後續

單：那實在很有意思。你們合作的下一個計畫呢？

史：我所到之處都發現人們讀過《弱勢族羣的跨國主義》，這讓我很驚喜。我去到美國、加拿大、歐洲的每個地方，人們好像都讀過這本書。那真是很棒的一件事，的確如此。接著我們合作第二本書《理論的克里歐化》，那也是來自我們的一個集體計畫。這個計畫的目標是要深化有關理論的對話。因為對於理論總是存在著這一種焦慮感，尤其是在區域研究和族裔研究裏。法語語系研究則稍有不同，因為前法國殖民地，尤其像馬丁尼克這樣的小島，產生了這麼多世界級的思想家。你看看有多少諾貝爾文學獎得主出自加勒比海？有多少二十世紀的重要思想家出自加勒比海？在法語語系研究裏，我認為他們對理論比較沒有焦慮感，雖然說法語語系理論本身並未受到廣泛的承認。我的意思是，比方說，人們必須把德希達當作是法語語系，即使我們批評他是黑腳。在亞洲研究和亞美研究的脈絡下，對理論有很大的焦慮：理論是歐洲的；我們要如何面對理論？在亞洲研究中，同樣的問題總是問了又問，自從二十世紀中葉的竹內好（Takeuchi Yoshimi），甚至自從十九世紀末的中國，有關西學相對於東學的問題一問再問，這一切都是有關理論的不同問題。我們學習西方的理論和方法論，而以亞洲為內容。為甚麼理論總是西方的？權力的階序（power hierarchy）就在於此。我們要處理這個問題。

在亞美研究中也一直有很多議題涉及理論。亞美研究者從前也跟批判理論奮戰，甚至跟後殖民理論奮戰。我記得蓋慈（Henry Louis Gates, Jr.）主編的《「種族」、寫作與差異》（*"Race," Writing, and Difference*, 1992）那本具有歷史意義的文集在把理論帶入非裔美國研究時所扮演的角色。我在二〇〇八年為《美國現代語言學會會刊》（*PMLA: Publications of the*

Modern Language Association of America）客串編輯的特刊中，發起了一個這本書面世二十週年的回顧論壇。那個特刊題為「比較種族化」（"Comparative Racialization"），除了研究論文和較短的文章之外，我還開闢了兩個專欄，一個談論《「種族」、寫作與差異》，另一個談論尾見與溫納特（Michael Omi and Howard Winant）合著的《美國種族的形成》（*Racial Formation in the United States*, 1986）。這兩本書即使在出版二十年後的當時依然很有影響力。因此那個特刊包括了二十年後對這兩本書的一些發人深省的看法，反省兩本書出版的那一年在美國研究方面的貢獻與限制。[5]《理論的克里歐化》是用一種很具體的歷史方式來思索那些問題。我們以批判理論或解構批評的問題為例，來討論以往的理論是怎麼回事，現在的理論又是怎麼回事，我們要如何瞭解理論。我們檢視德希達如何是阿爾及利亞人，克莉絲蒂娃（Julia Kristeva）如何是保加利亞人，所有這些在五〇年代、六〇年代寫作的人，或者出身於全球性六〇年代（the Global Sixties）世代的人，如何受到全球去殖民運動的影響。即使他們是所謂的法國理論、德國理論或美國文學理論的一部分，卻都以全球性六〇年代為相同的歷史起點。

就我來說，我帶進了美國人權運動的問題、亞美運動的問題、族裔問題的冒現，以及這一切如何成為我們今天所稱的全球性六〇年代的一部分。這是思考全世界從五〇年代到七〇年代去殖民運動和基進運動的全球的六〇年代，所根據的是紐約大學歷史學家羅斯（Kristin

Ross）的斷代法。我在《理論的克里歐化》中運用她對全球性六〇年代的定義。順帶一提的是，那本書的封面是我舅舅張弘畫的，當時他人在巴黎。我試著宣傳他的作品，讓人能知道他，但依然沒有人知道他。《華語語系研究讀本》的封面也是我舅舅的畫作。

單：他是現代主義畫家嗎？

史：是的，我認為如此。至於「克里歐化」（creolization），我們針對理論的來源加以歷史分析，發現其實所有的理論都是已經經由混語或混雜過程創造出來的，這就是克里歐化的意思，即混語創建。我們討論理論被克里歐化，以及克里歐化本身作為一種理論的形式。《理論的克里歐化》那本書批判主流或歐洲中心所建構出來的理論。我猜想華語語系研究在某些方面也是這本書中的許多的集合和組合。從《視覺與認同》以來，我從人們得到的所有問題都激勵我繼續寫文章討論華語語系研究。在二〇〇七年那本書之後，我發表了大約三、四篇論文，希望很快就能寫完這本新書《華語語系的帝國》（*Empires of the Sinophone*）。但當時我也想編一本華語語系研究的讀本，那項工作進行順利，我有兩個很棒的合編者蔡建鑫和貝納子，他們兩人當時都非常年輕。我不知道還有甚麼可說的，因為那本書只不過問世一年，而一本書的影響力似乎要大約五年才能感受到，大概要五年時間讓人們來瞭解那本書，

5 Shu-mei Shih, "Comparative Racialization: An Introduction," *PMLA* 123.5 (October 2008): 1347-362.

至少就我個人的經驗來說。

單：但對我來講，那是這個領域的開疆闢土之作，此外就是王德威與石靜遠合編的那一本。

史：是的，那本《全球華文文學論文集》（*Global Chinese Literature: Critical Essays*）來自他們在哈佛大學主辦的一個會議。

單：那個會議於二〇〇七年底舉行，我們倆都參加了。

史：的確。

單：就那本華語語系研究的專書而言，你先前提到研究這個領域的人冒著在美國找不到好工作的風險。但就我所知，蔡建鑫和貝納子都找到滿好的工作，不是嗎？

史：我認為那是特殊情況。首先，他們兩位都是很突出的學者。貝納子通曉三種語言，他能讀、能說泰文，華語也很流利，他真的是很聰明。他能研究中國和華語語系的領域，但他真正強調的主要是東南亞：泰國和馬來西亞。他來UCLA當我的博士生，因為我們學校的歷史系與亞洲系有很強的東南亞研究師資陣容。那時他有各式各樣的選擇，可以去其他大學，但他決定來UCLA。我通常喜歡那樣的學生，因為他們知道自己要甚麼，不需要花太多工夫去指導。我只要說：「貝納子，你去讀這本書。」他就去讀了十本書。跟這種學生一塊工作真的是很愉快。其實，我也從他那裏學到了很多，我總是從學生身上學到很多。蔡建鑫那時已經有教職了，是在奧斯汀德州大學教臺灣文學，那在全美國是臺灣研究唯一受到尊重的地方，多虧了張誦聖在那邊幾十年的努力。但他們都是特例。

單：蔡建鑫也為華文版的《視覺與認同》潤稿。

史：是的，他為那花了很多時間，我很感激。

臺灣的（無關）緊要

單：關於最近這本你和廖炳惠合編的《比較臺灣》呢？這本書二〇一五年出版。

史：是的，讓我想想。我個人當然很投入臺灣研究，致力於把臺灣，尤其是臺灣的人文、文學、文化與電影帶到全球性的論述場域，讓更多人看到。但我相信這並不應該只是透過區域研究的模式。區域研究的模式之所以重要，在於賦予臺灣應有的份量，把臺灣當成主要的焦點，包括臺灣文學、歷史等等。我認為這一切絕對都很需要。現在在臺灣，大部分的臺灣研究都是以區域研究的模式來進行，因為在中華民國政府這個以中國為重心的政策下，長久以來是不可能明目張膽地把學術上的注意力集中在臺灣。今天學者們研究一個作家、研究一個文本、研究一個歷史時代、研究電影本身，對吧？但是除了在臺灣的臺灣研究學者之外，比較少人會對那感興趣。並不是說人們不該對那感興趣，而就只是人們會忽略它，因為他們會自問：臺灣跟我有甚麼關係？大多數對臺灣所知不多的讀者就是持這種態度。因此，當我為陳建忠編的那本有關比較文學的書寫序時，也一直在想這個問題。

單：清華大學出版的那一本？[6]

史：是的。當時我沒辦法參加那場會議，[7]而你是主題演講者之一。我那時就持續嚴肅思考這個問題，思考「如何」研究臺灣。很久以前我為《後殖民研究》（*Postcolonial Studies*）期刊編了一個專號，名為「全球化：臺灣的（無關）緊要」（"Globalization: Taiwan's (In)significance"），[8]被一些人誤會成我真的意味著臺灣無關緊要，其實我意在諷刺。無論如何，你可以看出我的出發點，我的立場就是希望不只是採用區域研究的方式，而能讓人多少看見臺灣。我認為區域研究無法讓你有較廣泛的發揮。區域研究雖然重要，但我們需要不同類型的工作來帶入我們不同的讀者。研究臺灣的一種方式就是把臺灣變成一個比較的術語，因此我就想出了「比較臺灣」這個觀念。我撰寫了會議描述，鋪陳出這個計畫的梗概，然後和廖炳惠邀了不同的人來投稿。那起先是個會議，[9]我們要與會者閱讀一些有關比較理論的論文，但每個撰稿者除了臺灣之外都還有自己感興趣的領域，結果那使得我們的工作輕而易舉。我們有撰稿者研究臺灣，並把臺灣關聯上英國、愛爾蘭，尤其是加勒比海、太平洋島國、日本、韓國、法國等等。

單：香港呢？

史：我們有一篇論文討論澳門，卻沒有討論香港的，看看現在這裏發生的雨傘運動（Umbrella Movement），我認為那是很大的疏忽。「今日香港，明日臺灣」（Today's Hong Kong, Tomorrow's Taiwan），他們這麼說，這是一個非常非常強有力的說法或警告。如果將來可以增訂這本書的話，我會很樂於有一篇比較臺灣和香港的文章。以往很少人將臺灣和香港相提並論的原因就是他們對彼此有某種的自我憎惡。你是知道的，他們以往都往中國看，或往西方看，一直到近年來才往彼此看。那就是《弱勢族羣的跨國主義》一書所要批判的那種弱勢對強勢的關係的執著。而臺灣和香港現在處於同病相憐的情境，同處於中國霸權的情況之下。但那是很晚近的事了，也許只是近十年來，臺灣和香港的藝術家、作家、文化

6　陳建忠（編）《跨國的殖民記憶與冷戰經驗：臺灣文學的比較文學研究》（新竹：國立清華大學臺灣文學研究所，二〇一一）。

7　「跨國的殖民記憶與冷戰經驗：臺灣文學的比較文學研究」國際學術研討會，國立清華大學臺灣文學研究所，新竹，二〇一〇年十一月十九—二十日。

8　"Globalization: Taiwan's (In)significance," ed. with an Introduction, special issue of *Postcolonial Studies* 6.2 (July 2003).

9　"Comparatizing Taiwan: An International Conference," University of California, Los Angeles, and University of California, San Diego, January 21-25, 2011.

工作者變得愈來愈接近。這種弱勢對弱勢的跨國性是我們必須追蹤的。我認為他們之所以談論這種關係，也是因為像是臺灣出身的編輯張鐵志現在在香港工作，以前並不是這種情況。[10]梁秉鈞匿名（心猿）在一九九六年香港出版的長篇小說《狂城亂馬》中有幾處描寫臺灣電影人和香港電影人幾次會面的場景，把臺灣電影人描繪得很高傲，看不起香港人，認為香港導演一無是處。過去一直有這個問題：他們不太重視對方，彼此之間沒有關聯。香港讀者被臺灣作家施叔青的《香港三部曲》觸怒。平路來香港（出任光華新聞文化中心主任）時，人們也跟她有些意見不合。有人認為，只有龍應台真正關注香港的議題，因此她對香港的批評真正被一些香港人接納。在我記憶中，她很可能是第一個或唯一香港人真正接納的臺灣人。以往許多臺灣作家和製片人到過這邊，彼此之間鬧了各式各樣的意見。我認為只有在最近十年情況變得比較好，有更多的相互瞭解與同情，這肯定是九七後的現象。

單：如果回溯歷史的話，在冷戰的年代，美國政府實施圍堵政策之下的香港和臺灣，那種圍堵政策在反共方面扮演著很重要的角色。當時香港的今日世界出版社翻譯、出版了很多書，在臺灣銷路很廣，許多臺灣作家在香港發表作品，張愛玲的書在兩地風行，可見彼此之間交流也算相當密切。

史：是的，的確如此。但我覺得許多人即使肯定過去，卻依然帶著一種高高在上的態度。我甚至知道長久以來臺灣稱香港為文化沙漠，就像中國人自魯迅以來一直說香港是文化沙漠，對吧？

單：是的，但那是誤解。

史：正是，我認為一直到最近這十年才有一種命運共同體之感，把香港和臺灣的知識分子史無前例地結合起來。我過去跟很多人談過，他們總是會說，噢，是的，彼此並未真正交談。彼此的地理位置那麼近，搭飛機只要一個半小時，為甚麼卻沒有更多的合作？你想想，香港當時的才智之士和臺灣當時的才智之士，他們並未真正合作。他們合作過甚麼大的電影嗎？如果你想想，幾乎沒有。他們在文學上有多大的合作？只有在最近。比方說，董啟章是駱以軍的好朋友，我剛剛看了有關董啟章的紀錄片，裏面大幅訪問駱以軍。[11]那也是很晚近的現象。過去，我記得在臺灣對香港有許多偏見。我在大學時有的同學從香港到臺灣唸書，

10　張鐵志為臺灣作家、文化評論者，曾任《旺報》文化副刊主任、《新新聞》副總編輯，二〇一二年十月接任香港《號外》雜誌主編，二〇一五年返回臺灣，與何榮幸共同創辦網路媒體《報導者》，兼任總主筆（《維基百科》：「張鐵志」）。

11　紀錄片《名字的玫瑰：「董啟章」地圖》由陳耀成導演，為香港電臺節目「華人作家」系列中的一部，長度一百分鐘，電視版分兩集於二〇一四年十月五日、十二日在港臺電視31播出，電影國際版於二〇一四年十一月二日在香港亞洲電影節上映，見《明報　新聞網》二〇一四年十月一日；〈「玫瑰」的氛圍：陳耀成鏡頭下的「董啟章」〉，《映畫手民》，cinezen.hk, 12 November 2014, Web, 25 December 2015。

沒有受到善待。臺灣同學會從很國語中心的角度批評那些人的廣東腔。臺灣從前很封閉，現在在某些方面依然很封閉，那會產生一些問題。我想那就是我在《比較臺灣》所要說的了，也就是把臺灣放在比較的框架下而與世界連結。我當時就決定要發明"comparatize"這個字，似乎還滿管用的。

華語語系研究的效應

單：這些年來你在弱勢族羣跨國主義、比較種族和華語語系研究等方面有很重大的影響。現在你最著稱的就是開啟或創立了華語語系研究這個領域。能不能談談人們對於這個新領域的接受和不同的反應，尤其是正反兩面的意見？

史：是的，反應很複雜，各式各樣都有。在美國，中國中心的學者經常批評我，因為這本書當然有把中國當成帝國來批評。他們誤以為華語語系的架構只批評中國，其實不然。那個典範（paradigm）完全是帝國之間的（inter-imperial），那就是為甚麼我的新書要取名為《華語語系的帝國》，你瞧，這邊的「帝國」用的是複數。如果你看東南亞，就看到眾帝國的交錯，如英國、法國、美國、荷蘭等等，但中國中心的觀點似乎並沒看出那一點。你是知道的，對一個帝國來說，即使你不願意被批評，但如果有人批評其他事，你認為自己也遭到批評。那裏存在著某種自以為重要，甚至是自戀。即使人們不是專門針對你來批評，你卻認為自己是唯一被批評的對象。這當然跟中國近代整個複雜的歷史有關，與受傷情結（complex of woundedness）有關。比方說，當有人批評清帝國以及當代中國繼承清帝國時，中國人（以及許多中國研究的學者）覺得這很有威脅性。從他們的角度來看，這是錯誤的，因為他們覺得中國一直受苦，一直是受害者，因此不可能被視為帝國。用很簡單的方式來說：當代中國繼承了清帝國的領域（外蒙古除外），而且繼續控制被清人征服的廣闊版圖，那怎麼不是帝國呢？因此，如果你想想，中國積弱不振了大約一百年，從鴉片戰爭到中華人民共和國建國。自一九四九年以來中國就逐漸爬升，剛開始時很緩慢，以後速度愈來愈快。當中國中心的學者批評我對中國帝國的批判時，背後就是這種受傷和受害者的心理。其實，就像我剛才所說的，這個理論架構談得更多的是不同帝國和不同語言之間的交錯縱橫，而華語語系在其中運作、冒現或試著存活。比方說在馬來西亞，你必須談論英國殖民，談論馬來文、英文和其他語文，除了所謂的標準漢語之外，還有其他多個的華語語系的語言。這涉及面向非常廣，絕對不只是中國吧。就臺灣的例子來說，我們也談論來到臺灣的多重殖民勢力。日本人呢？荷蘭人呢？法國人和西班牙人也來過臺灣，對吧？另外也存在著美國的影響，使得臺灣就像美國的保護國一樣。這裏存在著各式各樣的事情，但中國中心的人卻認為我所有的著作都是在批評中國。你看得出，即使這種錯誤認知也是某種的自戀。所有事情總是有關他們、他們、他們。

單：還有一種誤解就是你要把中國排除在外。但你在《華語語系研究讀本》的序言以及在《華語電影學刊》（*Journal of Chinese Cinemas*）的華語語系電影專號的前言中都提到，你從來無意排除中國。

史：對的。我在《視覺與認同》那本書裏有意曖昧。我說「在中國與中國性的邊緣」（“on the margins of China and Chineseness”）。後來我在〈華語語系的觀念〉（“The Concept of the Sinophone”）中解釋，華語語系的境地並不只是在中國與中國性的邊緣，也在美國與美國性的邊緣，馬來西亞與馬來性的邊緣等。「在中國與中國性的邊緣」是有意曖昧的，因為我希望表達的就是，如果有朝一日中國中心的觀點不再存在的話，那麼我們就全都處在具有多重性、複雜性、眾聲喧嘩、多文化、多語文、多族裔的華語語系世界裏，所有那一切都得到應有的尊重。然而，因為目前這是不可能的，所以華語語系研究對於所有的中心主義抱持批判的觀點，反而會留意中國境內那些少數民族的發聲，就像我們留意全世界的弱勢族裔的發聲一樣，這是研究對象的選擇、問題的提出等研究方法倫理的展現。在大多數國族的邊緣都存在著少數的華語語系作品、華語語系社羣、華語語系文化，只有香港、新加坡和臺灣例外，因為在那裏主要的人口屬於華語語系，因此我們必須以很不同的方式加以理論化。那也就是為甚麼我用定居殖民主義（settler colonialism）將臺灣理論化，因為在臺灣的華語語系社群其實是定居殖民者（settler colonizers）。我們必須對定居殖民主義嚴肅以待，其中有很多層面，而且是我們研究的地方所特有的。

單：那也就是為甚麼你強調以地方為基礎（place-basedness）的觀念以及置入（situatedness）的觀念。

史：是的，絕對如此。那也就是為甚麼我不明白人們說我只是批評中國。其實我對臺灣也是抱持批判的態度。我剛把王智明在中央研究院舉辦的那個會議的演講寫出來，[12]是用華文寫的，會收入一本書，那篇文章就很批評臺灣。那篇文章是談在臺灣的理論的狀況，我們須要檢視哪些歷史狀況以瞭解理論化對世界上的一個小國如何可能或不可能。目前我只提了兩個歷史狀況，一個是定居殖民主義，另一個是美國主義（Americanism）。

單：哪一種方式的美國主義？

史：就是臺灣總是以美國馬首是瞻，表現得幾乎像是美國的殖民地或保護國，尤其是在

12 Shu-mei Shih, "Americanism and the Condition of Knowledge," Conference on "Our Euro-America: Texts, Theories, and Problematics"（「我們的『歐美』：文本、理論、問題」學術研討會）, Institute of European and American Studies, Academia Sinica, 3 June 2012. 史書美，〈理論臺灣初論〉，史書美、梅家玲、廖朝陽、陳東升（編）《知識臺灣：臺灣理論的可能性》（臺北：麥田出版，二〇一六），頁五五—九四。

冷戰時期，有大批的美援，冷戰之後，臺灣如何看待自己，大概包括這些。這種美國主義跟臺灣如何瞭解並生產知識和理論是密切相關的。

單： 包括當今強調所謂的社會科學引文索引（Social Sciences Citation Index）。

史： 正是。

單： 那真的是很荒謬的事。

史： 是的。記得我在另外一個場合發表關於這個演講的另一個版本時，有人批評我提出在臺灣的美國主義的問題。我之所以被批評是因為那人覺得其實臺灣現在也看向歐洲，不只是美國。是的，那很好，但美國主義的時間最長，是吧？我到每個地方演講都得到本土主義者或民族主義者的回應，很可能是因為我批評所有這些民族主義和中心主義。

至於美援，從前美國每年給臺灣一億美元，那是臺灣經濟奇蹟的基礎。如果你看美臺關係的政治經濟和文化，就會看出臺灣的文化經濟如何出自於那個政治經濟。因此我是批判那個。我既批判中國，也批判臺灣。我的臺灣朋友，我的意思是說，像你和其他人，並不覺得我冒犯了你們，但有些人卻如此覺得，不過他們似乎已經克服了。

單： 如果你把它放回當時的歷史情境，它們是處於所謂的圍堵政策之下，也就是美國帝國的延伸。另一方面，臺灣當時為了國家安全需要那種保護，否則很可能就落入中共手中。因此我認為如果我們能夠加以歷史化，就可以用不同的角度來看這件事。

史：是的，正是如此。但是在臺灣又如何生產知識？那些脈絡如何？強調哪些東西？走向如何？如果我們要思索在臺灣的理論的問題的話，這些都是重要的問題。那就是我的出發點。我和一些臺灣的朋友組了一個團體，名叫「知識／臺灣」學羣（"Knowledge/Taiwan" Collective），將由麥田出版第一本書，[13]希望能有一些讀者。我希望你日後也能加入我們。

單：如果我夠資格的話。

史：當然，那只是一個對臺灣的理論的問題感興趣的羣體。

單：是的。

史：華語語系研究也是如此，看臺灣如何接受這個觀念也是一件有趣的事。幾年前我開始在臺灣談這個議題。但在臺灣，由於漢人的定居殖民主義，以及國民黨宣導的大陸心態，人們覺得他們依然是中心，所以起初根本不喜歡這個議題。隨著中國的崛起，以及臺灣逐漸體認到自己的弱勢、邊緣化的地位，華語語系研究逐漸廣為接受。

單：臺灣自認繼承了中華文化。

史：是的。他們從前認為自己就是大陸，這反映了國民黨編織的意識形態，把臺灣當成

13　根據臺灣大學文學院臺灣研究中心電子報，《知識臺灣：臺灣理論的可能性》預計二〇一六年五月由麥田出版公司出版（編注：已於二〇一六年六月出版）。

更為道地的中國。《視覺與認同》在漫長的七年之後終於翻譯出版，讓更多人留意到這個觀念。

單：能不能談談《視覺與認同》華文版的出版過程？翻譯這麼一本文字綢密、意思繁複的理論書是很困難的。

史：是的，你認為翻譯得如何？

單：我認為還滿通順可讀的。我自己也從事翻譯，知道要翻譯這種理論作品有多麼困難，尤其是書裏涵蓋了許許多多不同的背景、不同的文本與脈絡。

史：是的，基本上出版社找的第一個譯者並沒有完成工作，因為太難了。接著出版社找到第二個譯者，他是香港的職業作家和譯者。他完成了第一回合的翻譯，算是相當充分的翻譯。但我在閱讀譯文時，知道我的英文是多麼難讀，這使得譯者的工作很困難。然後，《華語語系研究讀本》合編者之一蔡建鑫熱心表示願意為譯文順稿。他徹徹底底編輯過一遍，然後我自己又看過一遍。因此前後花了很長的時間，可說是動用了四位譯者。

單：這本華語語系研究的華文讀本出版之後，在華語語系世界產生了很大的影響。

史：看來人們逐漸接受了這個觀念。現在我在臺灣或香港演講，通常就會有人手持那本書，那很棒。

單：我認為尤其在臺灣，尤其是臺文所，可以仰賴其中一些基進的看法，是嗎？

史：或者他們依然偏好維持臺灣研究或臺灣文學的類別，而不是華語語系文學。有關華語語系與臺灣之間的關係，我的論點就是臺灣文學不只是華語語系，其實包括了日語語系、英語語系和華語語系。就華語語系之內而言，也包括了國語、河洛話和客家話。對原住民來說，這些是殖民者的語言。當你談華語語系臺灣文學時，必須注意到這種多重性。那其實只不過標示了臺灣文學的一部分，雖然確實是一大部分，認知了歷史上的不同階段存在著日文和英文寫作。

單：那本書也包括了臺灣與香港的文學與視覺藝術。你現在在香港這裏已經教了一陣子書，學生的反應如何？

史：香港大學的大學本科生，如果是沒有批判意識的學生，通常並不真正瞭解。去年我在中文學院用《華語語系研究讀本》作為教科書，我想也許三分之一的學生受到它的影響，但其他的三分之二似乎並不在意。我認為那其實要看對象而定。李歐梵第一次來香港時，在香港大學教過一年。他說沒從學生那邊得到任何有趣的回應。我幾乎也有同樣的感受，那很奇怪。去年我只教大學本科的課程和大學本科的學生。要瞭解華語語系研究，必須是具有批判性的思考者，因此他們發覺那很困難。但是我在馬來西亞的反應很好，特別是因為他們覺得受到馬來人主宰的種族和經濟政策的壓迫。同時，馬來西亞有那麼多傑出的馬華作家。即使他們寫作的歷史已經長達百年，卻依然覺得極被邊緣化。那很有趣。而在新加坡也很有趣，因為新加坡是很混雜的。你知道，他們依然想要抓住中國、抓住中國性，因為那裏主要的族裔團體是漢人，而且他們也要加強跟中國的貿易。那裏的官方政策就是提倡普通話（即使大部分華裔新加坡人在家裏說的是另一種不同的華語，像福建話或潮州話），卻是以一種很奇特的方式，因為當地盛行英語。因此，華語語系的架構對新加坡學者來說也有一點奇怪。然而，在美國工作的新加坡學者卻接受這個類別。你可以從陳榮強（E. K. Tan）的作品中看到，尤其是他那本精彩的《再思中華性：南洋文學世界裏的翻譯華語語系認同》（*Rethinking Chineseness: Translational Sinophone Identities in the Nanyang Literary World*, 2013）。

單：就某個意義來說，這就像薩依德（Edward W. Said）的「理論之旅行」（traveling theory）的觀念。你的理論，尤其是有關華語語系研究的理論，旅行到不同的地方，而且遇到不同的接受的狀況和反抗的狀況。

史：謝謝你這種說法，那真的很適合。我知道在歐洲也有人讀這本書。我知道姜學豪（Howard Chiang）不久前曾在歐洲報告華語語系研究，但我不知道他說了些甚麼，我該問問他的。他是在英國華威大學（University of Warwick），最近編了一本書，名叫《酷兒華語語系文化》（*Queer Sinophone Cultures*, 2013）。

單：喔，那有意思。

史：這兩年出了四本有關華語語系研究的書，其中兩本是專書，兩本是論文集。一本就是《酷兒華語語系文化》，由我寫跋。另一本是《華語語系電影》（*Sinophone Cinemas*, 2013），我應邀寫序。還有一本是《馬來西亞華語語系文學：不是中國製造》（*Sinophone Malaysian Literature: Not Made in China*, 2013），作者是古艾玲（Alison M. Groppe）。我想她在緒論裏提到華語語系的架構對她多麼有用。最後一本就是我剛剛提到的《再思中國性》，作者陳榮強在石溪紐約州立大學教書，他是新加坡人，在臺灣唸的大學。他也用華語語系的架構。我們在康柏利亞出版社（Cambria Press）也有個出版系列，主編是梅維恆（Victor H. Mair），但卻邀我為這個系列命名，加以描述，並且為這個系列定義，因此這個系列稱為「華語語系世界系列」（Sinophone World Series），已經出版了上述兩本專書，《再思中國性》和《馬來西亞華語語系文學》。我想可能還有其他書即將出版。現在甚至許多亞美研究學者、甚至中國文學學者、年輕學者，在他們的履歷和網頁上都會說他們也做華語語系研究。如果你看看年輕學者，他們會說我從事中文和華語語系研究，那很有趣。大約五年前，臺灣作家朱天文路過UCLA，我跟她見面。當時臺灣的教育部邀請朱天文和其他幾位臺灣作家到美國訪問，有點像是文化大使之旅，到許多大學和社區對不同的聽眾演講。在出版的小冊子中，朱天文就宣稱「我是華語語系作家」。[14]

14 二〇〇九年行政院文建會駐紐約臺北文化中心承辦「臺灣作家美國加拿大巡迴座談會」，自十月二十六日

單：這是個新近冒現的領域，能有這麼大的影響，實在不容易，其實即使在開始的階段就吸引了很多人注意。

史：好像是這樣，那也就是為甚麼我斷定值得花那些工夫，因為人們不是覺得那個觀念與他們相關，就是覺得受到刺激，因為那個議題相當具有爭議性。我當初其實有些猶豫，多年前我跟一位UCLA的同事有過一段對話。她是麥克阿瑟天才獎音樂理論家（a MacArthur Genius Award music theorist）。[15]我跟她聊天時說，我的作品受到很多批評，變得很具爭議性。她對我說：「書美，我的整個學術生涯就建立在負面批評上。」我心想：「哇，她可真勇敢！」我其實並沒那麼勇敢，但聽她那麼說，覺得很受鼓舞。有時候你就是必須採取立場，然後心甘情願當箭靶。

建構另類的理論架構

單：近年來你應邀到不同大洲和不同國家發表演講，或在會議上發表主題演講。除了所謂的「理論的旅行」之外，你會如何看待自己作為一位旅行的理論家或全球化的理論家？

史：我會拒絕這兩種說法。其實我在美國以外的情境時，會很清楚地定位自己。我會清楚地說，我的作品很多是來自美國的學術環境，以及在那裏所進行的學術對話，絕不是甚麼普遍性的東西。同時，我也來自被邊緣化的場域與聲音，卻不能宣稱自己為哪些地方代言。我目前有關華語語系的工作，以及我正在進行的新計畫，就是要如何建構另類的理論架構，而不只是在強勢之外加上弱勢。這並不是加法政治學（politics of addition），而是關於改變我們瞭解某些議題的方式，或者我們如何將典律加以概念化。那是從根開始來改變基本的觀念。華語語系研究並不是在中國文學上再加上華語語系文學，或者在法國文學或美國文學上再加上華語語系文學，而是關於我們應該如何重新思考美國文學是甚麼、法國文學是甚麼、中國文學是甚麼、馬來西亞文學是甚麼……。它是關於單語國家文學的建構的反思，許多諸如此類的事，而不是以加法的形式存在。因此現在我也在進行一個世界文學的計畫。同樣地，那並不是把更多非西方的書或弱勢族裔的書加入世界文學的典律，不是的，而是重新思考我們最初應該如何定義世界文學。

起至十一月十二日止，邀請作家朱天文、劉克襄與柯裕棻，巡迴加拿大溫哥華英屬哥倫比亞大學以及美國哈佛大學、衛斯理學院、耶魯大學、聖路易華盛頓大學、奧斯汀德州大學以及洛杉磯加州大學等大學校園，談論他們的寫作經驗、生活體驗與臺灣的多元文化。

15 即The MacArthur Fellows Program，又稱MacArthur Fellowship或"Genius Grant"，一九八一年由美國最大的獨立基金會之一的麥克阿瑟基金會（John D. and Catherine T. MacArthur Foundation）設立，頒發給各領域具有原創性與自主性的傑出人士，為美國最具代表性的跨領域獎項之一。

單：那要如何定義呢？

史：那就是我正在進行的計畫。我提出了一個用關係的方式（relational way）來思考世界。那個觀點部分是建立在《理論的克里歐化》一書的說法。我在那本書裏談到理論其實是如何產生於很特定的歷史脈絡，注重事情在各處發生的同時性及關聯性。你有美國民權運動，你有全世界的學生運動，你有巴黎一九六八年五月的運動，你有阿爾及利亞的革命，你有遍及非洲和亞洲的去殖民的運動，這一切事情同時發生。同樣地，我主張把世界文學當成一個關係的領域（a field of relations）來思考。你可以把主流或邊緣的東西帶入，建立起彼此的關係。根據你的專業、語言、知識，其實可以創造出一種不同的典律，或創造出一種不同的思考方式，來思考甚麼構成世界文學。在我剛寫完的那篇論文中，[16]我提到那並不是有關最佳的作品，而是有關我們如何在世界史的脈絡下瞭解文學。我在自己許多作品中很像歷史學家。因此，世界文學其實是發生在歷史中。我採取一種世界歷史的角度來看世界文學，那有關整個世界。這本書中有一章談全球性六〇年代，[17]是接續《理論的克里歐化》裏的工作，但這次是連結來自世界不同地方的文本。目前這一章分析的作品有非裔美國文本、中國文本、埃及文本、東南亞文本等等，所以是把全球性六〇年代當成世界歷史和世界文學來思考。目的就是要彰顯某種問題意識。特定的那一章是要思索或解構以明目張膽的毛派角度來瞭解的全球性六〇年代。既要處理那段歷史，也要細讀相關文本。我有很多演講都是在談這個主題。

單：你的研究領域很有趣，像是從世界歷史到世界文學，或從世界歷史到世界藝術等等。我認為你是藉此批評介入的方式，來介入丹羅西（David Damrosch）、莫瑞諦（Franco Moretti）、卡薩諾瓦（Pascale Casanova）等人所重新思考的世界文學。

史：是的，我寫文章討論那種現象。我發表過一篇論文，叫做〈關係的比較學〉（"Comparison as Relation"），[18]就是從那裏開始的。我在那篇論文中對丹羅西、莫瑞諦、卡薩諾瓦有些特定的批評意見，因為大多數學者在討論世界文學時都引用這三人。最近我寫的另一篇〈世界研究與關係比較〉（"World Studies and Relational Comparison"），決定略過批評，因為已經有太多人討論了。[19]我決定只提供自己的架構，我自己對這個議題的理論思

16 請看註18。

17 目前著手中的新書為《從世界史到世界文學》（*From World History to World Literature*）。這一章已出版為 "Race and Relation: The Global Sixties in the South of the South," *Comparative Literature* 68.2 (2016): 141-54。

18 Shu-mei Shih, "Comparison as Relation," *Comparison: Theories, Approaches, Uses*, ed. Rita Felski and Susan Stanford Friedman (Baltimore: Johns Hopkins University Press, 2013) 79-98.［這篇論文的華文版見史書美，〈關係的比較學〉，《中山人文學報／*Sun Yat-sen Journal of Humanities*》39 (July 2015): 1-19。——編按］

19 Shu-mei Shih, "World Studies and Relational Comparison," *PMLA* 130.2 (March 2015): 430-38.

維，而不是批評其他人，因為那些其實是不同的批評路數。我提供了一些很特定的方式來研究世界文學，或把比較研究當作關係研究。我早先發表的那篇論文會是我前面提到的新書《從世界史到世界文學》中的一章，文中所舉的文學例證是十九世紀末、二十世紀初的苦力行業，因此那個行業從加勒比海，到東南亞，再到美國南方。其中的中介方式是透過葛里桑（Édouard Glissant）那本福克納專書。葛里桑說，種植園經濟（plantation economy）其實是從美國南方開始，然後擴展到加勒比海。他在《密西西比福克納》（*Faulkner, Mississippi*, 1999）中討論福克納長篇小說中的種族混雜與種族冒充。我也納入牙買加作家鮑爾（Patricia Powell）的討論。她寫的是中國苦力，並且把苦力船當成他們的中間航程（middle passage）。她把奴隸制度和苦力行業相提並論，顯現出她寬大與同情的心懷。而我也是第一次納入了我最喜歡的作家張貴興的長篇小說。他的幾部長篇小說是〈關係的比較學〉這篇論文的主角。

單：你們兩位是系友。

史：是的，他是我師大英語系的學長，比我大三屆。但我之所以寫他並不是因為個人的關係，而是因為他作品的力道。以各種標準來看，我覺得他那雨林三部曲的前兩部夠得上諾貝爾文學獎的份量。

有關離散的反思

單：你寫過一篇名為〈反離散〉（“Against Diaspora”）的論文，[20] 其實你先前在《視覺與認同》中也提過。文中提到了一些有趣的觀點，像是離散有它的終止期等等，能不能稍加發揮？因為人們談論離散時，首先會把它跟猶太人的離散（Jewish diaspora）連結在一塊，也會跟非裔美國人的離散（African American diaspora）連結在一塊。有些人甚至把它用在華人身上，提出了「華人離散」（Chinese diaspora）的說法。但你好像對那個觀念有不同意見。

史：我想我的思維其實是很亞美研究式的思維。在《亞美學刊》（*Amerasia Journal*）一九九〇年代的辯論中，黃秀玲（Sau-ling Cynthia Wong）和其他人就有過類似的辯論。

單：你指的是黃秀玲那篇有關去國家化（denationalization）的論文嗎？[21]

---

20 Shu-mei Shih, “Against Diaspora: The Sinophone as Places of Cultural Production,” *Transforming Diaspora: Communities Beyond National Boundaries*, ed. Robin E. Field and Parmita Kapadia (Lanham, MD: Fairleigh Dickinson University Press, 2011) 3-20.

21 Sau-ling Cynthia Wong, “Denationalization Reconsidered: Asian American Cultural Criticism at a Theoretical Crossroads,” *Amerasia Journal* 21.1-2 (1995): 1-27；華譯版〈去國家化之再探：理論十字路口的亞美文化批評〉，收錄於單德興、梁志英（Russell C. Leong）、唐・中西（Don T. Nakanishi）合編《全球屬性，在地聲音》上冊（臺北：允晨文化，二〇一二），頁一〇一—四八。

史：是的，就是有關去國家化的辯論。當時我還是研究生，黃秀玲那篇論文對我影響很大。文中談到政治必須落實到在地的情境，此事至關重要。那是政治發揮作用的唯一方式，尤其是對被壓迫的人、被邊緣化的人、弱勢和少數族裔的人。國家依然是弱勢族裔能要求承認、要求重新分配的機制。雖然也能用上跨國的方法和跨國的聯繫方式，但到頭來還是國家在控制資源，能讓弱勢族裔受益。在涉及亞裔美國人時，離散的意識形態（diasporic ideology），也就是當離散變成一種價值，是很有問題的，因為亞裔美國人以往被視為永遠的外來者（perpetual foreigners）。離散其實強化了與在地的缺乏聯繫。有時我很難瞭解歷史怎麼會有那麼戲劇性的轉變，黃秀玲的論文出現了二十年之後，亞美研究中突然流行討論離散。就猶太離散而言，總是有這種對故鄉的渴望。就字面上來說，離散意味著散播，而散播則意味著你從某地來，而散播到其他地方。這是描述全世界的人的處境之一種直截了當的事實，就是我所謂的「離散作為歷史」（"diaspora as history"）。可是當離散變成某種價值（「離散作為價值」["diaspora as value"]）時，那就變成有問題、甚至是危險的。我認為猶太復國主義（Zionism）是一個極端的例子，顯示了離散的意識形態如何變成定居殖民主義心態，再變成另一種殖民意識形態，就像在以色列那樣。先前我們討論流亡、討論離散，而離散和流亡對我來說指的是沒有投入你的居住地、你生活的地方、你真正有政治投資的地方，更別提離散所帶的那種定居殖民主義的涵義，以及典型的菁英式的流亡情緒（elite exilic sentimentalism），認為自己高當地人一等。

就我全部的作品而言，並不是說離散不能用於其他地方，或用於複雜的方式。是可以用的。在我所有的作品中，我採取一個特定的立場，為的是要釐清一個情境。我採取這個立場是因我們必須採取立場，而那難免會受到批評，但對我來說卻涉及原則。否則在美國，住在加州的人會說，我來自紐約，所以我是離散的。離散可以被不分青紅皂白地延伸和使用，而使用的方式林林總總。任何用語都是如此，意義可以被延伸到無窮無盡。我們知道意義是不穩定的，但如果所有的用語都是不穩定的，意義無窮無盡，又如何使任何用語發揮任何作用呢？因此你必須願意採取一個立場，而且說：這就是我想要瞭解它的方式，因為它具有某種政治承諾。那也就是為甚麼我說離散是有期限的。我在韓國長大，父母總是告訴我說：你不是韓國人。當然就國籍來說，我從來就不是韓國人，但那也意味著他們即使一輩子住在那裏，還是覺得與韓國人不同。在美國，第一代的移民父母會告訴小孩，你是ＡＢＣ（在美國出生的華人），不是中國人，或者說你太像美國人了，因為父母覺得也許出於種族歧視或社會上將他們當少數民族看待，使得他們不可能成為百分之百的美國人，或被接納為美國人。然而這樣的話，他們也是在指控小孩出賣給了美國。這種情況之下，使用的是很具有價值判斷、保守的角度。這一切對我來說都是離散心態的表現。在印尼，印尼人說你們華人是中國國籍，所以我們可以有種族暴動，把你們宰了。在馬來西亞也一樣。種族暴動和所有那些事件都根據這個觀念，也就是你們在這裏是外地人，離散到這裏。然而馬來西亞的華人在那裏已經幾百年了，印尼也一樣。我們要如何去瞭解這一切呢？是的，我們學者也許對於任何術語，像是離散，擁有多重涵義的奢侈，可以隨心所欲地延伸。實則不然，因為涉及在地的政治。人們因為這些用語而遇害，因為某種的詮釋，或至少使用這些用語作為藉口或理由。對我來說，我必須採取立場，以便讓某些文字發揮某些作用，或讓某些文字不發揮某些作用。你必須採取立場，因為總是會有具體的結果；文字是有具體結果的。那也就是為甚麼那篇論文會有個驚人的、有意令人側目的標題〈反離散〉。

單：先前你提到高行健、哈金和湯亭亭這些人。如果我們不看他們與中國的關係或根源，要如何把這些人連結在一塊？我們先前見面時，你曾提過多重歸屬的可能性（possibility of multiple belongings），如果能保留離散這個觀念，會不會為多重歸屬增加另一個可能的面向？

史：就一個國家之內的種族關係而言，我不知道能不能具有多重歸屬。如果因為種族的緣故致使別人對你有偏見，我不知道離散的感覺會不會使情況不那麼糟。這種說法通不通？

單：是的，真實的政治情況。

史：對的。我當時談多重歸屬，其實主要是針對跨國出版的文學作品，而且所使用的語言在不同的典律或不同的國家文學中有不同的定位。那時我們就是以批判的方式來解構國家文學的類別。就一個人的政治身分和認同如何在一個國家內建構，以及其所有的涵義，我不知道那有沒有彈性。比方說，如果你是在美國的黑人，我最近正寫論文討論非裔美國作家史密斯（William Gardner Smith）的半自傳長篇小說《石臉》（*The Stone Face*）。[22]他年輕時走在費城街上，警察見到他就是痛打一頓。在那時他把自己想成是離散者有沒有幫助？根本沒有嘛。在那個節骨眼上，多重歸屬完全無用。只是默想「非洲是我的故鄉」並不會讓你在挨揍時覺得好受一些。我覺得我們都需要敞開心胸去包納所有的他者。至於有關納入與排除的結構，那涉及你從被指定的位置中能給予多少。有時你無力對抗他們。所以我們對那個權勢說話，而不只是從這種開放的理論位置。當你面對權勢時，那是很粗糙、赤裸裸的，那是你無法反抗的，因為你太弱了，或者你的社會定位使你無法反抗那種暴力。我們必須批判那種情況。那就是為甚麼我們說種族不是生物的類別，而是社會的類別。

同樣地，我們談論性別也不是把它當成生物的類別，而是社會的類別。就社會經濟結構來說，性別階序依然存在，種族階序依然存在。就只因為你認為「我超越了性別階序」，並不意味你不受它影響，因為你被指派了性別，被置於那個階序中，不管你喜不喜歡。我認為身為具有批判性的思想者，我們必須批判那個結構，那就是為甚麼我真喜歡《美國種族的形

22 即前注 "Race and Relation: The Global Sixties in the South of the South"。

成》那本書。儘管我們應該無視於種族，或者不必再看到或思考種族，因為我們全都平等，其實不然。當你真正看到種族時，也就是說，當你瞭解所有有關種族的問題時，社會將更平等，我們將更平等。這件事很弔詭。我發現學院人士常常故作思考深奧的姿態說：「噢，那太複雜了，那太複雜了。那件事有很多方面。我們可以用這種方式來思考離散，我們也可以用那種方式來思考離散。」我發覺那真的很成問題。因為有很多人是直接承受這種種的意識形態之苦、受這種種的偏見與價值之苦。那也就是為甚麼在那篇論文中我要區分「作為歷史的離散」，相對於「作為價值的離散」。離散作為歷史，那可以，我們是離散的，我是離散者。但是離散作為價值，噢，那就有問題了。

歷史的興趣與人文學科的現況

單：身為理論家，你在不同領域發揮很大的影響，你也提到自己對歷史的興趣。因此我想問的是，理論、歷史與文學之間的關係如何？

史：首先我必須說，我並不認為自己對任何事有任何重大的影響。我認為自己依然嘗試著要想清楚這許多議題。就像其他人一樣，我還是在跟這許多議題奮戰。我認為也許近年來我找到更多自己的聲音，但那依然是很大的奮戰。讀我的作品的人好像比較多了，那讓我很欣慰。但我的目標不是去影響人。如果我冒了風險來表明了一個基進但有原則的立場，而使我的作品能為一些人提供一些力量，那麼我很樂於承擔隨之而來的所有批評。那是值得的。至於理論、歷史與文學之間的互動，對我來說全都是相關的。我這一代在研究所時學到德希達的解構批評。當時文學理論跟歷史、文學都隔得很遠，就像一般的現代主義研究的趨向一樣，主要是形構主義（formalism）。

單：新批評（New Criticism）呢？

史：是的，正是。新批評也是跟歷史、理論相隔甚遠，更以文本為導向。現代主義研究有很長一段時間也是更文本導向的。就我個人的想法，文學是歷史的產物，理論也是。其實，文學和理論的距離並不是很大，只不過在美國的學院裏，理論通常來自歐陸哲學。比方說，研究法國文學的人發現理論與文本之間有更大的相應之處。但是如果從世界歷史的角度來看歐陸哲學，就像我與合作者李歐旎在《理論的克里歐化》中所做的，就會知道其實當中很多是歷史的產物。一九六八年五月的巴黎運動，其實是被當時發生在全世界的革命運動所鼓舞。我覺得它們密切相關。我認為那是我現在所能給的最好的答案。我一直是橫跨理論、文學、歷史這三個類別，因為到頭來三者無法嚴格劃分。我正在寫的那本《華語語系的帝國》，前提正是如此。我會把華語語系文學當成理論來讀，當成是思索某些重要的理論議題的諸種方式。比方說，其中之一就是區域研究。我先前談到把區域研究加以種族化，其實是以來自馬來西亞的文學文本來談區域研究。有一章談後殖民理論，是以西藏文學來談後殖民理論。還有一章談理論的問題，將來需要修訂後出版專書，我在那裏以中國文學作例子。我以文學文本來思索理論的議題，來顯示那個區別其實只是人為的。

單：這聽來很有趣。所以那就是你現在的計畫。我知道這很困難，但對我來說一個很重要的問題就是：在學院裏人文研究的未來，不管是在美國或在亞洲，尤其是在臺灣和香港，似乎逐漸沒落。

史：我認為人文學者有必要更好好宣傳人文學門。我們為不同的社會貢獻很多，卻不善於談論自己貢獻了甚麼、貢獻了多少。我覺得我們都太忙於做自己的工作，而未能真正為自己來辯護。就真正具體的數字來說，人文學科並未衰微。《高等教育紀事報》（*The Chronicle of Higher Education*）今年稍早刊登了一篇文章，指出在美國具有人文學位的人的收入與具有科學學位的人一樣高。[23]這是驚人的統計數字。學藝術與人文的人的待遇和學科學的人一樣好。所有有關人文學科無關緊要的說詞就只是說詞而已。我們必須用自己的說詞來對抗那種說詞，需要真正集體合作來記錄並且辯護人文學科的價值。它們並不是沒有價值或價值消逝了，事實絕非如此，但是我們遭到攻擊卻沒有反擊。真的需要更加研究人文學科對社會的不同貢獻。也許在數字上唸人文的人比較少，甚至那也不一定正確。舉例來說，有趣的是美國的各個以人文教育為帥的博雅學院（liberal arts college）一直都非常非常受歡迎。

單：我很高興聽到這一點。我最後一個問題就是：你認為訪談的性質和作用為何？

史：接受訪談的人覺得很榮幸，因為有機會來反思自己的過去，賦予它一個敘事。訪談就是一種敘事化（narrativizing）。同時，我認為訪談賦予白紙黑字一個有血有肉的面目。過去我曾接受訪問，看到訪問發表以及讀者的回應，總是覺得很有趣。其實，我並不是很確定。你認為呢？因為你是專家，終極訪談者。

單：不敢當。對我來說，首先這跟對人的興趣（human interest）有關，也就是說，不只是讀某人的文字，而且能夠見面，甚至提問、交談。那很有趣味，因為不只是讀其書，而且希望能夠知其人。

史：但我們已經是朋友了。

單：的確，我們早已是朋友了，但平常見面可能只是閒聊，而不是像現在這樣談論事情。換言之，訪談提供了一個場合讓人能多少正式地來談論共同感興趣的事情。而且對我來說，訪談涉及分享，我在訪談中從具有特殊經驗的傑出學者和作家得到某些答案，讓他們談論自己、自己的作品、自己的觀念。甚至在他們談話時，他們的觀念對自己來說原本都還有

23 Beckie Supiano, "How Liberal-Arts Majors Fare Over the Long Haul," *The Chronicle of Higher Education*, 22 January. 2014, Web, 25 December 2015.

些模糊，但在談話的過程中逐漸變得清晰。由於訪談攸關自我再現，我會問受訪者願不願意閱讀、修訂訪談的謄稿，以便能更精準地再現自己。等到受訪者修訂之後，我會盡量找機會出版，以便將他們的觀念儘可能與人分享。因此我會說我們也是在分享。

史：是的，說得真好。你自己接受訪談的經驗呢？

單：我自己倒沒接受很多訪談。

史：那你的經驗呢？

單：那很有趣。首先就是感覺受到賞識。我很感恩有人會對我的作品感興趣，而且為了訪談花了那麼多時間做功課。在訪談過程中，那些問題促使我去思考自己在做的一些事情，讓我開始反省。訪談可能也會給我機會說說自己將來可能做的事。有時訪談也會給我方向，諸如此類的事。

史：那是很棒的答案。

單：比方說，有位研究生為了她的碩士論文來跟我訪談，內容有關亞美文學在臺灣的建制化。[24]那個女學生做了很多功課，我發覺去反思這整個過程、已經做了甚麼、還要做甚麼，對我來說很有意思。

史：是的，那是非常非常重要的議題，關於臺灣的亞美研究、日本的亞美研究，或者全亞洲的亞美研究。

單：是的。

史：那是個很有趣的問題，因為先前你提到我們怎麼能一塊談論哈金、高行健、湯亭亭，而我會說既可能，也不可能，既能促成一些事情，但同時也是有問題的，因為那是以種族來組合。針對那個特殊的情況，我試著從種族之外的方式來思考。當種族是你宣稱的事情，那是一回事；當種族是指派到你身上的事情時，又是另外一回事，那就真的很有問題。那也就是為甚麼我認為華語語系研究之所以有用，是因為那不是關於種族，而是關於語言。

單：我之所以提出那個問題，是因為湯亭亭並不是以中文寫作，哈金主要是以英文創作與出版，而高行健既用中文寫作，也用法文寫作。如果你想把他們放在一塊，華語語系就不包括像湯亭亭這種人。因此我在想離散是不是一個可能的架構，可以把這些人都放在一塊。這也許聽起來好像是以種族為基礎，但我思考的是以不同的方式來連結不同的人。

史：是的，我瞭解，雖然對我來說其中的連結看來有點不自然。但不一定非得是那三個

24 單德興、吳貞儀，〈亞美文學研究在臺灣：單德興教授訪談錄〉，《英美文學評論》二三期（二〇一三年十二月），頁一一五—四三；吳貞儀的碩士論文〈利基想像的政治：殖民性的問題與臺灣的亞美文學研究（1981-2010）〉見 Chen-Yi Wu, "Politics of Niche Imagination: The Question of Coloniality and Asian American Literary Studies in Taiwan, 1981-2010," MA thesis, National Tsing Hua University, 2013。

人，或者可以用某個議題來連結所有的作者。連結各種作者的方式有千千萬萬。謝謝你這麼徹底的訪問我，真正促使我去多多思考自己的研究。

單：謝謝你撥冗接受訪談，並且提供了這麼多發人深省的回答。

參考引用書目

中文書目

丁玲，《丁玲全集・三》（石家莊：河北人民，二〇〇一）。

毛澤東著，中共中央毛澤東選集出版委員會編，《毛澤東選集》（北京：北京人民，一九六八）。

王德威，〈文學行旅與世界想像〉，《聯合報・聯合副刊》，二〇〇六年九月七—八日，E7版。

史書美，〈後現代性與文化認同：臺灣媒體中的「大陸」隱喻〉，《今天》一九九八年第二期，頁二三一—五一。

史書美著，紀大偉譯，〈全球的文學，認可的機制〉（Global Literature and the Technologies of Recognition），《清華學報》三四卷一期，二〇〇四年六月，頁一—三〇。

史書美著，楊華慶譯，《視覺與認同：跨太平洋華語語系表述・呈現》（*Visuality and Identity: Sinophone Articulations across the Pacific*）（台北：聯經，二〇一三）。

申旭、劉稚，《中國西南與東南亞的跨境民族》（昆明：雲南民族，一九八八）。

朱耀偉，〈香港（研究）作為方法——關於「香港論述」的可能性〉，《二十一世紀雙月刊》一四七期，二〇一五年二月，頁四七—六三。

李佩然，〈「本土」作為方法：香港電影的本土回歸與文化自主〉，《字花》五五期，二〇一五年，頁一一九—一二三。

吳榮臻，《乾嘉苗民起義史稿》（貴陽：貴州人民，一九八五）。

金庸，《笑傲江湖》（台北：遠流，一九九六）。

查良鏞，《香港的前途：明報社評選之一》（香港：明報有限公司，一九八四）。

洛楓，《世紀末城市：香港的流行文化》（香港：牛津大學出版社，一九九五）。

郁達夫，《郁達夫小說全編》（杭州：浙江文藝，一九九一）。

高行健，《一個人的聖經》（台北：聯經，一九九九）。

高行健，《靈山》（台北：聯經，一九九〇）。

張愛玲，《傳奇》（北京：人民文學，一九八六）。

張錦忠，〈小文學，複系統：東南亞華文文學的意義〉，收入吳耀宗編，《當代文學與人文生態》（台北：萬卷樓，二〇〇三），頁三一三—一七。

莊華興編著譯，《國家文學：宰制與回應》（吉隆坡：大將，二〇〇六）。

陳天俊，〈歷代王朝對苗族地區的政策以及其影響〉，收入中國西南民族研究會編，《西南民族研究》（貴陽：貴州民族，一九八八）。

賀淑芳，〈別再提起〉，收入王德威、黃錦樹編，《原鄉人：族群的故事》（台北：麥田，二〇〇四），頁二二八—二三四。

黃秀玲，〈黃與黑：美國華文作家筆下的華人與黑人〉，《中外文學》三四卷四期（二〇〇五年九月），頁一五—五三。

黃萬華，《文化轉換中的世界華文文學》（北京：中國社會科學，一九九九）。

黃錦樹，〈否想金庸——文化代現的雅俗、時間與地理〉，收入王秋桂主編，《金庸小說國際學術研討會論文集》（台北：遠流，一九九九），頁五八七—六〇七。

黃錦樹，〈華文／中文：失語的南方與語言再造〉，《馬華文學與中國性》（台北：元尊文化，一九九八），頁五三—九二。

黃錦樹，《文與魂與體：論現代中國性》（台北：麥田，二〇〇六）。

黃錦樹，《由島至島》（台北：麥田，二〇〇一）。

黃錦樹，《馬華文學與中國性》（台北：元尊文化，一九九八）。

楊牧編，《許地山小說選》（台北：洪範，一九八四）。

蔡石山著，黃中憲譯，《海洋臺灣：歷史上與東西洋的交接》（*Maritime Taiwan: Historical Encounters with the East and the West*）（台北：聯經，二〇一一）。

葛兆光，《宅茲中國：重建有關「中國」的歷史論述》（台北：聯經，二〇一一）。

薛華棟，《和諾貝爾文學獎較勁》（上海：學林，二〇〇二）。

西文書目

Ahmad, Aijaz. 1992. "Jameson's Rhetoric of Otherness and the 'National Allegory'" in *Theory: Classes, Nations, Literatures*. London: Verso, pp. 95-122.

Anderson, Benedict. 1992. *Imagined Communities: Reflections on the Origin and Spread of Nationalism*. Revised Edition. London: Verso.

Ang, Ien. 2001. *On Not Speaking Chinese: Living between Asia and the West*. London: Routledge.

Ahmed, Sara. 2000. *Strange Encounters: Embodied Others in Post-coloniality*. London: Routledge.

Amin, Samir. 1997. *Capitalism in the Age of Globalization: The Management of Contemporary Society*. London and New York: Zed Books.

Badiou, Alain. 2002. *Ethics: An Essay on the Understanding of Evil*. Trans. Peter Hallward. London: Verso.

Balibar, Étienne. 1991. "The Nation Form: History and Ideology," in *Race, Nation, Class: Ambiguous Identities*. By Balibar and Emmanuel Wallerstein. New York: Verso, pp. 86-106.

Balibar, Étienne. 1991. "Racism and Nationalism," in *Race, Nation, Class: Ambiguous Identities*. By Balibar and Emmanuel Wallerstein. New York: Verso, pp. 37-67.

Baucom, Ian. 2001. "Globalit, Inc.; Or, the Cultural Logic of Global Literary Studies," in Special Topic: Globalizing Literary Studies. Gunn, Giles. Coordinator. *PMLA* 116.1: 158-72.

Bernheimer, Charles. 1995. "Introduction: The Anxieties of Comparison," in *Comparative Literature in the*

Age of Multiculturalism. Baltimore and London: Johns Hopkins University Press, pp. 1-17.

Butler, Judith. 1998. "Merely Cultural." *New Left Review* ns 227: 33-44.

Casanova, Pascale. 2004. *The World Republic of Letters.* Trans. M. B. DeBevoise. Cambridge, Mass.: Harvard University Press.

Chang, Iris. 2003. *The Chinese in America: A Narrative History,* New York: Penguin Books.

Chaves, Jonathan. 1991. "Forum: From the 1990 AAS Roundtable," *Chinese Literature: Essays, Articles, Reviews* 13: 77-82.

Chen, Yiping. n.d. "Overseas Chinese and China's soft power: A comparative study on the Chinese in U.S. and Southeast Asia." http://202.116.13.5:8080/eng/index.php (accessed June 20, 2012).

China: The Rebirth of an Empire. Dir. Jesse Veverka and Jeremy Veverka. Veverka, 2010. Film.

Chow, Rey. 1998. "On Chineseness as a Theoretical Problem," Introduction. *Boundary 2* 25.3: 1-24.

Chow, Rey. 1998. *Ethics after Idealism: Theory-Culture-Ethnicity-Reading*. Bloomington: Indiana University Press.

Chow, Rey. 2001. "How (the) Inscrutable Chinese Led to Globalized Theory," in Special Topic: Globalizing Literary Studies. Gunn, Giles. Coordinator. *PMLA* 116.1: 69-74.

Chun, Allen. 1996. "Fuck Chineseness: On the Ambiguities of Ethnicity as Culture as Identity," *Boundary 2* 23.2: 111-38.

Crossley, Pamela Kyle. 1999. *A Translucent Mirror: History and Identity in Qing Imperial Ideology.*

Berkeley: University of California Press.

Crossley, Pamela Kyle, Helen F. Siu, Donald S. Sutton. ed. 2006. *Empire at the Margins: Culture, Ethnicity, and Frontier in Early Modern China*. Berkeley and Los Angeles: University of California Press.

de Lauretis, Teresa. 1987. *Technologies of Gender*. Bloomington: Indiana University Press.

Dimock, Wai Chee. 2001. "Literature for the Planet," in Special Topic: Globalizing Literary Studies. Gunn, Giles. Coordinator. *PMLA* 116.1: 173-88.

Dirlik, Arif. 2002. "Literature/Identity: Transnationalism, Narrative and Representation," *Review of Education/Pedagogy/Cultural Studies* 24.3: 209-34.

Dubey, Madhu. 2002. "Postmodernism and Racial Difference," University of California Multi-campus Research Group on Transnational and Transcolonial Studies. University of California, Los Angeles. 20 Nov.

Edouard Glissant: One World in Relation. Dir. Manthia Diawara. Color, 1 hour, USA, 2009. Film.

Fanon, Franz. 1963. *The Wretched of the Earth*. Trans. Richard Philcox. New York: The Grove Press.

Fitzgerald, C. P.. 1965. *The Third China*. Melbourne: F. W. Cheshire.

Foucault, Michel. 1984. "Nietzsche, Genealogy, History." in *The Foucault Reader*. Ed. Paul Rabinow, New York: Pantheon Books, pp. 76-100.

Fraser, Nancy. 2000. "Rethinking Recognition," *New Left Review* 3: 107-20.

Fusco, Serena. 2006. "The Ironies of Comparison: Comparative Literature and the Re-Production of Cultural Difference between East and West," *Trans: Revue de literature generale et comparee* 2, http://trans.univ-paris3.fr/spip.php?article 238 (accessed September 2, 2010).

Gao, Xingjian. 2003. "The Case for Literature," Nobel Lecture. 2002. The Nobel Prize in Literature 2000. 21 Aug. 2003. Nobel Foundation. 13 Sept. http://www.nobel.se/literature/laureates/2000/gao-lecture-e.html

Hallward, Peter. 2002. "Introduction," in *Ethics: An Essay on the Understanding of Evil*. By Alain Badiou. Trans. Peter Hallward. London: Verso. pp. vii-vlvii.

Hartsock, Nancy. 1990. "Rethinking Modernism: Minority vs. Majority Theories," in *The Nature and Context of Minority Discourse*. Ed. Abdul R. JanMohamed and David Lloyd. New York: Oxford University Press, pp. 17-36.

Hegel, G. W. H. 1967. *The Philosophy of Right*. Trans. T. M. Knox. Oxford: Oxford University Press.

Hegel, G. W. H. 1980. *Lectures on the Philosophy of World History*. Trans. H. B. Nisbet. Cambridge: Cambridge University Press.

Huang, Philip. 1991. "The Paradigmatic Crisis in Chinese Studies," *Modern China* 17.3: 299-341.

Huang, Philip ed. 1993. *"Public Sphere"/"Civil Society," in China?: Paradigmatic Issues in Chinese Studies, III, Modern China* 19.2.

Jameson, Fredric. 1986. "Third-World Literature in the Era of Multinational Capitalism." *Social Text* 15: 65-88.

Jameson, Fredric. 1987. "A Brief Response," *Social Text* 17: 26-27.

Kenley, David L.. 2003. *New Culture in a New World: The May Fourth Movement and the Chinese Diaspora in Singapore, 1919-1932*. New York and London: Routledge.

Kristal, Efraín. 2002. "Considering Coldly...," *New Left Review* 15: 61-74.

Kuhn, Philip. 2008. *Chinese Among Others: Emigration in Modern Times*. Lanham. MD: Rowman and Littlefield.

Levathes, Louis. 1994. *When China Ruled the Seas: The Treasure Fleet of the Dragon Throne, 1405–1433*. Oxford: Oxford University Press.

Levenson, Joseph. 1958. *Confucian China and its Modern Fate*, Berkeley: University of California Press.

Levinas, Emmanuel. 2000. *Otherwise Than Being: or, Beyond Essence*. Trans. Alphonso Lingis. Pittsburgh: Duquesne University Press.

Lionnet, Françoise and Shu mei Shih. 2005. "Thinking through the Minor, Transnationally," Introduction. *Minor Transnationalism*. Ed. Françoise Lionnet and Shu mei Shih. Durham: Duke University Press, pp. 1–23.

Lipman, Jonathan. 1997. *Familiar Strangers: A History of Muslims in Northwest China*. Seattle: University of Washington Press.

Lowe, Lisa. 1996. *Immigrant Acts: On Asian American Cultural Politics*. Durham: Duke University Press.

Maconi, Lara. 2002. "Lion of the Snowy Mountains: The Tibetan Poet Yidan Cairang and His Chinese Poetry: Re-constructing Tibetan National Identity in Chinese," in *Tibet, Self, and the Tibetan Diaspora: Voices of Difference*. Ed. Christiaan Klieger. Leiden: Brill, pp. 165–93.

Mair, Victor. 2005. "Introduction," in *Hawai'i Reader in Traditional Chinese Culture*. Ed. Victor H. Mair, Nancy Shatzman Steinhardt and Paul R. Goldin. Honolulu: University of Hawai'i Press, pp. 1-7.

Mair, Victor. 1991. "What is a Chinese 'Dialect/Topolect'? Reflection on Some Key Sino-English Linguistic

Terms," *Sino-Platonic Papers* 29: 1-31.

Majumdar, Margaret A.. 2002. *Francophone Studies.* London: Arnold.

Majumdar, Margaret A.. 2003. "The Francophone World Moves Into the Twenty-First Century," in *Francophone Post-colonial Cultures*. Ed. Kamal Salhi. Lanham. Boulder, New York, Oxford: Lexington Books, pp. 4-5.

Malmqvist, Goran. 2003. "Presentation Speech," 2000. The Nobel Prize in Literature 2000. 19 Dec. 2003. Nobel Foundation. 13 Sept. http://www.nobel.se/literature/laureates/2000/presentation-speech.html.

Mignolo, Walter. 2000. *Local Histories/Global Designs: Coloniality, Subaltern Knowledges, and Border Thinking*. Princeton, N.J.: Princeton University Press.

Miyoshi, Masao and H. D. Harootunian ed. 2002. *Learning Places: The Afterlives of Area Studies.* Durham: Duke University Press.

Moretti, Franco. 2000. "Conjectures on World Literature," *New Left Review* 1: 54-68.

Moretti, Franco. 2000. "The Slaughterhouse of Literature," *Modern Language Quarterly* 61.1: 207-27.

Oliver, Kelly. 2001. *Witnessing: Beyond Recognition*. Minneapolis: University of Minnesota Press.

Omi, Michael and Howard Winant. 1994. *Racial Formation in the United States: From the 1960s to the 1990s* (2nd ed). New York and London: Routledge.

Palumbo-Liu, David. 2005. "Rational and Irrational Choices: Form, Affect, Ethics," in *Minor Transnationalism*. Ed. Françoise Lionnet and Shu mei Shih. Durham: Duke University Press, pp. 41-72.

Pan, Lynn. 1990. *Sons of the Yellow Emperor: A History of the Chinese Diaspora*. Boston, Toronto, London: Little, Brown.

Perdue, Peter D. 2005. *China Marches West: The Qing Conquest of Central Eurasia*. Cambridge, Mass.; London, England: Belknap Press of Harvard University Press.

Pizer, John. 2000. "Goethe's 'World Literature' Paradigm and Contemporary Cultural Globalization," *Comparative Literature* 52.3: 213-27.

Pomeranz, Kenneth, and Steven Topik. 2005. *The World hat Trade Created: Society, Culture, and the World Economy, 1400 to the Present*. 2nd ed. New York: Sharpe.

Radhakrishnan, R. 1996. *Diasporic Mediations: Between Home and Location*. Minneapolis: University of Minnesota Press.

Rawski, Evelyn. 1998. *The Last Emperors: A Social History of Qing Imperial Institutions*. Berkeley: University of California Press.

Said, Edward W.. 1979. *Orientalism*. New York: Vintage.

Said, Edward W.. 1993. *Culture and Imperialism,* New York: Alfred A Knopf.

Said, Edward W.. 2003. "A Window on the World," *Guardian 2* Aug. 2003. 14 Oct. <http://www.guardian.co.uk>.

Sakai, Naoki. 2000. "'You Asian': On the Historical Role of the West and Asia Binary," *South Atlantic Quarterly* 99.4: 789-817.

San Juan, E., Jr. 1998. *Beyond Postcolonial Theory*. New York: St. Martin's.

San Juan, E., Jr. 2002. *After Colonialism: Remapping Philippines-United States Confrontation*. Boulder: Rowman.

Sartre, Jean- Paul. 1988. “What Is Literature?” in *“What Is Literature?” and Other Essays*. Trans. Bernard Frechtman. Cambridge: Harvard University Press, pp. 21-245.

Saussy, Haun. 2006. “Exquisite Cadavers Stitched from Fresh Nightmares: Of Memes, Hives, and Selfish Genes,” in *Comparative Literature in the Age of Globalization*. Ed. Haun Saussy. Baltimore and London: Johns Hopkins University Press, pp. 3-42.

Schiaffini-Vedani, Patricia. 2004. “The Language Divide: Identity and Literary Choices in Modern Tibet,” *Journal of International Affair*s 57.2: 81-98.

Shih, Shu-mei. 2000. “Globalization and Minoritization: Ang Lee and the Politics of Flexibility,” *New Formations: A Journal of Culture/Theory/Politics* 40: 86-101.

Shih, Shu-mei. 2007. *Visuality and Identity: Sinophone Articulations across the Pacific*. Berkeley: University of California Press.

Shih, Shu-mei. 2008. “Comparative Racialization: An Introduction,” *PMLA* 123.5: 1347-362.

Shih, Shu-mei. 2008. “Hong Kong Literature as Sinophone Literature,” *Journal of Literature in Chinese* 8.2 & 9.1: 12-18.

Shih, Shu-mei. 2010. “Against Diaspora: Sinophone as Places of Cultural Production,” in *Global Chinese Literature: Critical Essays*. Ed. Jing Tsu and David Der-wei Wang. Leiden: Brill, pp. 29-48.

Shih, Shu-mei. 2010. "Theory, Asia, and the Sinophone," *Postcolonial Studies* 13.4: 465-84.

Shih, Shu-mei. 2012. "Is the Post in Postsocialism the Post in Posthumanism?" *Social Text* 30.1: 27-50.

Shih, Shu-mei. 2014. "Sinophone American Literature," in *The Routledge Companion to Asian American and Pacific Islander Literature*. Ed. Rachel Lee. London and New York: Routledge, pp. 329-38.

Shih, Shu-mei. "Racializing Area studies, defetishizing China," *Positions: East Asia Cultures Critique* (Forthcoming).

Shih, Shu-mei, Ed. 2003. "Globalization and Taiwan's (In)significance" special issue, *Postcolonial Studies* 6.2.

Shih, Shu-mei, Chien-hsin Tsai, and Brian Bernards, Eds. 2013. *Sinophone Studies: A Critical Reader*. New York: Columbia University Press.

Shih, Shu-mei and Françoise Lionnet. 2011. "The Creolization of Theory," in *The Creolization of Theory*. Ed. Françoise Lionnet and Shu-mei Shih. Durham: Duke University Press, 2011, pp. 1-33.

Shih, Shu-mei and Ping-hui Liao, Eds. 2015. *Comparatizing Taiwan*. New York and London: Routledge.

So, Billy K. L. 2000. *Prosperity, Region, and Institutions in Maritime China: The South Fukien Pattern, 946–1368*. Cambridge, Mass.: Harvard University Asia Center, 2000.

Spivak, Gayatri Chakravorty. 1988. "Can the Subaltern Speak?" *Marxism and the Interpretation of Culture*. Ed. Cary Nelson and Laurence Grossberg. Urbana: University of Illinois Press, pp. 271-33.

Suryadinada, Leo. ed. 1997. *Ethnic Chinese as Southeast Asians*. Singapore: Institute of Southeast Asian Studies.

Takaki, Ronald. 1998. *Strangers from a Different Shore: A History of Asian American* (rev edn), Boston: Little, Brown, and Company.

Takeuchi, Yoshimi. 2005. "What is Modernity?" In *What is Modernity? Writings of Takeuchi Yoshimi.* Ed. and trans. Richard F Calichman. New York: Columbia University Press, pp. 53-81.

Tam, Kwok-kan. 2001. "Gao Xingjian, the Nobel Prize, and the Politics of Recognition," Introduction. *Soul of Chaos: Critical Perspectives on Gao Xingjian*. Ed. Kwok-kan Tam. Hong Kong: The Chinese University Press, pp. 1-20.

Tee, Kim Tong. 2010. "(Re)Mapping Sinophone Literature," in *Global Chinese Literature: Critical Essays*. Ed. Jing Tsu and David Der-wei Wang. Leiden: Brill, pp. 77-91.

Tsu, Jing, and David Der-wei Wang ed. 2010. *Global Chinese Literature: Critical Essays*. Leiden: Brill.

Tsu, Jing. 2005. *Failure, Nationlism, and Literature: The Making of Modern Chinese Identity, 1895-1937*. Stanford: Stanford University Press.

Tsu, Jing. 2010. *Sound and Script in Chinese Diaspora*. Cambridge, Mass.: Harvard University Press.

Waley-Cohen, Joanna. 2004. "The New Qing History," *Radical History Review* 88: 193-206.

Waley-Cohen, Joanna. 2006. *The Culture of War in China: Empire and the Military Under the Qing Dynasty*. London, New York: I. B. Tauris.

Wallerstein, Immanuel. 2000. "World-Systems Analysis," in *The Essential Wallerstein*. New York: New Press, pp. 129-48.

Wang, Gungwu. 1999. "Chineseness: The Dilemmas of Place and Practice," in *Cosmopolitan Capitalism: Hong Kong and the Chinese Diaspora at the End of the Twentieth Century*. Ed. Gary Hamilton. Seattle: University of Washington Press, pp. 118-34.

Wang, Gungwu. 2000. *The Chinese Overseas: From Earthbound China to the Quest for Autonomy*. Cambridge, Mass.: Harvard University Press.

Wang, Gungwu and Chin-Keong Ng ed. 2004. *Maritime China in Transition, 1750–1850*. Wiesbaden: Harrassowitz.

Wang, Ling-chi. 1995. "The Structure of Dual Domination: Toward a Paradigm for the Study of the Chinese Diaspora in the United States," *Amerasia Journal* 21.1&2: 149-69.

Wong, Sau-ling. 1995. "Denationalization Reconsidered: Asian American Cultural Criticism at a Theoretical Crossroads," *Amerasia Journal* 21.1&2: 1-27.

Yang, Mayfair Mei-hui. 2011. "Postcoloniality and Religiosity in Modern China: The Disenchantments of Sovereignty," *Theory, Culture and Society* 28.2: 3-44.

Zhang, Longxi. 1993. "Out of the Culture Ghetto: Theory, Politics and the Study of Chinese Literature," *Modern China* 19.1: 71-101.

Žižek, Slavoj. 1997. "Multiculturalism; or, The Cultural Logic of Multinational Capitalism." *New Left Review* 225: 28-51.

謝誌

本書的部分章節曾以英文在西方發表，多位同事、朋友和研究助理給予我翻譯上莫大的協助。筆者在此對以下各位表示衷心的感謝：吳建亨、王超華、蔡建鑫、楊露、趙娟、李芊芊、李桂枝、蔡林縉。也非常感謝各位學者的書評與訪談：蕭立君、許維賢、彭盈真、許仁豪、項頌、單德興、潘怡帆。尤其是感謝單德興老師細心且全面的訪談，讓筆者受寵若驚。由於得到以上各位的傾力付出，這本書才得以問世。

聯經文庫

反離散：華語語系研究論

2017年6月初版　　定價：新臺幣450元
2021年5月初版第三刷

著者	史書美
叢書主編	沙淑芬
封面設計	沈佳德
校閱	潘怡帆

出版者	聯經出版事業股份有限公司	副總編輯	陳逸華
地址	新北市汐止區大同路一段369號1樓	總編輯	涂豐恩
叢書主編電話	(02)86925588轉5310	總經理	陳芝宇
台北聯經書房	台北市新生南路三段94號	社長	羅國俊
電話	(02)23620308	發行人	林載爵
台中分公司	台中市北區崇德路一段198號		
暨門市電話	(04)22312023		
郵政劃撥帳戶第0100559-3號			
郵撥電話	(02)23620308		
印刷者	世和印製企業有限公司		
總經銷	聯合發行股份有限公司		
發行所	新北市新店區寶橋路235巷6弄6號2F		
電話	(02)29178022		

行政院新聞局出版事業登記證局版臺業字第0130號

本書如有缺頁，破損，倒裝請寄回台北聯經書房更換。　ISBN 978-957-08-4949-3 (平裝)
聯經網址 http://www.linkingbooks.com.tw
電子信箱 e-mail:linking@udngroup.com

國家圖書館出版品預行編目資料

反離散：華語語系研究論/史書美著．初版．新北市．
聯經．2017年6月（民106年）．328面．14.8×21公分
（聯經文庫）
ISBN 978-957-08-4949-3（平裝）
[2021年5月初版第三刷]

1.中國文化　2.文化研究

541.262　　106007091